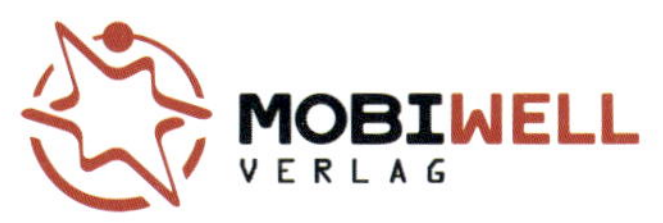
MOBIWELL
VERLAG

AF551052

„**Kämpfen wie ein Physiker**' ist ein tolles Konzept, das die Physik für Fans des Kampfsports greifbar werden lässt."

– Jeff Fleischer, *Foreword Reviews*

„Obwohl ich auf über fünf Jahrzehnte Erfahrungen im Bereich der Kampfkünste zurückblicken kann, habe ich mich, während ich dieses faszinierende Buch verschlang, immer wieder bei Gedanken wie ‚Wirklich?', ‚Toll!' oder ‚Das wusste ich noch nicht' ertappt.

Thalken ist eine erfrischende Stimme in der Welt der Martial Arts, die auf leicht verständliche Art und Weise faszinierende Einsichten vermittelt und Informationen präsentiert, die man unmittelbar nutzen kann."

– Loren W. Christensen, Autor, Kampfsportler seit 1965, 2011 in die Masters Hall of Fame aufgenommen

„In einer Zeit, da sich allzu viele Martial-Arts-Autoren den Anschein geben, der Quell aller Weisheit zu sein, ermutigt Thalken seine Leser in wohltuender Weise dazu, alles zu hinterfragen, selbst auszuprobieren und sich ein eigenes Urteil zu bilden. Er fordert uns sogar unverblümt dazu auf, ‚mit allem zu brechen' – Annahmen und Grenzen solle man seinen eigenen Vorstellungen gemäß überprüfen. Zudem führt uns Thalken auch gleich vor, wie man das bewerkstelligt. Ausführlich beleuchtet er biomechanische Zusammenhänge, Verletzungen, Mythen und pseudowissenschaftliche Erklärungen auf dem Gebiet der Martial Arts. Dieses Buch, das fesselnd und unterhaltend geschrieben ist, hält eine Fülle unschätzbarer Informationen bereit. Jedem, der sich ernsthaft für die Kampfkünste interessiert, möchte ich dieses Buch aufs Wärmste empfehlen."

– Lawrence A. Kane, Kampfsportler, Autor des Bestsellers „Surviving Armed Assaults"

„Kampfkunst ist eine tolle Sache. Noch spannender als die Kampfkunst selbst ist jedoch die Wissenschaft dahinter. In ‚**Kämpfen wie ein Physiker**' stellt Jason Thalken ausgewählte Aspekte der wissenschaftlichen Zusammenhänge vor, die jenem komplexen, Furcht einflößenden, schönen, Spaß bereitenden und gefährlichen Geschehen zugrunde liegen, das wir ‚Kämpfen' nennen. Gleichermaßen amüsant wie informativ, spricht das Buch sowohl den Wissenschaftler als auch den Kampfkunstenthusiasten in uns allen an."

– Rory Miller, Autor von „Meditations on Violence"

„Das Buch beantwortet die Frage nach dem Warum. Als Kampfsportler versuchen wir oftmals zu verstehen, warum wir bestimmte Dinge eigentlich genau so tun, wie wir sie tun. Hat ein Kämpfer die Physik hinter einer Technik erst einmal verstanden, kann er dieses Wissen dazu benutzen, die von ihm gewünschten Ergebnisse gezielt hervorzubringen."

– Michelle Waterson, amerikanische MMA-Kampfsportlerin, ehemalige Gewinnerin der Invicta Fighting Championships in der Atomgewichtsklasse, bekannt unter ihrem Spitznamen „Karate Hottie"

„‚**Kämpfen wie ein Physiker**' räumt mit Mythen auf und setzt unanfechtbare Rationalität an ihre Stelle. Einstige Kampfkunstlegenden lässt der Leser während der Lektüre überwiegend in der Vergangenheit ruhen – dort, wo sie auch hingehören, mitsamt ihren altmodischen Wundertinkturen. Absolut brillant. Verstehen Sie mehr, trainieren Sie schlauer und werden Sie mit jedem Tag etwas klüger. Holen Sie sich dieses Buch."

– Kris Wilder, Kampfsportler, Autor des Bestsellers „The Way of Kata"

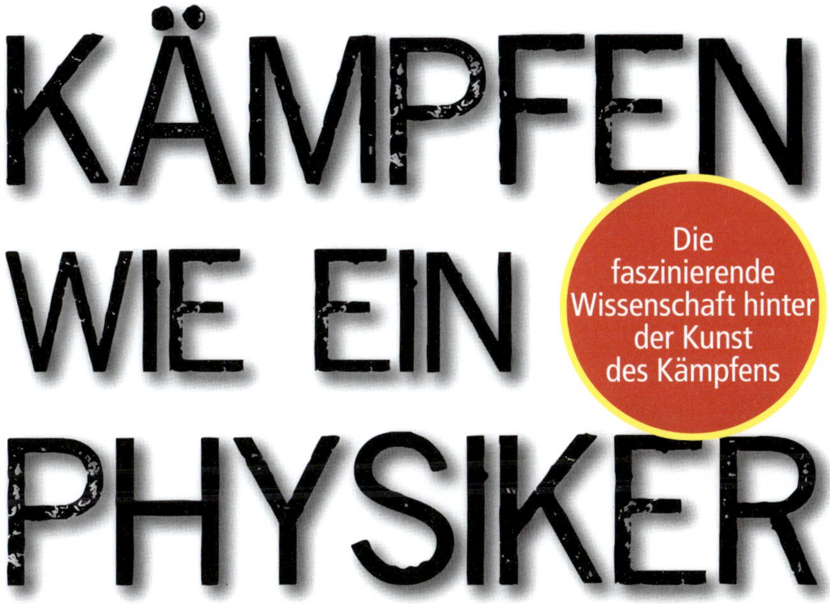


Ob beim Kampf im Ring oder auf der Straße – nutzen Sie die Physik zu Ihrem Vorteil!

Durchschauen Sie die trügerische Sicherheit, die Handschuhe und Helme zu bieten scheinen.

Verringern Sie das Risiko eines Schädel-Hirn-Traumas bei Kontaktsportarten.

Unterziehen Sie die esoterische Seite der Kampfkünste einem Realitätscheck.

JASON THALKEN, PHD

**Jason Thalken**

**Kämpfen wie ein Physiker:**
**Die faszinierende Wissenschaft hinter der Kunst des Kämpfens**

Titel der Originalausgabe: „Fight Like a Physicist:
The Incredible Science Behind Martial Arts“

Erste Auflage, 2017

Deutsche Übersetzung: Daniel Loose
Korrektur: Dorothee Kremer
Umschlaggestaltung: Axie Breen
Bilder: Jason Thalken
Layout: Inna Kralovyetts

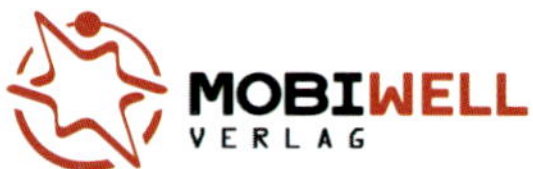


www.mobiwell.com


ISBN: 978-3-944887-36-4

*Wichtiger Hinweis*: Selbstverteidigung ist zwar legal, Kämpfen jedoch nicht. Dem Leser wird nahegelegt, sich mit den lokalen und nationalen Gesetzen auseinanderzusetzen, die Fragen der Selbstverteidigung, der Verhältnismäßigkeit der Mittel und des Einsatzes von Waffen betreffen, und stets in Übereinstimmung mit diesen Bestimmungen zu handeln.

Autor und Herausgeber übernehmen keine Verantwortung für den Gebrauch bzw. Missbrauch der im vorliegenden Buch präsentierten Informationen.

Die vom Autor in diesem Buch getätigten Ausführungen stellen keine Rechtsauffassung dar und sollten in keinem Fall als solche behandelt werden. Wenngleich der Autor von der Richtigkeit aller Inhalte überzeugt ist, sollten etwaige Anfragen bezüglich bestimmter Selbstverteidigungssituationen, juristischer Haftbarkeit und / oder zur Interpretation nationalen, bundesstaatlichen oder regionalen Rechts durch einen Rechtsanwalt vorgebracht werden.

Für den Bereich der Kampfkünste, der Selbstverteidigung und ähnlicher Thematiken gilt, dass kein Text – ganz gleich, wie gut er geschrieben sein mag – die praktischen Unterweisungen durch einen Profi ersetzen kann. *Dementsprechend sollte dieses Buch ausschließlich zu Studienzwecken verwendet werden.*

# INHALTSVERZEICHNIS

EINLEITUNG

# Was ist eigentlich Physik?

*„Ein schwarzer Gürtel bedeckt nur etwa fünf Zentimeter Ihres Körpers. Den Rest müssen Sie selbst absichern.“*[d]

– Royce Gracie

## Was ist eigentlich Physik?

Wenn mich jemand während meines letzten Jahres auf der Highschool aufgefordert hätte, den Begriff Physik zu definieren, dann hätte ich voller Selbstbewusstsein geantwortet: „Physik ist die Erforschung der Mechanik und der Elektrizität.“ Hätte man mir dieselbe Aufgabe in den ersten Semestern meines Studiums gestellt, so hätte ich die Liste noch um einige Themengebiete erweitert, wie etwa Optik oder Quantenmechanik; das Selbstbewusstsein allerdings wäre mittlerweile verflogen gewesen. Später, als ich bereits mit eigenen Forschungen begonnen hatte und an meiner Dissertation arbeitete, hätte ich nur etwas verwirrt und eher kleinlaut entgegnet: „Das weiß ich selbst nicht mehr so genau."

Der Punkt ist, dass man die physikalische Wissenschaft besser über die Herangehensweise erklären sollte, statt sie über den von ihr untersuchten Gegenstand zu definieren. Der Physiker benutzt die Mittel der Beobachtung und der Mathematik, um das Gefüge zu entschleiern, das unserem komplexen Universum zugrunde liegt; des Weiteren trifft er, ausgehend von den so gewonnenen Einsichten, Voraussagen über das zukünftige Verhalten des Universums. Physiker scheuen sich nicht, mutig neue Gebiete zu erkunden, die außerhalb ihres eigentlichen Fachgebietes liegen (wie beispielsweise die Welt der Kampfkünste) – doch Sie werden sie stets daran erkennen, dass sie nach der verborgenen Struktur hinter den Phänomenen suchen, die Mathematik lieben und sich dem Unbekannten mit einem Gemisch aus Neugier und Skepsis stellen.

## In der Physik gilt: Das Universum interessiert sich nicht für akademische Grade

Der mit Abstand schönste Aspekt beim Studium der Physik und der Mathematik ist die Tatsache, dass die Wahrheit nicht durch Lehrbücher oder von Gelehrten verkündet wird, sondern ausschließlich in der wirklichen Welt zu finden ist. Ob die Thesen, die ein Physiker vertritt, den Tatsachen entsprechen, macht sich nicht daran fest, wie berühmt er ist oder welchen Ruf er genießt; einzig die Überprüfung seiner Thesen in der Realität entscheidet darüber. Jeder kann eine große Entdeckung machen, selbst ein Amateur; umgekehrt sind auch die berühmtesten Wissenschaftler nicht davor gefeit, einmal einem Irrtum aufzusitzen und widerlegt zu werden. Der springende Punkt ist, dass ein Forscher niemals aufgrund seines Titels, seiner Autorität oder seiner sozialen Stellung in den Stand gehoben werden kann, „recht zu haben". Vielmehr müssen seine Ergebnisse draußen in der Wirklichkeit nachprüfbar und reproduzierbar sein – dies ist das einzige Kriterium zur Beurteilung seiner Arbeit.

Ein gutes Beispiel für einen Amateur, der sich erfolgreich in den Wissenschaften betätigte, haben wir in Michael Faraday. 1791 in London geboren, hatte der aus ärmsten Verhältnissen stammende Faraday nur eine sehr rudimentäre Bildung genossen. Doch er ergriff die Initiative und nahm es selbst in die Hand, sein Denken zu schulen. Im Alter von 14 Jahren begann er eine Lehre bei einem Buchbinder und nutzte diese günstige Konstellation, indem er sich in jeder freien Minute in die Bücher vertiefte. Als sich Faraday die Möglichkeit eröffnete, an den Vorlesungen eines renommierten Chemikers namens Humphry Davy teilzunehmen, machte er sich während der Vorträge ausführliche Notizen und stellte daraus ein Buch zusammen, das insgesamt 300 Seiten umfasste. Diese Sammlung schickte er dann an Davy – zusammen mit einem Ersuchen um Anstellung. Davy war beeindruckt und stellte Faraday einige Zeit später tatsächlich ein, damit er ihm bei seinen Laborarbeiten zur Hand ginge. Was Faraday nun im Laufe der darauf folgenden Jahre vollbrachte, stellte Davys Leistungen bald weit in den Schatten. Faraday war der erste Wissenschaftler überhaupt, der darauf verfiel, zur Veranschaulichung elektrischer Felder Kraftlinien zu zeichnen. Auf sein Konto geht auch der Bau des ersten Motors, des ersten Transformators und des ersten Generators. Er war einer der einflussreichsten Wissenschaftler seiner Generation – dabei hatte er nie eine reguläre Schulbildung genossen und verfügte noch nicht einmal über mathematische Kenntnisse mittleren Niveaus.

Eine ähnlich bemerkenswerte Geschichte – nur mit umgekehrten Vorzeichen – ereignete sich in den späten Schaffensjahren Albert Einsteins. Zu jenem Zeitpunkt hatte er längst die Reputation erlangt, einer der größten Physiker aller Zeiten zu sein. Auch heute noch, knapp 60 Jahre nach seinem Ableben, ist sein Name jedermann ein Begriff. Er war so außerordentlich hoch angesehen, dass er den amerikanischen Präsidenten Franklin Roosevelt im Jahre 1939 mit einer spontan verfassten Warnung vor einer möglichen nuklearen Bedrohung durch die Deutschen dazu bewog, eine bedeutsame

Entscheidung zu treffen. Einstein hatte in seinem Brief die Befürchtung geäußert, die Nazis könnten in naher Zukunft eine Atombombe entwickeln. Roosevelt folgte den Bedenken Einsteins und brachte das Manhattan-Projekt auf den Weg, mit dem sichergestellt werden sollte, dass die USA die Fähigkeit zum Bau einer Atomwaffe vor den Deutschen erlangen würden. In der Physik trat zu jener Zeit das neue Gebiet der Quantenmechanik in Erscheinung. Einstein, dessen akademisches Renommee wohl in der gesamten Geschichte der Wissenschaft ohne Beispiel ist, lehnte einige der grundlegenden Konzepte dieser Theorie entschieden ab. Sein berühmter Ausspruch „Gott würfelt nicht" zeugt von seiner Abneigung gegenüber der Idee der Zufälligkeit, die einen immanenten Bestandteil der Quantenmechanik bildet. Dieser Position blieb Einstein bis zu seinem Tod treu. Doch letzten Endes kam es nicht darauf an, was Einstein von der Sache hielt. Die Ergebnisse, die uns die Quantenmechanik liefert, können in der realen Welt überprüft werden. Letzten Endes ermöglichten diese Resultate die Entwicklung neuer Technologien; dazu zählen beispielsweise jene winzigen Transistoren, die in den CPUs moderner Computer und Smartphones Verwendung finden, das Rastertunnelmikroskop und der Kernspintomograf. Das Universum interessierte sich nicht für Einsteins Ruf. Er hatte sich geirrt.

## In der Kampfkunst gilt: Der Ring interessiert sich nicht dafür, welche Farbe dein Gürtel hat

Zwischen Kampfsportarten und Methoden der physischen Selbstverteidigung einerseits sowie physikalischen und mathematischen Theorien auf der anderen Seite besteht eine interessante Gemeinsamkeit: Ihre Leistungsfähigkeit zeigt sich nämlich in beiden Fällen ausschließlich draußen in der wirklichen Welt. Eine neue Technik kann sich jeder zusammenbasteln; selbst der Lieblingskampfstil des größten Großmeisters kann sich letztlich doch als untauglich herausstellen. In der Kampfkunst verhält es sich nicht anders als in der Physik: Kein Gürtel, kein Expertenstatus und kein gesellschaftlicher Stand vermögen einer Technik Wirksamkeit zu verleihen. Überprüfbare Resultate, die sich jederzeit wiederholen lassen – diese Kriterien stellen auch in den Martial Arts die einzige Autorität dar.

Vor annähernd einem Jahrhundert entstand in Brasilien eine Form des Kampfsports, die unter der Bezeichnung Vale Tudo – „alles geht" – bekannt geworden ist. Bei diesen Kämpfen, bei denen Vertreter verschiedener Kampfstile gegeneinander antreten, gibt es so gut wie keine Regeln. Bei einem Turnier, das im Jahre 1993 unter der Bezeichnung Ultimate Fighting Championship stattfand (später wurde es in UFC 1 umbenannt), geschah etwas sehr Bedeutsames. Die Organisatoren beschlossen, die Veranstaltung nicht nur aus dem Verkauf der Eintrittskarten zu finanzieren, sondern zusätzlich auch die Übertragung im bezahlten Kabelfernsehen anzubieten sowie – besonders wichtig – im Nachhinein die Videoaufzeichnungen der Kämpfe zu veröffentlichen. Ohne es zu ahnen, hatten sie damit eine neue Kultur ins Leben gerufen, die das Kampfsportmetier für immer verändern sollte: die Dokumentation von Sportkämpfen durch Videoaufnahmen.

Es liegt in der Natur der Sache, dass der Verlauf eines Zweikampfes hinterher von jedem der Beteiligten – Kämpfer, Schiedsrichter, Reporter oder Zuschauer – verschieden dargestellt wird. Ob es sich nun um einen Kampf im privaten Rahmen, einen Schaukampf oder ein Turnier gehandelt hat – in den Schilderungen der Augenzeugen wird stets ausgeschmückt, übertrieben oder sogar dreist gelogen. Dies mag vielleicht dem Wunsch entspringen, der Erzählung etwas mehr Pep zu verleihen; möglicherweise gilt es auch, ein Ego zu schützen. Wie dem auch sei – jedenfalls war es bis zu diesem Wendepunkt aufgrund des hohen Anteils an Verfälschungen in den Schilderungen nahezu unmöglich, genau zu sagen, was den Kämpfenden nun real zum Vorteil gereicht hat und was nicht.

Aufgrund des großen Erfolgs des UFC 1 wurde die Meisterschaft fortan regelmäßig veranstaltet. Bald hatten sich in den Vereinigten Staaten, Brasilien und Japan mehrere Vale-Tudo-Ligen etabliert, die über das Fernsehen ausgestrahlt und auch aufgezeichnet wurden. Nachdem die Sportart der Mixed Martial Arts (zu deutsch:

gemischte Kampfkünste, abgekürzt MMA) über viele Jahre hinweg um Anerkennung gekämpft hatte, begann sie zu Beginn unseres Jahrhunderts endlich durchzustarten. Die Popularität der UFC (und die Einkünfte der Organisation) wuchsen in einem solchen Maße, dass sie nicht nur einige der besten Kämpfer aus der ganzen Welt anlockte, sondern darüber hinaus eine völlig neue Generation von Athleten hervorbrachte, die speziell für die MMA trainierte. Zu diesem Zeitpunkt konnte man bereits auf eine mehr als zehnjährige Geschichte zurückblicken, in deren Verlauf unzählige Kämpfe quer durch verschiedene Vale-Tudo-Kreise aufgezeichnet und dokumentiert worden waren. Die UFC hatte mittlerweile eine solche Bedeutung erlangt, dass man jemandem, der von sich behauptete, über außergewöhnliche Fähigkeiten oder großartige Techniken zu verfügen, gerne folgende Frage stellte: „Wenn du wirklich so gut bist, warum kämpfst du dann nicht in der UFC oder trainierst einen ihrer Spitzenkämpfer?“

## Trainiere wie ein Wissenschaftler

Vielleicht ist es ja grundsätzlich möglich, dass auch ein Niemand einmal eine außerordentliche wissenschaftliche Entdeckung macht oder dass ein gänzlich unbekannter Laienkämpfer gegen einen Profi gewinnt. Doch die Wahrheit ist – wenn Sie so jemand sind, haben Sie ziemlich schlechte Karten. Wenn Sie nicht effizient trainieren und sich selbst an die äußersten Grenzen dessen bringen, was der Mensch physisch und psychisch auszuhalten vermag, sind Ihre Chancen auf einen Sieg im besten Falle gering. Nun ist der Gedanke, hart zu trainieren und sich das Äußerste abzuverlangen, im Kampfsport freilich nichts Neues. Moderne Kämpfer, die heutzutage erfolgreich sind, zeichnen sich dadurch aus, dass sie ihr Training zunehmend mit einer kritischen Einstellung angehen.

Ich werde nie den ersten Tag eines Physikkurses vergessen, den ich während meines Grundstudiums an der Universität belegte. Der Dozent eröffnete die Vorlesung mit den Worten: „Sie sollten mir nicht vertrauen. Wenn Sie nicht alles in Frage stellen, was ich im

Rahmen dieses Kurses sagen werde; wenn Sie nicht kritisch sind und meine Aussagen daheim nicht eigenhändig überprüfen; wenn Sie sich stets auf mein Wort verlassen, dann sind Sie hier falsch und werden es in der Welt der Physik sehr schwer haben." Ich erinnere mich deshalb so gut an diese Worte, weil es mir im ersten Moment das genaue Gegenteil von dem zu sein schien, was ein Professor eigentlich sagen sollte. Doch nachdem mir seine Aussage ins Bewusstsein gedrungen war, begriff ich, dass er Recht hatte. In der Physik gelangt man nicht durch Auswendiglernen und Wiederholen zur wahren Meisterschaft. Wirkliches Verständnis der physikalischen Gesetze rührt daher, dass man sie mit aller Kraft auszutricksen versucht und dann erlebt, wie unglaublich solide sie sind.

Beim Kampfsport ist das nicht anders. Einen Schwitzkasten werden Sie erst dann meistern, wenn Sie einmal versucht haben, jemandem durch diesen Griff die Luft zu nehmen, der dies nicht gewillt ist zuzulassen. Die Situation in einem echten Kampf – sei es auf der Straße oder im Ring – ist für die Beteiligten viel zu chaotisch, als dass man daraus allein durch fleißiges Zuhören im Kampfsportunterricht und endloses Wiederholen der Techniken als Sieger hervorgehen könnte. Jeder Kämpfer braucht ein paar derbe Misserfolge, aus denen er lernen kann. Man sollte einmal das peinliche Gefühl erlebt haben, das einen erfasst, wenn das Gegenüber auf den versuchten Polizeigriff lediglich mit einer ausdruckslosen Miene reagiert. Ein oder zwei Mal muss man auch von einem Gegner umgehauen worden sein, der sich nicht darum gekümmert hat, dass man doch gerade den perfekten Block hingelegt hatte.

Natürlich gibt es Techniken, bei denen wir uns den Luxus des vorherigen Testens nicht leisten können, da sie entweder zu gefährlich sind oder weil sie so speziell sind, dass sich im Rahmen des Sparrings nur sehr selten die Gelegenheit bietet, sie anzuwenden. Nicht alles kann man auf die harte Tour lernen; eine skeptische Grundhaltung kann man sich jedoch in jedem Fall bewahren. Wollen Sie wissen, ob der Spinning Hook Kick wirklich so tödlich ist, wie Ihr Ausbilder es behauptet hat? Dann recherchieren Sie einmal kurz im Internet, ob ihn jemals irgendein Fighter in einem Profikampf eingesetzt hat. Wenn Sie eine neue Technik erlernt haben, brauchen Sie vielleicht keine fünf Minuten, um ein Video aufzustöbern, wo man sie in Aktion erleben kann. Wenn Sie Glück haben, lernen Sie dabei obendrein noch ein oder zwei Dinge, die Ihnen Ihr Trainer niemals hätte vermitteln können.

## Die beste Methode, um die klügsten Köpfe zu überlisten, war schon immer – zu mogeln

Wenn ein Physiker in seinem Spezialgebiet einen bedeutsamen Fortschritt macht, tritt er nicht nur gegen seine Kollegen aus aller Welt an. Oftmals nimmt er auch Korrekturen oder Verfeinerungen an den Arbeiten einiger der klügsten Köpfe aller Zeiten vor. Wie bringt es also ein Wissenschaftler unserer Tage fertig, sich vor sein Publikum zu stellen und zu verkünden, dass die Theorien eines angesehenen, genialen Denkers falsch oder unvollständig gewesen sind? Nun, er wird in diesem Fall von jedem noch so kleinen, unlauteren Vorteil Gebrauch machen, dessen er habhaft werden kann.

Vor einhundert Jahren standen den Physikern noch keine Computer zur Verfügung, mit denen sie ihre komplizierten mathematischen Gleichungen hätten lösen können. Sie mussten die gesamte nervtötende Berechnungsarbeit manuell durchführen und die Ergebnisse dann auch noch gegenprüfen. Zu jener Zeit verbrachten die Physiker mehr als die Hälfte ihrer Ausbildungszeit mit dem Einüben mathematischer Tricks und dem Erlernen von Näherungsverfahren. Ist es denn fair, wenn ein computerbewehrter Physiker unserer Tage mit einer Armada aus tausenden parallel arbeitenden Rechnern gegen seine genialen Altvorderen antritt, denen nur Stift und Papier zur Verfügung standen? Sicherlich nicht. Aber so funktioniert Fortschritt.

Wenn Sie ein großer Fighter werden wollen, trainieren Sie nicht in derselben Weise, wie sich Ihr Großmeister einst geübt hat. Nutzen Sie vielmehr jeden unfairen Vorteil, der sich Ihnen bietet, und lassen Sie ihn für sich arbeiten. Lernen Sie das Internet zu gebrauchen und nutzen Sie insbesondere die Aufzeichnungen zurückliegender Kämpfe, um sich eine Art von Ausbildung zu verschaffen, von der frühere Generationen von Martial-Arts-Sportlern nur träumen konnten. Legen Sie sich einen Sandsack in Form einer menschlichen Person zu, damit Sie Ihre Zieltechnik in Ihrer heimischen Umgebung perfektionieren können. Beziehen Sie bei Ihrem Selbstverteidigungstraining auch die moderne Technik mit ein, wie beispielsweise superhelle LED-Strahler. Die jüngsten Fortschritte in der Halbleitertechnik haben uns Leuchten beschert, die so stark sind, dass sie einen Angreifer zu blenden vermögen oder ihm die Orientierung rauben können, während man sie aufgrund ihrer geringen Größe und ihres geringen Gewichtes leicht in der Tasche oder in der Hand mitführen kann. Ein großer Kämpfer sollte bei seinem Training mit der Zeit gehen und technologische Elemente wie dieses integrieren, statt nur die tradierten Werkzeuge und Methoden zu übernehmen, mit denen sich die Kämpfer vor langer Zeit in Selbstverteidigung geübt haben.

Als ich begann, *Hapkido* zu lernen, brachten unser Großmeister und einige seiner Schüler, die den schwarzen Gürtel trugen, gerade eine Reihe von DVDs heraus. Darin wurden die Feinheiten jeder einzelnen Technik en détail erklärt. Jedes dieser Videos war einem bestimmten Gürtel zugeordnet. Den Schülern bot sich damit eine völlig neue Art des Lernens. Da wir uns das Material schon im Vorfeld anschauten, konnten wir während des Unterrichts mehr Zeit darauf verwenden, die Techniken in Partnerübungen zu trainieren und zu perfektionieren. Darüber hinaus konnten die Schüler, wenn ihre Fragen im Unterricht nicht vollständig beantwortet werden konnten, zu Hause noch einmal die DVD anschauen. Hatte der Schüler eine bestimmte Technik bereits einige Male im Rahmen des Trainings geübt, nahm das Betrachten der dazugehörigen Videos mehr den Charakter eines geistigen Durchspielens der einzelnen Bewegungen an. Das Ergebnis war, dass der Großmeister nicht nur eine kampfstarke, aus jungen Schülern bestehende Truppe bekam, sondern viele von ihnen die einzelnen Ränge obendrein in der Hälfte der üblichen Zeit durchliefen.

In meiner Zeit als Judoka an der University of Texas hielt uns unser Trainer an, ein „Sparring-Tagebuch“ zu all unseren Wettkämpfen mitzunehmen. Nach jedem Kampf machten wir uns Notizen. Darin fassten wir das Geschehene kurz zusammen und analysierten, was wir gut gemacht hatten und was wir verbessern könnten. Der Sinn dieses Tagebuches bestand darin, dass wir über unsere Kämpfe reflektierten und daraus so viel wie möglich lernten. Die individuellen Erfahrungen eines Kämpfers stellen für ihn ein sehr kostbares Gut dar; es ist daher klug zu versuchen, aus jeder Minute der eigenen Praxis so viel wie möglich herauszuholen. Heute, da wir über mobile HD-Kameras in handlicher Größe verfügen, habe ich mein Sparringbuch natürlich durch ein Online-Notizbuch ersetzt, das unter anderem Links zu Videoaufnahmen all meiner Kämpfe enthält. Dieses Filmmaterial zwingt mich, ehrlich zu bleiben und lehrt mich darüber hinaus bei jedem Anschauen wieder etwas Neues.

Die Absicht dieses Buches besteht darin, Ihnen einen weiteren unfairen Vorteil zu verschaffen. Lesen Sie es wie ein echter Skeptiker und überprüfen Sie alles, was in diesem Buch gesagt wird, selbst. Behalten Sie beim Training die physikalischen Zusammenhänge, die in den folgenden Kapiteln dargelegt werden, stets im Hinterkopf. Im Chaos eines Kampfes denken Sie daran: Mehr als jedes Auswendiglernen ist es das Begreifen, das einen voranbringt.

**Mathe-Box**

Wann immer Sie in diesem Buch einen solchen Kasten sehen, können Sie ihn entweder ohne Schaden überspringen oder aber – sofern Sie sich vor ein paar mathematischen Gleichungen nicht scheuen – ihn durcharbeiten und auf diese Weise vielleicht den einen oder anderen Aspekt des zuvor Gesagten noch tiefer verstehen.

### *Ein Hinweis für alle Physiker*

*Dem Buch liegt eine Reihe von Annahmen zugrunde und etliche technische Details wurden außer Acht gelassen, um das Material für den Leser – der in der Regel nicht vom Fach ist – leichter zugänglich zu machen. Vektoren wurden auf Zahlenwerte reduziert, Rotationssymmetrien habe ich frei postuliert und nicht triviale Berechnungen – wie beispielsweise die Ableitung der Geschwindigkeit eines Schlages aus der Frequenz – mögen auf nur wenig mehr als einer etwas groben Diskussion beruhen. Auf die Begriffe Energie und Moment beziehe ich mich angesichts der Natur menschlicher Bewegungsabläufe lediglich in einem verkürzten, makroskopischen Sinne. Ungeachtet dieser Vereinfachungen in der Präsentation des Materials sind die hier vorgestellten physikalischen Betrachtungen jedoch alles andere als trivial und lassen noch zahlreiche interessante Fragen offen. Ich möchte Sie einladen, während Ihrer Lektüre mit mir zusammen über die Fragestellungen nachzusinnen, und ich ermutige Sie, mit eigenen Nachforschungen zur Diskussion beizutragen.*

## Endnoten

1 Gracie benutzt bei seinem Ausspruch ein kaum übersetzbares Wortspiel. Im englischen Original sagt er: „A black belt only covers two inches of your ass. You have to cover the rest." Die Redewendung „to cover one's ass" bedeutet etwa so viel wie „sich den Rücken freihalten" oder „sich absichern". (Anm. d. Übers.)

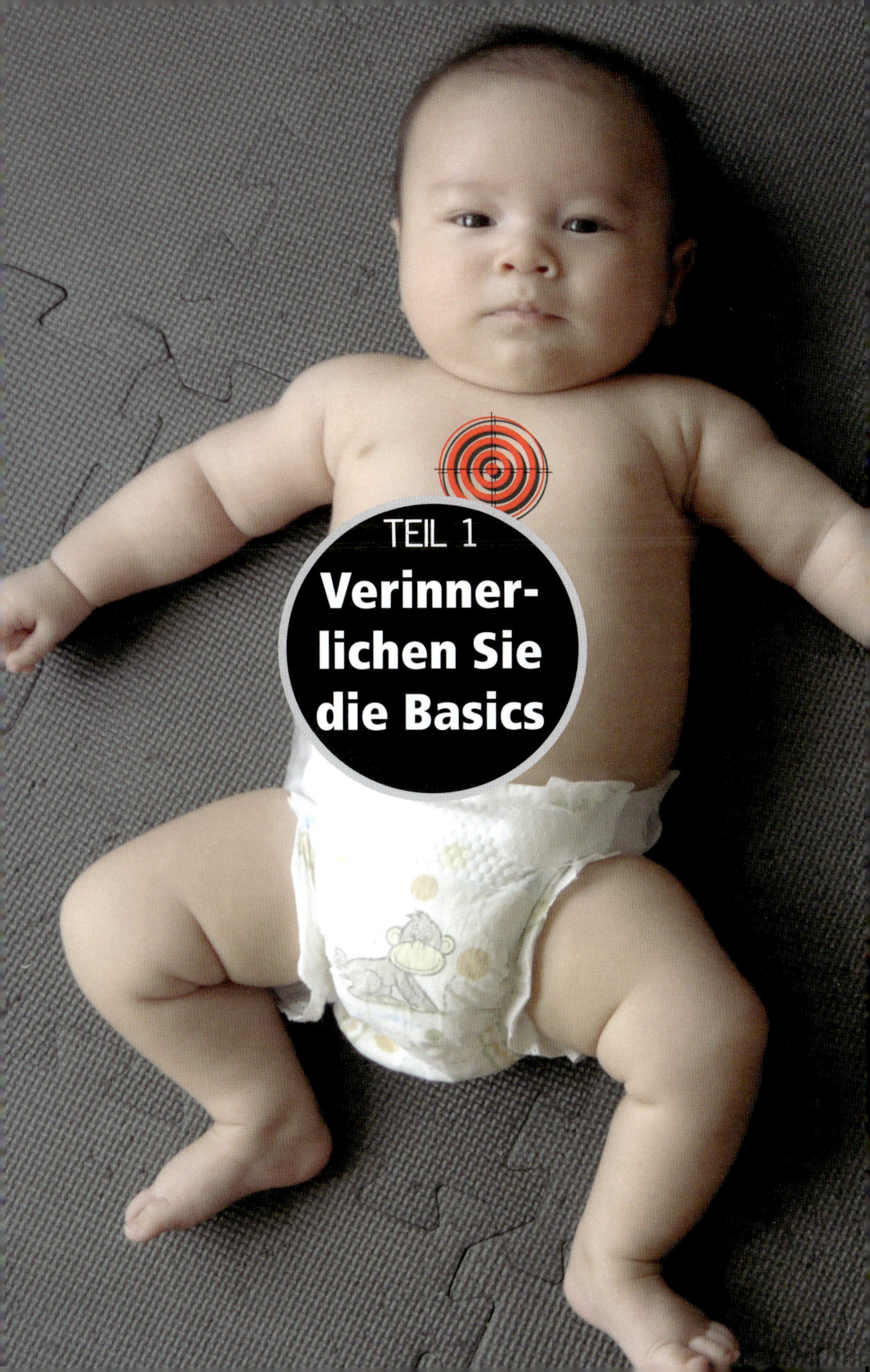

# TEIL 1
# Verinnerlichen Sie die Basics

KAPITEL 1

# Ihr Massenschwerpunkt

## Wo befindet sich mein Schwerpunkt – und warum ist das für mich von Bedeutung?

Der Massenschwerpunkt Ihres Körpers befindet sich üblicherweise etwa zwei bis drei Zentimeter unterhalb Ihres Bauchnabels, in der Mitte zwischen Vorder- und Rückseite Ihres Körpers. Dieser Punkt bildet den Angriffspunkt für äußere Kräfte jeder Art, wie etwa die Schwerkraft oder Tritte. Ein großer Busen (sei er nun echt oder nicht) ist übrigens nicht schwer genug, um eine Person „kopflastig" zu machen. Selbst eine große Brust wiegt normalerweise weniger als ein Kilogramm – das reicht nicht aus, um den Massenschwerpunkt des Körpers merklich zu verschieben. Muskeln hingegen können in der Tat sehr schwer werden. Bei professionellen Bodybuildern, die über eine ausufernde Muskelmasse im oberen Bereich ihres Körpers verfügen, liegt der Schwerpunkt mitunter einige Zentimeter höher.

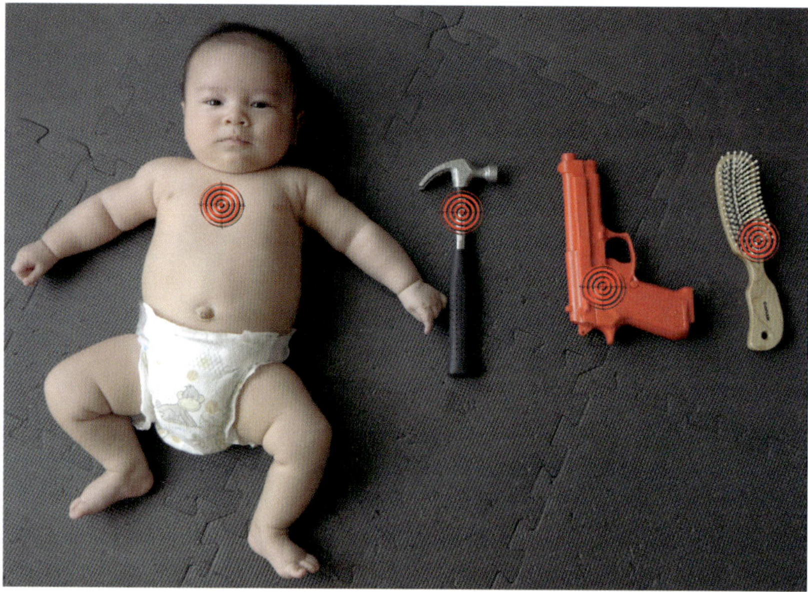

**Abb. 1-1.** Der Massenmittelpunkt einiger alltäglicher Haushaltsgegenstände. Der Schwerpunkt neugeborener Babys liegt aufgrund ihrer vergleichsweise riesigen Köpfe in ihrem Brustkorb. Wenn die Kleinen zu laufen beginnen, hat sich ihr Massezentrum jedoch bereits zum Bauchnabel hin verschoben (wo sich auch Ihr Schwerpunkt befindet).

Eine der interessanten Eigenschaften des Massenmittelpunktes besteht darin, dass wir an ihm unseren Balancepunkt ablesen können. Wenn Sie auf einer waagerecht angebrachten Stange balancieren wollen – etwa auf einem Geländer oder einer Schaukel –, müssen Sie Ihren Schwerpunkt exakt darüber positionieren. Für unbelebte Gegenstände gilt dasselbe. Will ein Kellner ein Tablett voll Essen mit nur einer Hand tragen, so muss sich seine Hand unter dem Schwerpunkt der gesamten Last befinden.

Weniger bekannt ist die Tatsache, dass die Lage des Massenmittelpunktes eines Körpers auch bestimmt, ob er durch eine gegen ihn aufgebrachte Kraft weggestoßen oder in Rotation versetzt wird. Stößt oder schiebt man ein Objekt an einem Punkt, der weit von seinem Schwerpunkt entfernt liegt, beginnt es sich zu drehen. Setzt man hingegen unmittelbar am Schwerpunkt an, entsteht keine Rotation; stattdessen bewegt sich der Körper in Richtung der Kraftwirkung.

Um das Gesagte zu verdeutlichen, stellen Sie sich einmal vor, Sie würden, ohne sich umzusehen, wie ein Irrer in der Gegend herumrennen und plötzlich in einen Zaun laufen. Wenn dieser Zaun nun so hoch ist, dass sich seine Oberkante mindestens auf gleicher Höhe mit Ihrem Schwerpunkt oder darüber befindet, wird er Sie zum Halten bringen. Handelt es sich statt eines Zaunes um eine waagerecht ausgerichtete Stange, wird ein Teil der Wucht des Aufpralls Ihren Körper in Rotation versetzen – so, wie wir das aus Slapstickfilmen oder schlechten Actionstreifen kennen. Liegt der obere Rand des Zauns (bzw. die waagerechte Stange) jedoch niedriger als Ihr Massenschwerpunkt, würde Ihr Körper dagegen eine Drehbewegung in der entgegengesetzten Richtung vollführen und Sie würden sich überschlagen. Dieses Szenario – wenn also ein Geländer nicht bis an unseren Schwerpunkt heranreicht – hilft uns übrigens

Mathe-Box

## Die Berechnung des Massenschwerpunktes

Die Gleichung zur mathematischen Ermittlung des Schwerpunktes eines Objektes lautet:

$$R_{Schwerpunkt} = \frac{\sum_i m_i r_i}{\sum_i m_i}$$

Die Summation erfolgt dabei über sämtliche Teilchen, aus denen sich das Objekt zusammensetzt. $m_i$ ist die Masse des Teilchens $i$, $r_i$ bezeichnet seinen Ort in Bezug auf einen beliebig gewählten Koordinatenursprung.

Wie Sie vielleicht bemerkt haben, beschreibt diese Gleichung nichts anderes als die gewichtete mittlere Position des Objektes. Dadurch wird die Berechnung noch einfacher, denn gewichtete Mittelwerte können in beliebige Teilsummen aufgespalten werden. Das bedeutet, dass Sie zur Bestimmung Ihres Schwerpunktes entweder die Massen und Orte sämtlicher Atome Ihres Körpers aufaddieren können, oder aber einfach die Werte für die Gliedmaßen, den Kopf und den Rumpf summieren. Sie werden stets dasselbe Ergebnis erhalten – unabhängig davon, wie groß oder klein die einzelnen Teile Ihrer Summation sind.

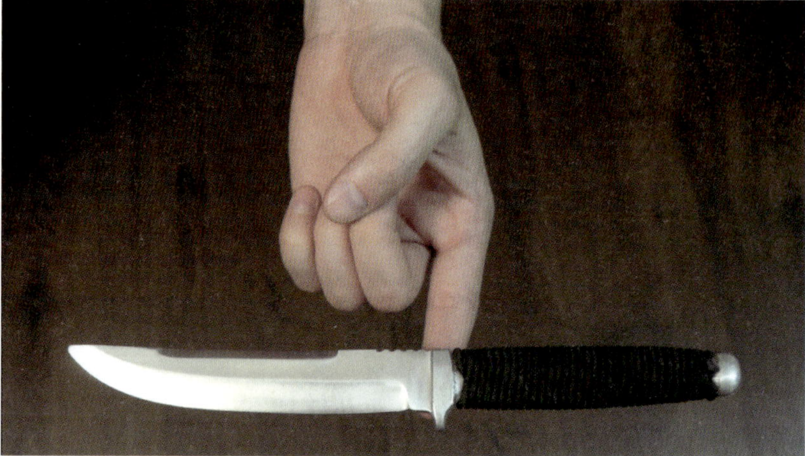

**Abb. 1-2.** Den Schwerpunkt eines Messers finden Sie, indem Sie es mit dem ausgestreckten Finger ausbalancieren. Bei den meisten Messern befindet sich dieser Punkt genau an der Stelle, an der die Klinge auf den Griff trifft.

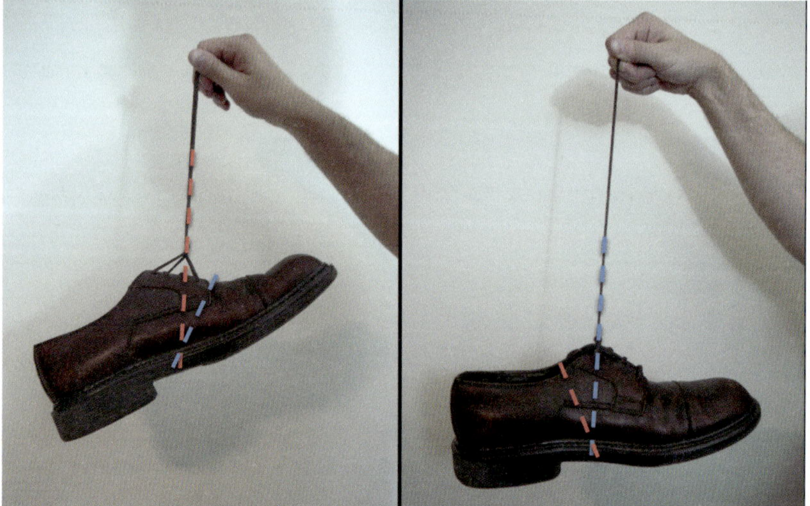

**Abb. 1-3.** Bestimmung des Massenschwerpunktes eines Schuhs, indem man ihn an verschiedenen Punkten seiner Verschnürung aufhängt. Der Schnittpunkt der roten und blauen Linien markiert den Schwerpunkt.

auch zu verstehen, warum wir uns in großen Höhen unsicher fühlen, wenn es dort nur niedrige Brüstungen gibt. Solche Barrieren taugen nämlich wenig, wenn es darum geht, uns auf der sicheren Seite zu halten.

## Finden Sie den Schwerpunkt eines Objektes, indem Sie es balancieren, aufhängen oder drehen

Eine der besten Möglichkeiten, den Schwerpunkt einer Person zu bestimmen, besteht darin, sie lang ausgestreckt auf einer brettähnlichen Unterlage zu platzieren und dann diese Unterlage auf einem Stab oder einer zylinderförmigen Rolle auszubalancieren. Den Schwerpunkt des Brettes müssen Sie dann entweder subtrahieren, oder aber Sie verschieben die einzelnen Elemente der Anordnung so lange, bis sich sowohl der Schwerpunkt der Person als auch der Schwerpunkt des Brettes genau oberhalb der Rolle befinden. Um kleinere Objekte wie etwa ein Telefon, einen Stift oder eine Banane auszutarieren, kann man einfach den Finger anstelle eines Stabes benutzen.

Wenn sich ein Gegenstand nur schwer balancieren lässt, kann man ihn alternativ auch an einer Schnur aufhängen. Das Objekt wird dann stets so fallen, dass sein Schwerpunkt direkt unterhalb der Schnur zu liegen kommt – ganz gleich, an welchem Punkt man den Gegenstand aufgehängt hat. Üblicherweise wird man mindestens zwei Versuche benötigen, um auf diese Weise den Massenmittelpunkt zu bestimmen.

Können Sie ein Objekt weder ausbalancieren noch aufhängen, bleibt Ihnen eine dritte Option, um den Schwerpunkt zu bestimmen. Werfen Sie den Gegenstand in der Weise aus einem Fenster, dass Sie ihn dabei gleichzeitig in eine Drehbewegung versetzen. Solange er sich in der Luft befindet, wird er exakt um seinen Massenschwerpunkt rotieren.

## Wenn Sie sich bewegen, verlagert sich auch Ihr Schwerpunkt

Eine der wunderbaren Eigenschaften des Menschseins besteht in der Fähigkeit, dass wir unseren Körper nach Belieben bewegen und somit unsere Form willentlich verändern können. Wenn Sie Ihre Arme über Ihren Kopf heben, verschiebt sich auch Ihr Schwerpunkt ein paar Zentimeter nach oben. Beugen Sie sich auf Höhe Ihrer Taille vornüber, bewegt sich Ihr Massenmittelpunkt nach vorne und etwas abwärts, bis er sich gerade außerhalb Ihres Körpers befindet.

Beim Rodeo streckt der Cowboy (bzw. der angetrunkene Kneipengänger, der sich in einer Bar auf einen Stier aus Metall geschwungen hat) stets seinen kräftigen Arm in die Höhe. Er tut dies nicht, um eine Show abzuziehen, sondern weil er sich nur so auf dem Rücken des tobenden Stieres bzw. der Stierattrappe halten kann. Um nicht herunterzufallen, muss der Reiter seinen Schwerpunkt unmittelbar oberhalb des Sattels halten. Indem er seinen Arm entsprechend schwingt, behält er genügend Kontrolle über seinen Massenmittelpunkt, um im Sattel zu bleiben; und dies, obwohl ein Arm nur etwa sechs bis sieben Prozent des gesamten Körpergewichts ausmacht. Der Cowboyhut allerdings – nun, dieser dient tatsächlich nur der Show.

Ähnlich wie der Cowboy seinen Schwerpunkt kontrollieren muss, um nicht abgeworfen zu werden, müssen auch Sie Ihren Schwerpunkt balancieren, um sich auf den Füßen zu halten. Sobald sich Ihre Füße nicht mehr direkt unterhalb Ihres Massenmittelpunktes befinden (oder unter ihm gegrätscht sind), werden Sie straucheln. Wenn Sie jemand anrempelt oder wegstößt, können Sie Ihr Gleichgewicht in der Regel nach einer Schrecksekunde durch ein paar schnelle Schritte wiedergewinnen. Ihr Gehirn gerät möglicherweise für einen Moment in Panik, da Sie nur wenige Augenblicke Zeit haben, Ihre Füße so zu positionieren, dass Sie nicht fallen. Die Panik bleibt allerdings aus, wenn Sie Ihren Schwerpunkt absichtlich von der Position über Ihren Füßen wegbewegen. In der Tat tun Sie das in dieser kontrollierten Art und Weise fortwährend: Man nennt das „Laufen".

Zwar muss sich Ihr Massenmittelpunkt oberhalb Ihrer Füße befinden, damit Sie in der Senkrechten bleiben; doch ob er sich nun exakt in der Mitte Ihres Körpers befindet oder näher bei dem einen oder dem anderen Fuß liegt, spielt dabei keine Rolle. Lediglich die Last, die jeder Fuß tragen muss, ändert sich je nachdem, ob der Schwerpunkt dem einen oder dem anderen Fuß näher ist. Befindet sich der Massenmittelpunkt exakt in der Mitte zwischen beiden Füßen, entfällt auf jedes Bein die Hälfte des Körpergewichts. Verlagert die Person ihren Schwerpunkt so, dass er genau über einem seiner Füße ruht, dann trägt dieser Fuß das gesamte Körpergewicht. Jedes Mal, wenn ein Kampfsportler Sie zu treten beabsichtigt, muss er zunächst diese Schwerpunktverlagerung vollführen. Diese vorbereitende Bewegung kann bei fortgeschrittenen Kämpfern sehr plötzlich erfolgen und möglicherweise kaum wahrzunehmen sein. Wenn Sie aber wissen, wie diese subtilen Bewegungen aussehen, sind Sie im Vorteil.

Vielleicht fragen Sie sich jetzt, wie es überhaupt möglich ist, dass wir uns vornüberbeugen, ohne nach vorne zu fallen – wo wir doch gerade gesagt haben, dass sich die Füße stets unmittelbar unterhalb des Schwerpunktes befinden müssen. Nun, die Antwort darauf ist ganz einfach, nur nehmen wir für gewöhnlich nicht wahr, was bei dieser Bewegung geschieht. Wenn wir uns nach vorne beugen, strecken wir nämlich gleichzeitig unseren Popo etwas nach hinten, so dass er die Gewichtsverlagerung ausgleicht und unseren Massenmittelpunkt über unseren Füßen hält. Sie können dies auf zwei verschiedene Arten nachprüfen; die zweite dieser beiden Varianten ist allerdings ein bisschen schaurig. Betrachten wir zunächst die erste Möglichkeit. Beugen Sie sich einmal vornüber, bis Sie Ihre Zehen berühren können. Nun versuchen Sie, dieselbe Bewegung noch einmal auszuführen – diesmal aber unter der Voraussetzung, dass Ihre Hacken und Ihr Popo rücklings eine Wand berühren. Die Wand hindert Sie daran, sich nach hinten zu bewegen und Ihren Massenschwerpunkt auszugleichen. Die zweite Option besteht darin, einen

Freund zu bitten, sich einmal an seine Zehen zu fassen, während Sie von der Seite zusehen. Wie gesagt, diese Variante ist ein bisschen unheimlich – selbst wenn Sie Ihrem Freund sagen, dass es nur der Wissenschaft dient.

## Der Bereich um Ihren Bauchnabel ist wichtig beim Fegen

Bei jeder Art von Wurftechnik [engl. „Takedown" oder „Throw"] oder beim Beinfeger [engl. „Sweep"] können Sie beobachten, dass der Kampfkünstler eine der folgenden Methoden anwendet: Entweder versucht er, ein stützendes Bein des Gegners wegzufegen (so dass sich dessen Schwerpunkt weit von seiner einzigen verbleibenden Stütze entfernt befindet); oder aber er verlagert den Schwerpunkt des Gegners in einer Weise, dass es diesem schwerfällt oder gar unmöglich gemacht wird, seine Füße wieder unter seinen Schwerpunkt zu bekommen.

Wenn wir die Essenz sämtlicher Wurftechniken so prägnant auf den Punkt bringen können, dann ist es auch möglich, sie in all ihrer Komplexität auf einfache Konzepte zurückzuführen. Wann immer Sie einen Sweep, Throw oder Takedown vollführen, stellen Sie sich folgende zwei Fragen:

**F1:** Wie wird bei dieser Technik der Schwerpunkt Ihres Gegners in eine Position gebracht, in der er keine Stütze mehr findet?

**F2:** Wodurch wird es dem Gegner unmöglich gemacht, seine Füße rechtzeitig wieder so zu stellen, dass die Gefahr für ihn abgewendet wäre?

Wenn Sie diese beiden Fragen beantworten können, sind Sie auf dem besten Wege, ein tiefgründiges Verständnis dieser Technik zu entwickeln und sie beherrschen zu lernen. Auch im umgekehrten Fall – wenn jemand gerade eine Wurftechnik bei Ihnen anwendet – ist es zu Ihrem Vorteil, die Antworten auf diese Fragen zu kennen;

denn dies erlaubt es Ihnen, gezielt gegen die Versuche Ihres Gegners vorzugehen, Sie zu Fall zu bringen.

Betrachten wir einmal ein einfaches Beispiel. Dieses Szenario liefert Ihnen einen Ansatzpunkt, um diese Fragen später in Bezug auf andere Situationen selbst beantworten zu können. Die einfachste und vielleicht wirkungsvollste Wurftechnik, die wir heutzutage im Ring beobachten können, ist die Lieblingsmethode aller Wrestler: Dabei duckt man sich und reißt dem Gegner mit Schwung die Beine weg. Natürlich gibt es eine Menge verschiedener Varianten dieser Technik, mit einer Vielzahl von Feinheiten und Raffinessen; doch für den Augenblick wollen wir uns auf die Betrachtung der einfachen Grundlagen beschränken.

**F1:** Wie wird bei dieser Technik der Schwerpunkt Ihres Gegners in eine Position gebracht, in der er keine Stütze mehr findet?

**A1:** Wenn Sie auf Ihren Gegner zustürmen, verschieben Sie seinen Schwerpunkt mit Ihrer Schulter nach hinten bzw. gegebenenfalls auch zur Seite, so dass sich dieser nun außerhalb des durch seine Füße gestützten Bereiches befindet.

**F2:** Wodurch wird es dem Gegner unmöglich gemacht, seine Füße rechtzeitig wieder so zu positionieren, dass die Gefahr für ihn abgewendet wäre?

**A2:** Indem Sie Ihre Hände während des Angriffs hinter einem oder beiden Knien des Gegners platzieren, verhindern Sie, dass er wieder ins Gleichgewicht findet.

Um eine Technik zu beherrschen, genügt es natürlich nicht, sich dieser Zusammenhänge bewusst zu werden. Sie beginnen nun jedoch, Takedowns wie ein Wissenschaftler zu betrachten. Auf diese Weise wird sich die „Magie“ hinter diesen Techniken für Sie mit der Zeit mehr und mehr entzaubern und dem Eindruck einer einfachen Alltagslogik weichen.

## Auch Aberglaube trifft manchmal ins Schwarze

Einigen Kampfkünstlern zufolge befindet sich das so genannte *dan tien* – das Zentrum des „Qi" und somit der Ort, dem die Kräfte eines Menschen entspringen – unmittelbar unterhalb des Bauchnabels. Solcherlei Behauptungen sind natürlich nichts als pseudowissenschaftlicher Unsinn; jedoch spiegelt sich in dieser Aussage das aufrichtige Bemühen der Kampfkünstler des Altertums wider, die immense Bedeutung herauszustellen, die der steten Kontrolle über den Schwerpunkt des Körpers zukommt; einerseits, um die Balance aufrecht zu erhalten, zum anderen zur Übertragung eines Kraftimpulses während eines Schlages. Wenn Menschen etwas beobachten, das sie noch nicht verstehen können, ist es gar nicht ungewöhnlich, dass sie sich Erklärungen dafür einfach ausdenken. Sollten Sie also einmal im Rahmen Ihres Trainings Lehren wie diese zu hören bekommen, können Sie sich mit folgendem Gedanken trösten: Obwohl das Erklärungsmodell des „dan tien" reine Fiktion ist, stellt die dadurch bezeichnete Körperstelle in der Tat – wissenschaftlich begründbar – einen äußerst wichtigen Punkt des Körpers dar.

## Fortgeschrittene Konzepte: Dem Ungetüm mit den zwei Rücken ist nur schwer beizukommen

Wann immer Sie in einem Zweikampf den Gegner packen und miteinander zu ringen beginnen – insbesondere bei Sportarten, bei denen man ein Gi oder eine Uniform trägt, wie etwa im Judo, beim Sambo oder beim Brazilian Jiu-Jitsu –, werden Sie und Ihr Kontrahent sich sehr wahrscheinlich bald in folgender Situation wiederfinden: Während jeder den anderen fest gepackt hat, bewegen Sie sich nunmehr eher wie ein einziges Gebilde auf vier Beinen, als dass man noch zwei Personen mit jeweils zwei Beinen ausmachen könnte. Beide Kämpfer haben nun einen gemeinsamen Schwerpunkt, der sich irgendwo in der Mitte zwischen ihnen befindet und von vier Beinen gestützt wird. Um Ihren Gegner in solch einem Szenario zu

Fall zu bringen, müssen Sie entweder seinen Massenschwerpunkt in einen Bereich befördern, wo er nicht länger von den Füßen des merkwürdigen vierbeinigen Tieres getragen wird; oder aber Sie finden einen Weg, ihn daran zu hindern, sich mit einem Griff an Ihnen abzustützen.

Mitunter bietet sich die Gelegenheit zu einem Sweep oder einem Konter auch dann noch, wenn Sie sich beide bereits auf der Matte wiederfinden. Befindet sich Ihr Gegner in einer Position auf allen Vieren, müssen Sie es irgendwie schaffen, seinen Schwerpunkt an einen Punkt zu bugsieren, der sich außerhalb seiner vier Stützen befindet. Sitzt er aufrecht, denken Sie daran, dass er nun statt seiner Beine auch einen oder beide Arme dazu einsetzen kann, seine Balance aufrecht zu erhalten. In jedem Fall ist es wichtig zu beachten, dass der Schwerpunkt Ihres Gegners vom Bauchnabel zur Mitte seines Brustkorbs wandert, sobald er die Beine an seinen Oberkörper heranzieht.

## Fortgeschrittene Konzepte: Ein „Objekt" sind Sie nur dann, wenn Sie Ihren Körper versteifen

Bisher sind wir in diesem Kapitel überwiegend von der Annahme ausgegangen, dass man einen Menschen physikalisch wie ein einziges, massives Objekt betrachten kann. Wer aber einmal gesehen hat, wie sich ein Kleinkind im Lebensmittelladen verhält, während es sich weigert, seinen Körper ganz aufzurichten, der weiß sehr wohl, dass sich der menschliche Körper auch wie eine Packung gekochter Spaghetti verhalten kann. Sie können in jedem Augenblick entscheiden, entweder einem großen, starren Festkörper zu ähneln oder aber eher einer Ansammlung kleinerer, nur locker mit einander verbundener Objekte – je nachdem, ob Sie Ihre Muskeln anspannen oder locker lassen.

Testen Sie dies einmal, indem Sie Ihre Handfläche vor Ihren Körper halten und dabei Ihren gesamten Körper anspannen und versteifen. Bitten Sie nun einen Freund, seine Hand gegen Ihre Hand zu pressen und so kräftig dagegen zu drücken, wie er nur kann. Aller Wahrscheinlichkeit nach werden Sie daraufhin einige Schritte rückwärts machen müssen oder – je nachdem, wie kräftig Ihr Freund ist – sich vielleicht sogar auf der Matte wiederfinden. Jetzt wiederholen Sie das Ganze, doch diesmal lassen Sie Ihren Arm ganz locker. Nun kann Ihr Freund so stark drücken, wie er will – Ihr Körper wird sich nicht von der Stelle bewegen.

Ein Judoka mit einem weißen Gürtel versucht bisweilen, seine Kraft in der Weise zu seinem Vorteil einzusetzen, dass er seinen Gegner mit dem ausgestreckten Arm auf Abstand hält. Solange es der Judoka lediglich mit einem anderen Weißgürtelträger zu tun hat, kann er damit durchaus Erfolg haben; ein Gegner dieses Grades ist nämlich unter diesen Umständen nicht in der Lage, nahe genug heranzukommen, um eine seiner Wurftechniken zur Anwendung zu bringen. Für einen erfahrenen Judoka bedeutet ein „steifer Arm“ jedoch ein großartiges Geschenk – komplett mit Papier und Schleifchen. Ein starrer Körper erlaubt es dem Gegner nämlich, von jedem beliebigen Punkt des Körpers aus Ihren Massenschwerpunkt anzugreifen und Sie dadurch zu Fall zu bringen, ohne überhaupt nennenswert in Aktion treten zu müssen. So ist der *Hiza-guruma*, der auch als „Knierad“ bezeichnet wird, eine großartige Wurftechnik, von der es zahlreiche effektive Variationen gibt.

Dasselbe Prinzip gilt auch für Schlagtechniken. Wenn Sie Ihren Körper versteifen und gänzlich unbeweglich machen, verleihen Sie ihm damit eine große Wucht. Führen Sie in diesem Zustand einen Schlag aus, geht dabei Ihr gesamtes Körpergewicht mit ein. Andererseits verbrennen Sie auf diese Weise im Nu eine Menge Energie und machen sich obendrein angreifbar: Ihr Gegner kann Sie jetzt nämlich einfach dadurch kontrollieren, dass er Ihre Extremitäten attackiert. Befindet sich Ihr Körper hingegen in einem lockeren Zustand, dann wird jedes Geschehen, das sich in einigem Abstand von Ihrem Schwerpunkt abspielt, auch dort bleiben und sich nicht auf Ihren Massenmittelpunkt auswirken.

KAPITEL 2

# Energie, Impuls und der Mythos der „Lebenspunkte"

In den frühen 1970er-Jahren begannen Dave Arneson und Gary Gygax mit der Arbeit an einem Fantasy-Rollenspiel, aus dem später das berühmte *Dungeons & Dragons* hervorgehen sollte. Dabei ließen sie sich von sogenannten Tabletop-Spielen inspirieren, bei denen ganze Armeen mit Miniaturfiguren nachgebildet werden, und passten die Spielregeln so an, dass fortan jeder Spieler seine Figur selbst erschaffen und sie mit bestimmten Eigenschaften bestücken konnte. Als nun bald darauf viele Spieler begannen, eine Art Liebesbeziehung zu ihren Figuren zu entwickeln, erkannten Arneson und Gygax, dass der sofortige Tod als Strafe für ein schlechtes Würfelergebnis doch ein bisschen zu grausam war. Um diesem Problem zu begegnen, ersannen die beiden Spieleentwickler das Konzept der „Trefferpunkte" bzw. „Lebenspunkte" (engl. *hit points*). Dies ist ein Zahlenwert, der den allgemeinen Gesundheitszustand einer Figur symbolisiert. Mit jeder weiteren Verletzung, die der Figur zugefügt wird, schwinden ihre Lebenspunkte, bis sie schließlich stirbt. Moderne Videospiele zeichnen sich heute durch eine atemberaubend lebensechte Grafik aus und werden – dem Internet sei dank – typischerweise von unzähligen Spielern aus allen Ecken der Welt gleichzeitig gespielt. Ausgedehnte Computerlandschaften bieten dem Fan eine schier unüberschaubare Fülle von Wahlmöglichkeiten. Doch von wenigen Ausnahmen abgesehen folgen die Spielehersteller noch immer der Philosophie der „Lebenspunkte", die Arneson und Gygax vor mehr als 40 Jahren erdacht haben.

Wenn es ums Kämpfen geht, machen wir uns das Konzept der „hit points" gedanklich alle mehr oder weniger zu eigen. Ein Zweikampf verläuft nämlich viel zu chaotisch, als dass man sich bei jedem einzelnen Schlag oder Tritt genau überlegen könnte, was er bezwecken soll und welches Ergebnis man damit erreichen will. Da macht es grundsätzlich durchaus Sinn, einfach eine Strategie nach dem Motto „jeder Treffer bringt mich meinem Ziel näher" zu verfolgen. Das Problem einer solchen undifferenzierten Denkweise offenbart sich jedoch, wenn man sich Fragen über die einzelnen Techniken zu stellen beginnt: Was macht eigentlich die Wirksamkeit einer Methode aus? Was braucht man, um einen Kampf für sich zu entscheiden und zu beenden?

Ein Fausthieb, wie er sich im wirklichen Leben ereignet, stellt einen komplizierten und vielschichtigen Vorgang dar. In dem Moment, da Ihre Faust auf dem Körper Ihres Gegners landet, werden zunächst sowohl Ihre Hand als auch die von ihr getroffene Körperstelle zusammengestaucht. Im weiteren Verlauf bewirkt der Zusammenprall – je nachdem, welche relative Geschwindigkeit die beiden Körper am Kontaktpunkt zueinander haben und wie locker oder starr sie dort gerade sind – entweder eine Fortbewegung des Gegners, eine lokale Bewegung eines Teils seines Körpers oder einfach eine fortgesetzte physische Komprimierung. In Abhängigkeit von der verwendeten Technik und der Stärke des Widerstandes, den der gegnerische Körper Ihrem Schlag entgegensetzt, können Sie nach dem Aufprall unter Umständen weitere Muskelkraft zur Anwendung bringen. Jedes Mal, wenn Sie Ihre Faust auf Reisen schicken, laufen eine ganze Reihe von Prozessen ab. Man kann bei einem Schlag nicht im Voraus wissen, wie viele „Lebenspunkte" er den Gegner kosten wird. In den nachfolgenden Kapiteln werden wir verschiedene empirische Messungen betrachten und uns einige ausgewählte Schlagtechniken näher ansehen. Für den Augenblick wollen wir jedoch die komplizierten Vorgänge, die sich im Moment des Zusammenpralls abspielen, außer Acht lassen und unser Augenmerk stattdessen auf zwei eigenständige physikalische Größen richten, mit denen sich die Wirkung eines Treffers beschreiben lässt: Impuls und Energie. Wenn es Ihnen gelingt, ein intuitives Gefühl dafür zu entwickeln, wie diese beiden Größen auf Ihren Gegner einwirken, und Sie einen Schlag mit einem hohen Impuls bzw. einer hohen Energie auszuführen lernen, werden Sie den Ausgang Ihrer Kämpfe wesentlich besser kontrollieren können.

## Der Impuls dient dazu, den Gegner umzustoßen

Stellen Sie sich einmal vor, einer Ihrer Freunde würde seine Autoschlüssel direkt gegen Ihre Brust werfen. Das mag zwar weh tun und vielleicht sogar einen blauen Fleck oder eine kleine Schnittwunde hinterlassen; doch eines werden die Schlüssel definitiv nicht schaffen: Sie umzuwerfen. (Sie können natürlich in die Knie gehen, sich in Schmerzen winden und wie ein kleines Mädchen heulen – aber das alleine zählt nicht!) Wirft Ihr Freund nun aber ohne Vorwarnung anstelle der Schlüssel einen schweren Medizinball in Ihre Richtung, stehen die Chancen nicht schlecht, dass Sie sich auf dem Hosenboden wiederfinden werden – und das selbst dann, wenn Sie den Ball aufgefangen haben sollten. Der wesentliche Punkt, in dem sich die beiden Szenarien unterscheiden, ist die Stärke des Impulses, der dabei auf Sie übertragen wird. Den Impuls eines Objektes können Sie sich einfach als dessen Vermögen vorstellen, einen anderen Gegenstand beim Zusammenprall in Bewegung zu versetzen. Wie groß der Impuls ist, der einem Objekt innewohnt, hängt von nur zwei seiner Eigenschaften ab: Es kommt zum einen darauf an, wie schwer es ist (Masse), und zum anderen, wie schnell es sich nähert (Geschwindigkeit). Alle übrigen physischen Merkmale des Objektes – etwa wie hart oder wie groß es ist – haben keinerlei Einfluss auf die Stärke des Impulses.

Der Wert des Impulses ergibt sich aus der Multiplikation von Masse und Geschwindigkeit. Das bedeutet beispielsweise, dass ein Mann von 100 Kilogramm Gewicht, der Sie mit einer mäßigen Geschwindigkeit von fünf Meilen pro Stunde umrennt (100 * 5 = 500), mit demselben Impuls auf Sie einwirkt wie eine zierliche 50-Kilo-Frau, die mit zehn Meilen pro Stunde angerast kommt (50 * 10 = 500). In beiden Fällen werden Sie im gleichen Maße zurückgestoßen. Mathematisch gesehen unterscheiden sich die Größen Masse und Geschwindigkeit nur insofern, als dass letztere nicht nur dem Betrag nach in den Impuls einfließt, sondern auch dessen Richtung bestimmt. Wenn Sie also jemanden angreifen, wird der Impuls, den Sie auf Ihren Gegner übertragen, in dieselbe Richtung weisen, in der Sie zuvor Anlauf genommen haben. Diese Aussage mag Ihnen zunächst trivial erscheinen – doch bedenken Sie Folgendes: In der Kenntnis der Richtung, die einem Impuls innewohnt, liegt der Schlüssel, um einen eigentlich unaufhaltsamen Schlag umleiten und unter Kontrolle bringen zu können.

Wenn ein Schlag über einen hohen Impuls verfügt – ein „Schiebe-Schlag" sozusagen –, vermag er den Körper des Gegners (oder

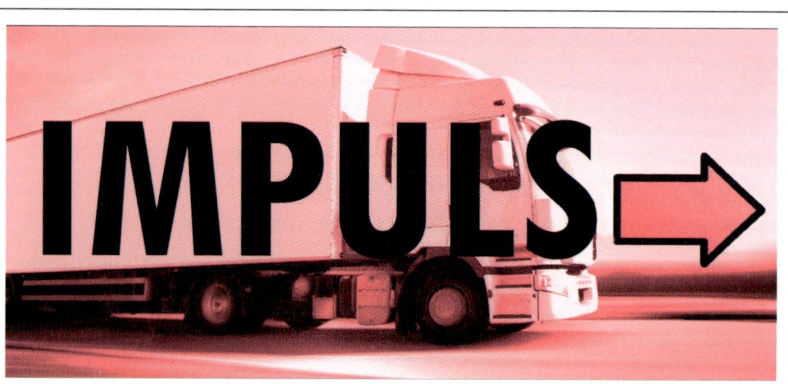


**Formel:** mv

**Auf Deutsch:** Masse mal Geschwindigkeit

**Besonderes Merkmal:** Zum Impuls gehört stets auch eine bestimmte Richtung.

zumindest einen Teil davon) von der Stelle zu bewegen. Für den Kämpfer stellt eine solche Option natürlich ein äußerst machtvolles Mittel dar. Wenn Ihr Gegner beispielsweise seinen Körper versteift hat und seine Füße gerade keinen allzu festen Bodenkontakt besitzen – oder wenn Sie ihn in der Nähe seines Schwerpunktes erwischen –, dann lässt ihn ein impulsstarker Treffer einen Satz nach hinten machen oder das Gleichgewicht verlieren; möglicherweise wird ihm dadurch auch die Luft aus den Lungen gepresst. Falls die Sterne besonders günstig stehen, befördern Sie Ihren Gegner mit solch einem Hieb sogar auf die Matte. Lässt Ihr Widersacher seinen Körper hingegen gerade locker, können Sie ihm mit einem impulsreichen Hieb die schützenden Hände weghauen, sodass sein Gesicht unmittelbar angreifbar wird. Und wenn es Ihnen gelingt, das Kinn Ihres Gegners mit einem hohen Impuls zu treffen, versetzen Sie damit seinen Kopf in eine schnelle Rotation um seine eigene Achse. Auf diese Weise können Sie – unabhängig davon, ob der Körper Ihres Gegners nun gerade schlaff oder starr ist – sogar ein K.o. erzielen.

## Um den Impuls zu erhöhen, müssen Sie Ihren Schlägen mehr „Gewicht" verleihen

Wenn Sie Ihre Hand am Handgelenk abtrennen und auf eine Waage legen würden, dann würden Sie feststellen, dass sie nur etwa ein halbes Kilogramm wiegt (womit sie nicht einmal ein Prozent Ihres Körpergewichts ausmacht). Das ist wirklich nicht viel, wenn man bedenkt, dass Sie mit nur einer Hand einen Mann von 100 Kilogramm Gewicht herumschleudern oder zumindest seinen Kopf – der etwa fünf Kilo wiegt – in Rotation versetzen können. Ein gewöhnlicher (untrainierter) Mensch vermag einem Faustschlag eine Geschwindigkeit von etwa 10 bis 15 Meilen pro Stunde (mph) zu verleihen. Der Hieb hat demnach einen Gesamtimpuls von etwa 0,5 Kilogramm mal 10 mph. Wenn nun der Kopf des Gegners ungefähr fünf Kilogramm wiegt, können Sie ihm mit diesem Schlag folglich gerade mal eine Geschwindigkeit von einer Meile pro Stunde verpassen. Das ist unglaublich langsam. Selbst wenn Sie die Schnelligkeit eines Profis entwickeln (dessen Schläge eine Geschwindigkeit von 20 bis 25 mph erreichen), werden Sie den Kopf des Gegners bestenfalls auf 2,5 mph beschleunigen können. Um einen Impuls aufzubringen, der groß genug wäre, um Ihren Gegner wegzustoßen oder ihn gar K.o. zu schlagen, reicht Ihre Faust alleine einfach nicht aus: Sie brauchen mehr Masse.

Wie wir im ersten Kapitel festgestellt haben, kann sich der menschliche Körper entsprechend dem Grad der Muskelanspannung wahlweise wie eine lose Ansammlung kleinerer Einheiten oder aber wie ein einziges großes, starres Objekt verhalten. Dasselbe Prinzip können wir uns – neben einigen weiteren Kniffen – auch zunutze machen, um unseren Schlägen eine größere Masse zu verleihen. Zwar wird es mit zunehmender Versteifung schwieriger, die für einen wirkungsvollen Fausthieb benötigte Geschwindigkeit zu erreichen; andererseits ist es jedoch gerade diese Starrheit, die es uns ermöglicht, mehr Masse in unseren Schlag zu legen. Mit dem richtigen Timing können Sie Ihren Arm genau in dem Moment versteifen, wenn er ganz ausgestreckt ist, und die Bewegung aus Ihren Schultern und Hüften heraus fortsetzen. Die Masse, die somit bei Ihrem Schlag wirksam wird, umfasst dann den gesamten Arm sowie einen Teil Ihres Körpers. Profikämpfer vermögen auf diese Weise bis zu zehn Prozent ihres Körpergewichts hinter ihren Schlag zu bringen – das entspricht einem zehn bis 20 Mal höheren Impuls als bei einem gewöhnlichen Fausthieb.

Ein Kampfsportler braucht mitunter jahrelanges Training, um einen Punkt zu erreichen, an dem tatsächlich eine signifikant höhere Körpermasse in seine Schläge mit eingeht. Wenn wir jedoch einige Aspekte unseres Wissens über den Massenschwerpunkt einbeziehen, das wir uns im ersten Kapitel angeeignet haben, können wir diesen Prozess ein wenig beschleunigen. Da sich Ihr Schwerpunkt dicht unterhalb Ihres Bauchnabels befindet, mobilisieren Sie die größte Masse genau dann, wenn es Ihnen gelingt, den Weg von Ihrer Faust bis zu Ihrem Schwerpunkt durchgängig zu versteifen. Ihr Brustbereich wird bereits durch Ihren Brustkorb ziemlich gut in einem Zustand der Starre gehalten; ganz anders liegen die Dinge allerdings in Ihrer unteren Bauchregion. Viele Kampfkünstler stoßen im Moment des Zuschlagens einen Schrei aus oder atmen blitzartig aus (mitunter geben sie auch eine Art Fauchen von sich). Wenn Sie in dieser Weise mittels Ihres Zwerchfells Luft herauspressen, erreichen Sie nämlich genau die gewünschte innere Festigkeit, die für eine Massenerhöhung Ihres Schlages benötigt wird. Darüber hinaus sollten Sie auch dafür sorgen, dass Ihr Massenschwerpunkt über Ihre Beine und Hüften fest im Boden verankert ist. Damit beziehen Sie nicht nur diese Muskelgruppen bei Ihren Schlägen mit ein, sondern Sie stellen auch sicher, dass sich Ihr Schwerpunkt nicht von der Stelle bewegt, wenn Ihre Fausthiebe auf Ihren Gegner niedergehen.

Schiebende Schläge kommen zwar in vielen Kampfkünsten in der einen oder anderen Form vor; doch kein anderer Kampfstil hat sich das Konzept der Impulsverstärkung in einem solchen Maße zu eigen gemacht wie das Thaiboxen (Muay Thai). Thaiboxer legen ihr Körpergewicht nicht nur in ihre Faustschläge hinein, sondern in praktisch jede Art von Tritt oder Schlag – gleich, ob diese nun mit dem Fuß, dem Knie oder dem Ellbogen ausgeführt werden. In der Tat stammt die Technik, die von allen jemals erfundenen Kampfkunsttechniken wohl den größten Impuls auf den Gegner überträgt, aus dem Thaiboxen (von Techniken mit Anlauf einmal abgesehen). Bei dieser als Forward Knee bezeichneten Methode bilden der Massenschwerpunkt des Angreifers, sein Oberschenkel und sein Knie eine beinahe gerade Linie. Überrascht man damit einen nichts ahnenden Gegner, kann man diesen damit locker in die Seile oder auf die Matte befördern. Wenn Sie also den Wunsch haben, Ihre Schläge mit mehr Körpergewicht zu unterfüttern, oder wenn Sie Ihrem Repertoire einige impulsreiche Techniken hinzufügen möchten, sollten Sie sich ein wenig im Muay Thai umschauen und sich von der Methodik dieses Kampfstils inspirieren lassen.

## Schläge mit einem hohen Impuls kann man kaum stoppen

Die Physiker rechnen den Impuls zu den so genannten „Erhaltungsgrößen“. Diese Größen zeichnen sich dadurch aus, dass sie nicht erzeugt oder vernichtet werden können, solange keine äußere Kraft beteiligt ist. Eine der Konsequenzen, die sich daraus ergeben, ist die Tatsache, dass man einen heranbrausenden Impuls nicht durch Schutzelemente aus Hartplastik oder Metall – und schon gar nicht durch weiche Schaumpolster – abschwächen kann. Schließlich stellt keine dieser Maßnahmen eine äußere Kraft dar. Probieren Sie dies einmal mit einem Freund aus. Führen Sie einen Schlag aus, während Ihr Partner still steht, dann tauschen Sie die Rollen. Wiederholen Sie dieses Spiel in einem gleichmäßigen Rhythmus und versuchen Sie dabei, die Stärke Ihrer Schläge konstant zu halten. (Es genügt, wenn Ihr Partner durch Ihren Stoß einen Schritt zurückweicht.) Nun nehmen Sie verschiedene flache Gegenstände – ein Buch, ein Backblech oder eine Bratpfanne – und halten Sie sie nacheinander vor Ihre Brust, während Ihr Freund weiter gleichmäßig zuschlägt. Bemerken Sie irgendeine Veränderung hinsichtlich der Stärke des Impulses? Wiederholen Sie den Versuch auch noch einmal mit einem Kissen.

Obwohl mein allererstes Sparring mit einem Amateur-Thaiboxer schon Jahre zurückliegt, steht es mir noch immer so lebendig vor Augen, als wäre es erst gestern gewesen. Dies dürfte dem erheblichen Gefühl der Beschämung zu verdanken sein, das dieses Ereignis bei mir hinterließ. Zum damaligen Zeitpunkt hatte ich bereits Wettkämpfe in verschiedenen Kampfkünsten bestritten (hauptsächlich im Taekwondo und im Kempō) und hielt mich für jemanden, dem man nichts mehr vormachen konnte. Als mein Gegner und ich für einen Sparringkampf in den Ring kletterten, hatte ich gerade meine erste Unterrichtsstunde im Muay Thai absolviert. Ich malte mir aus, wie meinen neuen Trainingspartnern gleich der Mund offen stehen bleiben würde, wenn ich erst einmal mit meinen beeindruckenden Techniken loslegen würde. Doch stattdessen stieß mich mein Widersacher – es war einer der Assistenztrainer – im Ring herum, als wäre ich nichts weiter als ein lästiges Insekt, das ihn beim Schattenboxen störte. Als endlich der erlösende Gong erklang, der das Ende des Kampfes signalisierte, klebte mein voll geschwitztes Hemd an meinem Körper, und nur mit viel Mühe konnte ich genug Luft schöpfen, um ein kurzes „Guter Kampf!“ zu keuchen. Was war passiert? Ich hatte doch seine Schläge stets kommen sehen und auch jedes Mal die Arme zur Abwehr hochgerissen. Das Problem war, dass mein Gegner einfach durch meine Blocks hindurchmarschierte und mir allen Wind aus den Segeln nahm. Ich konnte von Glück sagen, dass er ein netter Bursche war und es nur auf meinen Körper statt auf meinen Kopf abgesehen hatte. Noch heute kann ich die Frustration und das Ohnmachtsgefühl spüren, die mich an jenem Tag erfassten – von der physischen Erschöpfung einmal ganz zu schweigen.

Nach einem halben Jahr weiteren Trainings, in dessen Verlauf ich mir ein paar Tricks angeeignet hatte, war ich schließlich in der Lage, mich im Ring zu behaupten – sogar gegenüber Gegnern, die um einiges größer waren als ich. Wenn Sie jemand mit einem impulsstarken Schlag attackiert, bleiben Ihnen nicht sehr viele Optionen, um den Angriff abzuwehren. Einige dieser Methoden verlangen obendrein Ihre augenblickliche und ungeteilte Aufmerksamkeit. Die erste Möglichkeit besteht – wie bei jeder Art von Kampf – darin, der Attacke auszuweichen oder ihr durch einen Präventivschlag zuvorzukommen. Schläge, denen ein hoher Impuls innewohnt, sind in der Regel schon recht frühzeitig erkennbar. Wenn ein Gegner seine ganze Kraft in einen impulsreichen Hieb legt und dann ins Leere läuft, wird er verwundbar. Die zweite Option wäre, eine größere Masse hinter Ihren Block zu bringen, als der Angreifer in seinen Schlag gelegt hat. Dies können Sie durch dreierlei Maßnahmen erreichen: Durch Ausstoßen eines Schreis – oder einfach indem Sie im richtigen Moment ausatmen – etablieren Sie im Inneren Ihres Körpers einen starren Pfad, der bis hinunter zu Ihrem Massenschwerpunkt reicht. Wenn Sie Ihre Arme gegen Ihren Körper bzw. Ihren Kopf pressen, verwandeln Sie Ihren gesamten Oberkörper in einen großen, massiven Block. Zudem können Sie den heranrasenden Fußtritt bzw. Kniestoß mit beiden Händen abwehren. Eine letzte Möglichkeit der Gegenwehr besteht schließlich darin, den Schlag entweder vor oder auch nach dem vom Angreifer beabsichtigten Zeitpunkt abzupassen. In beiden Fällen wären das Timing des Gegners ruiniert und die effektive Masse des Schlages deutlich reduziert. Nehmen wir einmal an, jemand will Ihnen von der linken Seite her einen Tritt verpassen. Wenn Sie in dieser Situation einen Satz nach rechts machen, verzögern Sie den Zeitpunkt des Kontaktes beider Körper. Damit bewirken Sie zweierlei: Zum einen verringern Sie die beim Aufschlag wirksam werdende Masse. Außerdem reduziert sich durch den Umstand, dass Sie sich in derselben Richtung wie das Bein des Angreifers bewegen, auch die relative Geschwindigkeit zwischen Ihnen beiden.

Wenn Sie impulsreiche Schläge üben (wir sprechen jetzt von einer Trainingssituation, nicht von einem Kampf im Ring oder gar auf der Straße), können Sie den auf Sie übertragenen Impuls am besten dadurch verringern, dass Sie so viel Masse wie nur möglich zwischen Ihren Körper und den Kontaktpunkt bringen. Eine höhere Masse zu haben bedeutet nämlich für den Angreifer, dass er nun einen noch höheren Impuls aufbringen müsste, um Ihrem Körper dieselbe Geschwindigkeit zu verpassen. (Und ja – technisch gesehen bedeutet dies in der Tat, dass Dicke hier von Haus aus im Vorteil sind.) Das ist auch der Grund, warum die als Thai Pads bezeichneten Unterarmpolster beispielsweise schon mal volle zwei Kilogramm wiegen können. (Zum Vergleich: Boxhandschuhe bringen nicht einmal ein halbes Kilo auf die Waage!) Die beim Thai-Boxtraining verwendeten Schlagpolster (engl. „kicking shields") wiegen gar bis zu zwölf Kilogramm. Beide Arten von Polstern erscheinen einem, wenn man sie beim Training trägt, ziemlich schwer. Doch in Wirklichkeit machen sie nur einen kleinen Prozentsatz des Körpergewichts aus. An diesem Beispiel können wir sehen, dass es zwar nicht einfach ist, impulsreiche Schläge abzuwehren – aber auch nicht unmöglich.

## Schmerzen und Knochenbrüche gehen auf das Konto der Energie

Lassen Sie uns noch einmal auf das Beispiel Ihres Schlüssel werfenden Freundes zurückkommen. Selbst wenn er die Autoschlüssel so fest gegen Ihre Brust wirft, wie er nur kann, werden sie aufgrund ihrer geringen Masse keinen nennenswerten Impuls entwickeln. Warum sollten Sie die heransausenden Schlüssel also nicht einfach ignorieren und, nachdem sie von Ihrer Brust abgeprallt sind, weiter in Ihrem Buch schmökern? Nun, die Schlüssel vermögen Sie zwar nicht aus den Latschen zu werfen; was sie jedoch sehr wohl hinterlassen können, sind Schmerzen und kleinere Verletzungen in der unmittelbaren Umgebung der Aufschlagstelle – Schnittwunden etwa oder auch Blutergüsse. Wenngleich nämlich schnelle Objekte von kleiner Masse, wie eben beispielsweise Schlüssel oder auch Gewehrkugeln, keinen großen Impuls zu entwickeln vermögen (lassen Sie sich niemals von Hollywood weismachen, eine Kugel würde einen Mann herumschleudern können!), so kommen sie doch mit einer enormen kinetischen Energie herangesaust. Als Kampfsportler können Sie sich Energie als die Fähigkeit vorstellen, das Gewebe an der Stelle des Aufpralls zu beschädigen. Schnittverletzungen, Hämatome, Veilchen, Beulen, Knochenbrüche und Schmerzempfindungen entstehen allesamt als Folge der beim Kontakt mit dem Gegner übertragenen Energie.

Schauen wir uns einmal die Formel für die Energie etwas näher an. Auf den ersten Blick scheint sie sich nicht allzu sehr von der Formel für den Impuls zu unterscheiden. Beachten Sie jedoch die kleine hochgestellte Zwei am Ende – sie bewirkt in der Tat einen gewaltigen Unterschied. Sie bedeutet nämlich, dass die Geschwindigkeit in die Berechnung der Energie zwei Mal einfließt (statt, wie beim Impuls, nur ein Mal). Die Masse tritt hier also gewissermaßen in den Hintergrund. So erreichen Sie beispielsweise durch eine Verdopplung der bei einem Schlag wirksamen Masse auch eine Verdopplung der Energie; wenn es Ihnen jedoch gelingt, statt der Masse die Schnelligkeit Ihres Fausthiebs zu verdoppeln, erhöht sich dessen

Energie sogar auf das Vierfache. Mit dieser exponierten Rolle, die der Geschwindigkeit bei der Bestimmung der Energie zukommt, können wir uns nun den Unterschied zwischen energiereichen und impulsintensiven Schlägen bildhaft veranschaulichen: Während letztere „schwer" wirken und eher dazu geeignet sind, den Gegner zu „schieben", erfolgen energiegeladene Schläge blitzschnell. Sie schließen in der Regel mit einem ebenfalls recht schnellen Zurückziehen der Hand ab, so dass der Eindruck des „Zuschnappens" entsteht (engl. „snap"). Auch die Energie gehorcht, genau wie der Impuls, einem Erhaltungssatz. Energie kann jedoch im Unterschied zum Impuls in eine Vielzahl anderer Erscheinungsformen transformiert werden. Bei einem Treffer hängt es von einer Reihe von Bedingungen am Ort des Aufpralls ab, ob die kinetische Energie des Schlages in Schall umgewandelt wird (so dass es zum Beispiel einen dumpfen „Bums" gibt), erneut in kinetische Energie übergeht (der Gegner also in Bewegung versetzt wird) oder ob sie strukturelle Veränderungen im Bereich um den Kontaktpunkt bewirkt (Stauchung des Gewebes, Schnittwunden, Hämatome, Knochenbrüche). Im letztgenannten Fall ist es von Bedeutung zu wissen, dass die gesamte

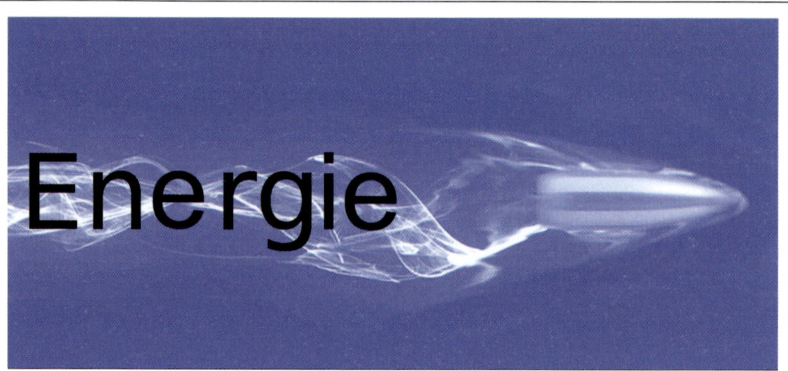


**Formel:** $\frac{1}{2}mv^2$

**Auf Deutsch:** Einhalb mal Masse mal Geschwindigkeit mal Geschwindigkeit

**Besonderes Merkmal:** Kann leicht in verschiedene Formen umgewandelt werden.

Energie stets nur über die Kontaktfläche auf den Körper einwirkt und diesen nur in diesem Bereich beschädigen kann. Daraus ergeben sich einige interessante Schlussfolgerungen. Es bedeutet nämlich, dass man dem Körper des Gegners mit einem vergleichsweise großflächigen Treffer – wie etwa bei einem Boxhieb mit einer handschuhbewehrten Faust – nicht allzu viel Schaden zufügen kann. Ganz anders sähe es aus, wenn wir dieselbe Energie in einem winzigen Punkt konzentrieren könnten, beispielsweise in der Spitze eines Kugelschreibers. Das Gewebe würde in diesem Falle an der Aufschlagstelle in einem erheblich größeren Maße geschädigt werden. Ein extremes Beispiel für diesen Zusammenhang zwischen der Kontaktfläche und dem Grad der möglichen Verletzung sehen wir bei den Klingen geschliffener Stichwaffen. Die Schneidkante einer solchen Waffe hat eine so minimale Oberfläche, dass schon die geringfügige Energie einer Bewegung des Handgelenks genügt, um das Gewebe in der unmittelbaren Umgebung der Schneide erheblich zu verletzen.

Energiereiche Schläge können nicht nur Schäden in der physischen Struktur verursachen, sondern auch Schmerzempfindungen hervorrufen. Schmerz entsteht entweder durch die Stauchung von Gewebe und die damit verbundene Reizung spezieller, als Nozizeptoren bezeichneter Rezeptoren, oder durch die Beschädigung der angrenzenden Zellen. In letzterem Falle werden eine Reihe verschiedener Stoffe ausgeschüttet, die dann ihrerseits die Nozizeptoren stimulieren. Es lässt sich jedoch kaum voraussehen, welche Wirkung Schmerz auf Ihren Gegner haben wird. Denn selbst wenn Sie die Nozizeptoren irgendwie dazu bringen, ein Signal ans Rückenmark bzw. ans Gehirn zu senden, gibt es keine Garantie, dass Sie Ihren Opponenten mit dem so erzeugten Schmerz außer Gefecht setzen. In einer Kampfsituation – und umso mehr, wenn Leute drum herum stehen und die Kämpfer anfeuern – bewirken die vom Körper ausgeschütteten Endorphine nämlich oftmals, dass man schmerzhafte Verletzungen zunächst gar nicht richtig wahrnimmt. Auch wenn Ihr Gegner Dopingmittel oder andere Medikamente eingenommen hat, werden Ihre Versuche, ihn durch das Beibringen von Schmerzen zur Aufgabe zu bewegen, möglicherweise wenig fruchten.

## Energiereiche Schläge erfolgen blitzschnell und mit lockerer Muskulatur

Wenn Sie die größtmögliche Energie aus Ihren Schlägen herausholen wollen, trachten Sie danach, Ihre Schnelligkeit zu steigern. Ein energiebetonter Schlag endet oft mit einem schnellen Zurückziehen der Faust, sobald diese ihr Ziel getroffen hat. Wenn Sie eine traditionelle Taekwondo-, Karate- oder Kung-Fu-Uniform tragen, sollte Ihr Ärmel dabei jedes Mal ein hörbares Geräusch produzieren. Dieser Effekt kann Ihnen gute Dienste leisten, wenn Sie sich auf das Training Ihrer Schnelligkeit konzentrieren wollen. Nebenbei lernen Sie bei dieser Schlagtechnik auch, Ihre Muskeln locker zu lassen und sich flüssig zu bewegen – zwei Elemente, die wiederum zur Erhöhung Ihrer Schlaggeschwindigkeit beitragen. Wenn Sie sich während Ihrer Trainingseinheiten angewöhnen, Ihre Hand stets schnell wieder zurückzuführen, können Sie Ihre Schnelligkeit entwickeln und vermeiden dadurch außerdem, dass jemand Ihren ausgestreckten Arm packen kann. Allerdings ist das Zurückziehen der Faust – dies ist an dieser Stelle wichtig klarzustellen – für den eigentlichen Energietransfer auf Ihren Gegner in keiner Weise notwendig. So handelt es sich beispielsweise bei den rasanten Chain Punches des Wing Chun zwar um eine energiebetonte Schlagtechnik, doch das in anderen Kampfstilen übliche Zurückziehen der Hand fehlt hier. Auf einen energiereichen Schlag folgt im Wing Chun mitunter gar ein mit einer Vorwärtsbewegung verbundener Aufwärtshaken, wobei mit dem ausgestreckten Arm ein Impuls erzeugt wird.

Bei Faustschlägen gilt, dass sich eine Vergrößerung der Masse negativ auf die Schnelligkeit auswirkt. Wenn Sie das Gewicht Ihrer Faust erhöhen – etwa durch die Verwendung eines Boxhandschuhs oder indem Sie eine Rolle Münzen umklammert halten –, werden schnelle Rückbewegungen erschwert. Es gibt einige wenige Kampfkünstler, die ihre Fäuste auch mit angelegten Boxhandschuhen sehr schnell bewegen können. Eine weitere Konsequenz, die sich aus diesem Zusammenhang ergibt, besteht darin, dass es für schwergewichtige Kampfsportler schwieriger sein kann, Treffer mit hoher Energie zu landen.

Des Weiteren können Sie sich eine spezielle Eigenschaft der Geschwindigkeit zunutze machen, um noch etwas mehr Energie für Ihre Schläge herauszuholen: Geschwindigkeiten addieren sich nämlich. Stellen Sie sich einmal einen professionellen Baseball-Werfer vor, der einen Ball mit einer Geschwindigkeit von 90 Meilen pro Stunde in Ihre Richtung wirft, während er auf der Ladefläche eines geparkten Kleinlasters steht. Nehmen wir nun an, der Truck bewegt sich mit 30 mph auf Sie zu, während der Pitcher mit seinen Würfen fortfährt. Der jetzt auf Sie zu rasende Baseball hat eine Geschwindigkeit von 120 mph (90 + 30) – das ist schneller, als irgendein Pitcher der Welt jemals einen Ball (ohne die Hilfe eines fahrenden Untersatzes) werfen könnte. Wenn wir das Szenario einmal auf Ihren Körper übertragen, dann entspricht der Pitcher Ihrem Arm und das Fahrzeug, auf dem der Werfer steht, Ihren Schultern. Aus Sicht Ihres Gegners addieren sich nun die Einzelgeschwindigkeiten dieser beiden Teile Ihres Körpers zur Gesamtgeschwindigkeit. Mehr noch, mit Ihren Hüften steht Ihnen sogar noch ein weiterer Laster zur Verfügung, der sich unterhalb des ersten Fahrzeugs befindet. Stellen Sie sich nun noch vor, Sie würden während Ihres Schlages einen Satz nach vorne machen. Dann bilden Ihre Füße eine dritte bewegliche Ebene, auf der die anderen beiden aufsetzen. Zusätzlich zu diesen fein abgestimmten Bewegungen haben Sie noch eine weitere Möglichkeit, Ihren Schultern ein wenig mehr Geschwindigkeit zu verleihen: Während Sie mit der einen Hand einen Schlag ausführen, befindet sich die andere Hand etwas hinter Ihrem Körper und wird gewissermaßen für den nächsten Schlag in Positur gebracht. (Im Englischen nennt man diesen Vorgang „chambering" – ein Begriff, der eigentlich aus dem Umgang mit Waffen stammt und so viel wie „laden", „durchladen" oder „vorbereiten" bedeutet.) Die Idee, die sich hinter diesem Trick verbirgt, gleicht ein wenig dem Konzept, nach dem wir auch ein Fahrzeug lenken: Beide Hände greifen dabei abwechselnd an einander gegenüberliegenden Stellen des Lenkrads an. Sowohl im Wushu als auch im traditionellen Karate wird von diesem Prinzip ausgiebig Gebrauch gemacht – wenngleich sich die Geister offenbar hinsichtlich der Frage scheiden, wie hoch oder niedrig die passive Hand nun gehalten werden sollte.

## Die Energie eines Schlages lässt sich leicht zerstreuen oder absorbieren

Es gibt eine Reihe brauchbarer Ansätze, um sich vor energiereichen Schlägen zu schützen. Dem Hieb auszuweichen oder zu versuchen, ihm mit einem Präventivschlag zuvorzukommen, sind grundsätzlich zwei sinnvolle Optionen. Aufgrund der hohen Geschwindigkeit, mit der energiegeladene Schläge heranbrausen, sind diese Methoden allerdings einigermaßen schwierig umzusetzen. Dem wachsamen Kämpfer sollte dies jedoch nicht unmöglich sein. Auch das Blocken energiereicher Angriffe ist mitunter nicht einfach, doch braucht es dafür keine so große Masse und Festigkeit, wie es die Abwehr impulsreicher Schläge erfordert.

Eine weitere Option besteht darin, etwas Weiches oder Komprimierbares zwischen Angreifer und Ziel zu bringen – beispielsweise Schaumstoff, schlaffes Muskelgewebe oder auch einfach Körperfett. Diesem Konzept liegt die Idee zugrunde, dass der Opponent auf diese Weise gezwungen wird, einen Großteil der Energie seines Schlages mit dem Zusammendrücken des jeweiligen Materials zu vergeuden, statt damit Ihr Körpergewebe zu lädieren. Die Dicke der Schaumstoffschicht, die nötig ist, um die Schadwirkung eines Fausthiebs, eines Fußtritts oder gar eines Schlages mit einem Eskrima-Stock aufzuheben, hängt natürlich von den jeweiligen Umständen und vom Material ab; eine Schicht von etwa anderthalb bis zweieinhalb Zentimetern Stärke genügt jedoch für gewöhnlich.

Die wirksamste Methode, um strukturelle Beschädigungen des Körpers zu minimieren, besteht jedoch darin, die Energie über eine große Fläche zu verteilen. Ein Schaumstoffpolster erfüllt diesen Zweck schon teilweise, doch festes Material leistet in diesem Fall bessere Dienste – vorausgesetzt, dessen Fläche ist dabei deutlich größer als die eigentliche Kontaktfläche während des Schlages. Wir können dieses Prinzip beispielsweise bei den in vielen Profisportarten verwendeten Hartplastikhelmen in Aktion erleben. In der Kampfkunst ist jedoch auch der Schutz der Hände und Füße des Angreifers zu gewährleisten, weshalb wir hier eher dazu tendieren, eine halbstarre Kombination aus Schaumstoff, Leinen und Leder zu verwenden. So besteht beispielsweise der im Taekwondo verwendete Brustschutz aus halbstarrem Material. Beim klassischen und beim Thaiboxen benutzt man Kopfbedeckungen, die lediglich unter den Augen starr sind, da dort ein besonders hohes Risiko für strukturelle Gewebeschädigungen besteht. Eskrima-Kämpfer benutzen bei ihrem Sparring hauptsächlich Stöcke und Messer – allesamt Waffen für energiereiche Treffer. Der Schutz vor Fausthieben steht daher bei der Gestaltung ihrer Schutzausrüstung nicht im Vordergrund. Man sieht hier häufig Schutzelemente mit Rattan- oder Plastikoberflächen sowie speziell geformte metallene Helme („face cage") zum Schutz des Kopfes.

## Bei jedem Schlag haben Sie eine Wahl

Nachdem Sie sich nun ein grundlegendes Verständnis der feinen Unterschiede zwischen Energie und Impuls angeeignet haben, können Sie sich im Rahmen Ihres Trainings weiteren Fragen zuwenden. Der Akt des Kämpfens stellt einen tiefgründigen und vielschichtigen Prozess dar. Es liegt ganz bei Ihnen zu entscheiden, was Sie mit jedem einzelnen Schlag oder Tritt erreichen wollen (Tipp: Es geht nicht darum, die Lebenspunkte Ihres Gegners zu reduzieren). Sie haben in jedem Moment verschiedene Optionen und sollten Ihre Schläge Ihren Zielen entsprechend wählen. Wollen Sie Ihrem Gegner Schmerzen zufügen, ihn bluten lassen und seinen Kampfeswillen brechen? Oder wollen Sie ihn herumstoßen und ihm den Atem nehmen? Bietet Ihr Gegner Ihnen eine ungeschützte Stelle in seiner Verteidigung, so dass Sie einen K.o.-Schlag auf seinem Kinn landen können? Oder ist es gerade leichter, ihm eine blutige Nase zu verschaffen? Betrachten Sie Ihr Repertoire an Schlagtechniken als ein Arsenal von Werkzeugen zum Erreichen Ihres ultimativen Zieles. Das eine Werkzeug, das auf sämtliche denkbare Situationen gleichermaßen passt, gibt es dabei nicht.

Man mag angesichts des Wechselspiels von energiereichen Schlägen auf der einen Seite und impulsbetonten Hieben andererseits versucht sein, die einen oder die anderen für „besser" zu halten. Doch in Wahrheit stellen diese beiden Kategorien von Schlagtechniken sehr verschiedene Kampfmethoden dar. Die richtige Kampfstrategie zu finden, ist eine sehr persönliche Angelegenheit. Welche Strategie für Sie am besten geeignet ist, hängt von Ihrer körperlichen Statur, Ihrer Persönlichkeit, Ihrem Gegner und den jeweiligen Begleitumständen ab. Sie werden möglicherweise feststellen, dass Ihnen entweder die impulsbetonten oder aber die energiereichen Schläge mehr liegen; vielleicht entspricht es aber auch Ihrem Charakter, einem Mittelding zwischen beiden den Vorrang zu geben. Wichtig ist im Grunde, dass Sie sich der Existenz dieser beiden Extreme bewusst sind; auf dieser Grundlage können Sie dann stets Ihre eigene, sinnvolle Wahl treffen. Wenn Sie daheim mit einigen Schlagtechniken experimentieren wollen, nehmen Sie einmal ein kleines Stück Papier – etwa aus einem Notizblock – und befestigen Sie es an einem Punching-Sandsack oder einem Kissen. Sie können auch einen Freund bitten, sich dafür zur Verfügung zu stellen. Während impulsstarke Schläge das jeweilige Ziel in Bewegung versetzen und herumschleudern werden, zeichnen sich energiereiche Treffer dadurch aus, dass sie auf dem Papierstück Geräusche ähnlich einem Knall verursachen oder sogar Löcher in das Papier reißen können.

## Wenn Äpfel mit Birnen verglichen werden: Den Hieb, der einem Vorschlaghammer gleicht, gibt es nicht

Unglücklicherweise trifft man allerorten auf Leute, die einem weismachen wollen, ein bestimmter Schlag hätte diese oder jene „Kraft" oder „Stärke", oder die vorgeben zu wissen, welche Schlagtechnik die beste sei. Solche Aussagen geben nicht nur begeisterte Laienkampfsportler zum Besten, sondern man bekommt sie auch von fortgeschrittenen Meistern und sogar von Wissenschaftlern zu hören. Ich möchte ihre guten Absichten gar nicht in Abrede stellen;

doch wenn man solche Urteile fällt, ohne gleichzeitig etwas über den Kontext des Kampfes auszusagen und zu berücksichtigen, welches Ziel eigentlich mit einem bestimmten Schlag verfolgt wurde, dann ist das in etwa so, als würde man sagen: „Ein Hammer ist besser als ein Schraubenzieher." Man muss schon danach fragen, ob man gerade einen Nagel in die Wand schlagen oder eine Schraube festziehen will. Wenn sich dann zu der Naivität noch Sensationshascherei gesellt, bleibt nichts als blanker Unsinn übrig. Es liegt bei Ihnen, zwischen Tatsachen und Quatsch unterscheiden zu lernen, wenn Sie sich mit den Kampfkünsten auseinandersetzen.

Um Eindruck zu schinden, bedienen sich die Autoren sensationsgieriger Publikationen bei der Beschreibung einer Schlagtechnik gerne eines einzelnen, für eine sinnvolle Beurteilung völlig unzureichenden Messwertes, wie etwa des „Kraftmaximums". Dieser Wert wird dann herangezogen, um damit absurde Vergleiche anzustellen. Das Ergebnis sind Sätze wie „Diese Schlagtechnik hat die Wucht eines Vorschlaghammers" oder „Das ist das Doppelte der Kraft, die es braucht, um den Schädel eines Menschen zu zertrümmern". Solche Aussagen sind in der Regel gleich in mehrerlei Hinsicht irreführend. Der häufigste Irrtum, den man bei Betrachtungen dieser Art beobachten kann, ist das Vermengen von Impuls und Energie. Wenn Ihnen jemand weismachen will, er habe die „Stärke" eines impulsintensiven Schlages gemessen, und dann die angeblich diesem Wert entsprechende Schwere der möglichen Verletzungen beschreibt (wo wir doch mittlerweile wissen, dass diese in Wirklichkeit von der auf den Gegner transferierten Energiemenge sowie von der wirksamen Kontaktfläche abhängt), dann will Sie der gute Mann wahrscheinlich nur davon überzeugen, dass Kampfkunst reine Magie ist – und dass diese Magie schon heute Ihnen gehören kann, wenn Sie nur Ihre Brieftasche öffnen und ein paar Scheine hinüberschieben.

Als Kampfsportler ist es wichtig zu wissen, welche Aussagen man in sein Verständnis der Kampfkünste integriert und welche schlicht Unsinn sind. Wenn Sie die grundlegenden Unterschiede zwischen Energie und Impuls einigermaßen verinnerlicht haben und in der Lage sind, eine im Sinne des „Lebenspunkte"-Konzeptes verkürzte

Aussage sofort als eine solche zu erkennen, dann sind Sie gut gegen wertlose Propaganda gerüstet. Lassen Sie mich Ihnen noch ein letztes Beispiel geben, das die Ambivalenz zwischen Impuls und Energie wunderbar auf den Punkt bringt: Es ist durchaus möglich, eine solche „Kraft" zu entwickeln, dass Sie einen Gegner durch einen einzigen impulsreichen Stoß Ihres Zeigefingers gegen seine Stirn umwerfen können. Was Sie jedoch niemals erreichen werden, ist die Fähigkeit, Ihren Zeigefinger durch den Schädel des Gegners zu bohren. Eine Kugel wiederum, abgefeuert auf dieselbe Stelle an der Stirn und dabei eine ähnlich große Kontaktfläche überdeckend, durchbricht den Schädelknochen ohne Mühe – obwohl die „Kraft", die dabei zur Anwendung kommt, nur einen Bruchteil der von Ihrem Zeigefinger übertragenen Kraft beträgt.

## Fortgeschrittene Konzepte: Linearer Impuls und Drehimpuls

Bei unserer Betrachtung der Abwehrmöglichkeiten impulsstarker Schläge habe ich eine Option zunächst wohlweislich unterschlagen: Nämlich die Möglichkeit, einen linearen Impuls (wie er mit einer geradlinigen Bewegung einhergeht) in einen Drehimpuls umzuwandeln (dieser tritt bei Kreisbewegungen auf, etwa wenn sich ein Rad dreht). Der Grund, warum ich Ihnen diese Variante bisher vorenthalten habe, liegt einerseits darin, dass uns diese Frage ein wenig von unserem eigentlichen Thema weg und in andere Bereiche der Physik hineinführt; außerdem wird dieses Konzept vermehrt im Zusammenhang mit „fortgeschrittenen" Techniken präsentiert, deren praktische Anwendbarkeit in Stresssituationen jedoch mitunter angezweifelt werden darf. Man transformiert einen linearen in einen Drehimpuls, indem man den heranbrausenden Arm des Angreifers packt oder auf andere Weise unter Kontrolle bringt und ihn in eine andere Richtung lenkt (ohne ihn dabei zu stoppen!). Dies erlaubt Ihnen dann entweder, eine Wurftechnik auf Ihren Gegner anzuwenden, oder ihn in eine unvorteilhafte Lage zu bringen. Manche Kampfsportlehrer tun dabei übrigens so, als wäre es keine große Sache, einen starken, sich blitzschnell nähernden Arm noch in der Luft abzupassen und der Kontrolle des Gegners zu entreißen. In Wirklichkeit handelt es sich hier jedoch um ein äußerst schwieriges Unterfangen – und dies gilt umso mehr, wenn Ihr Gegner gar nicht daran denkt, brav dabei mitzuspielen.

Mein Hapkido-Großmeister war davon überzeugt, dass der Schlüssel zur Beherrschung dieser schwierigen Technik in der endlosen Wiederholung derselben liegen würde. Also übten wir in fast jeder Trainingsstunde mindestens 50 Mal unsere „Drehtechnik", bei der wir den heranschnellenden Arm des Gegners mit beiden Händen packen und den Schlag um unseren Schwerpunkt herumlenken mussten, so dass der Angreifer nicht umhin konnte, sich vornüberzubeugen. Wir begannen damit schon als Weißgürtel und fuhren damit auch noch fort, als wir bereits den schwarzen Gürtel erlangt hatten. Doch obwohl wir Grad um Grad aufstiegen, blieb die Technik immer dieselbe. Das einzige, was sich änderte, war die Gefügigkeit des jeweiligen Gegners. Zu der Zeit, als ich meinen schwarzen Gürtel erwarb, hatte ich wohl mehr als 20.000 gegnerische Angriffe mit dieser speziellen Methode abgewehrt. Doch noch heute bin ich vorsichtig, diese Technik einzusetzen. Wenn jemand wild entschlossen ist, meine Nase in Trümmer zu legen, braucht es schon ideale Bedingungen, bevor ich auch nur daran denke, diese Methode anzuwenden.

## Fortgeschrittene Konzepte: Ein kleiner zusätzlicher Schub erhöht den Impuls noch weiter

Ein Faustschlag umfasst im Wesentlichen die Zeit, während der die Faust durch die Luft saust, und das Auftreffen auf dem anvisierten Ziel. Allerdings ist der Vorgang damit noch nicht unbedingt abgeschlossen. Der Kampfkünstler hat prinzipiell bei jeder Art von Schlag (auch bei einem energiebetonten Fausthieb) die Möglichkeit, auch nach dem eigentlichen Zusammenprall noch weitere Kraft in die Bewegung hineinzulegen – nur dass sie in diesem Fall unmittelbar von den Muskeln erzeugt wird. Eine solche Bewegung, die der Ausführende wie ein Schieben oder ein „Durchziehen“ erlebt, generiert physikalisch gesehen einen zusätzlichen Impuls, der sich dem bereits beim Aufprall übertragenen Impuls überlagert. Bei solch einem Nachsetzen streckt man üblicherweise seine Gliedmaßen noch weiter aus oder stößt sich mit dem hinteren Fuß vom Boden ab (oder beides). In einer Kampfsituation kann dieser kleinen zusätzlichen Bewegung eine ebenso große Bedeutung zukommen wie dem eigentlichen Schlag.

## Fortgeschrittene Konzepte: Dem Universum ist es egal, wer der Angreifer ist

Meinen allerersten Wettkampf auf dem Gebiet des Kampfsports bestritt ich, als ich gerade mein zweites Jahr auf der Highschool absolvierte. Zum Zeitpunkt dieses Kampfes, der im Rahmen eines Taekwondo-Turniers stattfand, hatte ich erst ein paar Monate Kampfkunsterfahrung gesammelt und trug gerade einmal den weißen Gürtel. Ich brachte nicht ganz 65 Kilogramm auf die Waage – und hatte keine Ahnung, was ich da eigentlich tat. Mein Gegner ging auf eine andere Schule, war ebenfalls ein Weißgürtelträger und wog beinahe 100 Kilo. In meiner Erinnerung erscheint er mir wie ein Riese. Da wir beide die einzigen „erwachsenen“ weißen Gürtel waren, ließen uns die Organisatoren des Turniers gegeneinander antreten. Der Schiedsrichter gab uns noch ein paar Anweisungen und eröffnete dann mit einem Pfiff die Runde. Ohne zu zögern, rannte ich auf meinen Widersacher zu und setzte zu etwas an, das man nur als „fliegenden Frontal-Stoß-Tritt“ bezeichnen kann. Natürlich gibt es so etwas nicht; in der gesamten Geschichte der Kampfkunst hat noch nie ein Meister seinen Schülern eine derartige Bewegung beigebracht – und das hat einen guten Grund.

An dieser Stelle muss ich einmal auf die Tatsache hinweisen, dass sich das Universum nicht dafür zu interessieren pflegt, wer in einer bestimmten Situation der Angreifer ist und wer sich gerade verteidigt. Wenn Sie sich daran machen, einen gewissen Impuls oder eine bestimmte Menge Energie auf Ihr Gegenüber loszulassen, wird das Universum niemals sagen: „Prima, damit werde ich jetzt mal deinem Gegner ordentlich zusetzen." Vielmehr wird die Natur den Impuls bzw. die Energie, die Sie hervorbringen, stets in der Weise verwenden, dass sich der einfachste aller möglichen Ereignisverläufe manifestiert. Nehmen wir zum Beispiel an, Sie landen einen impulsreichen Treffer auf dem Körper Ihres Gegners. Wenn nun die einfachste Möglichkeit darin besteht, dass Ihr Opponent infolge dieses Aufpralls rückwärtstorkelt, dann wird das geschehen. Befindet sich allerdings hinter Ihrem Widersacher eine Mauer, stellt dies nicht mehr die einfachste Option dar – und so werden Sie nun selbst anstelle Ihres Gegners durch die Luft segeln. Nicht anders verhält es sich auch bei energiereichen Attacken. Wenn es für das Universum am einfachsten ist, mit der aufgebotenen Energie die Gewebestrukturen Ihres Gegners zusammenzupressen, wird es so kommen. Es kann aber auch durchaus sein, dass der einfachere Weg darin besteht, dass Sie sich Ihre Hand brechen (wenn Sie zum Beispiel mit großer Wucht gegen eine Ziegelwand boxen). Diese Unvoreingenommenheit begegnet uns in der Physik auf Schritt und Tritt. So besagt das dritte newtonsche Gesetz, dass es zu jeder Kraft (actio) auch eine genau gleich große, aber entgegengesetzte Kraft (reactio) gibt. Mit anderen Worten – ob es Ihnen tatsächlich gelingt, den erzeugten Impuls bzw. die Energie auf Ihren Gegner zu übertragen, hängt davon ab, wie fest Sie auf dem Boden verankert sind und inwieweit sich Ihr Körper zusammenpressen lässt.

Mit diesem neu gewonnenen Wissen über die Gleichgültigkeit des Universums im Hinterkopf wollen wir nun zu meinem katastrophalen Frontal-Stoß-Tritt zurückkehren. Ich sprang also in die Luft, ruderte wild mit den Armen und traf meinen Gegner mit dem linken Fuß in die Magengegend. Mit meinem dünnen Beinchen, das noch immer angewinkelt war, versetzte ich ihm den größtmöglichen Stoß, zu dem ich nur fähig war. Ich weiß bis heute nicht, inwiefern mein Gegenüber bei diesem Manöver eigentlich Schmerz verspürt und ob er sich überhaupt von der Stelle bewegt hat. Was ich sehr wohl noch weiß, ist, wie ich selbst nach hinten geschleudert wurde und mein rechtes Sprunggelenk umknickte, als ich wieder landete. Das Ergebnis meiner Aktion war eine Haarfraktur in der Epiphysenfuge. Ich hatte mir meinen eigenen Fuß gebrochen, indem ich in einer Situation, in der mein Gegner fest auf dem Boden stand, ich selbst aber ich keinerlei Verankerung besaß, einen Tritt mit einem hohen Impuls vollführte. In der Highschool erzählte ich natürlich jedem, ich hätte mir den Fuß beim Kampf gegen einen Kerl gebrochen, der doppelt so groß gewesen ist wie ich.

Mathe-Box

## Die Kraftkurve

Wenn man versucht, die Wirkung von Fausthieben oder Fußtritten auf den Gegner messtechnisch zu bestimmen, zeigt sich, dass die Kraftkurve für gewöhnlich einen ziemlich komplizierten Verlauf aufweist, der leicht in die Irre führen kann. Das liegt zum einen daran, dass sich die in der Physik verwendete strenge Definition des Begriffes „Kraft" oftmals von der Bedeutung, die wir dem Wort im Alltagsleben geben, unterscheidet. Zum anderen ist die Kraft in Wirklichkeit eine Funktion der Zeit, kein skalarer Zahlenwert. Um nun den Impuls $p_{Gegner}$ bestimmen zu können, den unser Gegner nach dem Auftreffen unserer Faust innehat, müssen wir den vollständigen Verlauf der Kraft $F(t)$ über die gesamte Zeitspanne $t$ kennen, während der zwischen der Faust und dem Gegner Kontakt besteht:

$$p_{Gegner} = \int F(t)\partial t$$

Sowohl der Hauptausschlag als auch der Schweif der Kraftkurve können in Abhängigkeit von der verwendeten Schlagtechnik und der Reaktion des Gegners unterschiedliche Gestalt annehmen. Ein typischer Kraftverlauf für einen Fausthieb könnte etwa so aussehen:

Der tatsächliche Verlauf hängt stets von den jeweiligen Gegebenheiten vor Ort ab.

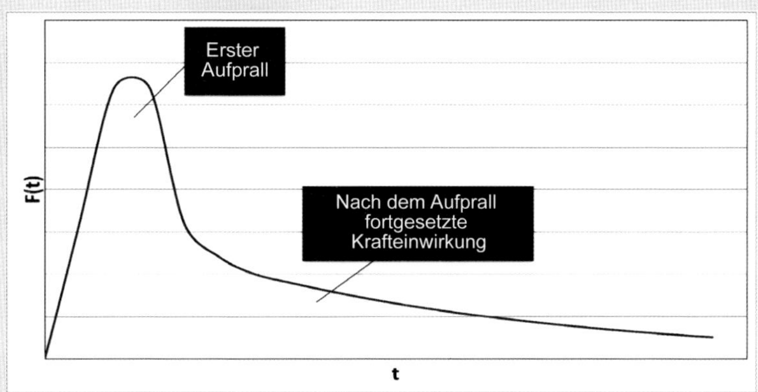


Beim Studium der Kampfkünste werden Sie auf Aussagen über die „Kraft" einer bestimmten Schlagtechnik stoßen, die nur aus einem einzelnen Zahlenwert besteht, statt eine Kurve zu präsentieren. In solchen Fällen hat man in aller Regel den Spitzenwert der Kurve herangezogen – doch diese Angabe ist ziemlich wertlos. Die Messung des Maximalausschlages hängt nicht nur unmittelbar von der Abtastrate des verwendeten Sensors ab, sondern lässt auch die Komprimierbarkeit der Hand bzw. des Boxhandschuhs beim Aufprall außer Acht. Auch die Angabe der summarischen Gesamtkraft ist problematisch, da man in diesem Fall ein Zeitfenster für den Sensor definieren muss. Dies hat obendrein zur Folge, dass Treffer mit einem schiebenden Charakter stärker gewichtet werden als gewöhnliche Schläge. Die Unzulänglichkeit skalarer Werte zur Beschreibung der Kraftwirkung ist einer der Gründe, weshalb sich Kraftsensoren in den Kampfkünsten nie durchgesetzt haben – obwohl es im Laufe der Jahre etliche Versuche gab, diese Technik auszufeilen. Meiner Meinung nach spricht jemand, der eine allgemeinverständliche Einschätzung der „Kraft" oder „Stärke" einer Schlagtechnik zu geben versucht, gleichzeitig über verschiedene Aspekte der Kurve. Automatisch impliziert man dabei das Vorhandensein sowohl eines starken Hauptausschlages als auch eines kurzen, aber kräftigen Schweifes. Es ist schwierig, die komplexen Sachverhalte der Kraftübertragung einfach darzustellen. Im Allgemeinen ist es daher sinnvoller, sich auf den Impuls und die Energie zu beziehen, die beim Kontakt auf den Gegner übergehen.

KAPITEL 3

# Die Kreiszahl Pi und wie man Schlägen die Kraft nimmt

Die Zahl Pi – repräsentiert durch den griechischen Buchstaben $\pi$ – ist definiert als der Quotient aus dem Umfang eines Kreises (das ist die Länge seiner Begrenzungslinie bei einem vollständigen Umlauf) und seinem Durchmesser (die Länge der Geraden, die durch den Mittelpunkt des Kreises verläuft). Die Kreiszahl $\pi$, die eine fundamentale Konstante unseres Universums darstellt, verfügt über eine unendliche Zahl von Dezimalstellen, innerhalb derer es keine Wiederholungen gibt. Wenn Sie nur tief genug in den Nachkommastellen der Zahl graben, werden Sie darin irgendwo Ihre Telefonnummer und Ihr Geburtsdatum entdecken – sowie jede andere nur denkbare Zahlenkombination. Den genauen Wert der Zahl $\pi$ können wir aufgrund dieser Eigenschaften niemals vollständig bestimmen; doch für unsere Zwecke – nämlich um uns ein grundlegendes Verständnis für den Zusammenhang zwischen geradlinigen und kreisförmigen Bewegungen zu erarbeiten – sind die ersten paar Dezimalstellen mehr als ausreichend.

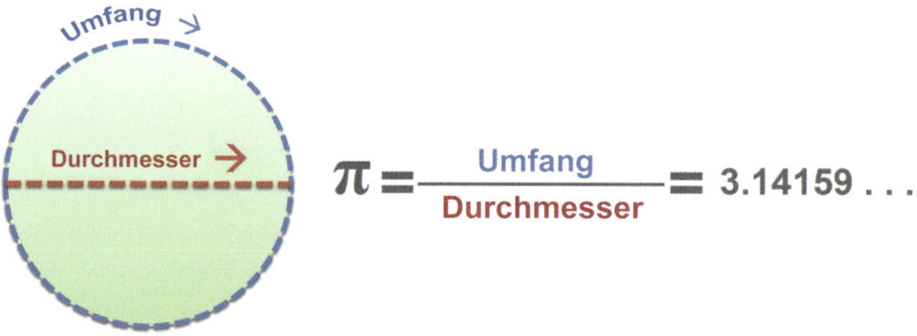

$$\pi = \frac{\text{Umfang}}{\text{Durchmesser}} = 3.14159\ldots$$

**Abb. 3-1.** Die Definition der Kreiszahl Pi. Bestimmt durch das Verhältnis von Umfang und Durchmesser, ergibt sich eine Konstante, die für alle Kreise unabhängig von ihrer Größe denselben Wert hat. Pi ist eine so genannte irrationale Zahl, die kein Ende hat und deren Dezimalstellen keine Wiederholungen aufweisen.

## Ein Schwinger legt eine 3.14159-mal größere Strecke zurück als eine Gerade

Die kürzeste Strecke zwischen zwei beliebigen Punkten ist bekanntermaßen eine Gerade. Angesichts dieser Tatsache überrascht es nicht zu erfahren, dass eine Faust ihr Ziel mit einem geraden Schlag schneller erreicht als mit einem klassischen Schwinger, bei dem der Kämpfer zuerst nach hinten ausholt, bevor er in einem weiten Bogen zuschlägt. Anhand der Definition der Kreiszahl können wir diese Zeitdifferenz genau bestimmen.

Die Strecke, die von der Faust bei einer Geraden zurückgelegt wird, beträgt die Hälfte des Kreisdurchmessers (das entspricht dem Radius des Kreises). Auch die Faust, die zu einem Schwinger ansetzt, legt zunächst – während sich der Arm nach hinten bewegt, um zum Schlag auszuholen – einen halben Durchmesser zurück. Daran schließt sich der eigentliche Schwinger an, der eine halbe Kreisbahn (die Hälfte des Kreisumfangs) überstreicht. Wir wissen bereits, dass das Verhältnis zwischen Umfang und Durchmesser $\pi$ beträgt; dementsprechend ergibt sich $\pi$ auch dann, wenn wir den halben Umfang durch den halben Durchmesser teilen. Die Strecke, die bei einem Schwinger zurückgelegt wird (das Ausholen nicht mit einberechnet), ist also 3,14159 mal länger als bei einer Geraden.

Zählen wir schließlich noch die Ausholbewegung hinzu, ergibt sich ein Faktor von $\pi + 1$, also 4,14159.

Mit anderen Worten: Die Zeit, die Ihr Gegner für den Schwinger benötigt, genügt, um ihm vier gerade Schläge zu verpassen – falls sich Ihre Faust und die Faust Ihres Opponenten mit derselben Geschwindigkeit bewegen. Eine realistischere Annahme wäre allerdings, für die Gerade die doppelte Geschwindigkeit des Schwingers anzusetzen. Das ergibt dann schon acht gerade Hiebe auf einen Schwinger. Dieses Verhältnis von Acht zu Eins ist übrigens der Grund, warum die meisten Kampfkünstler nicht viel Zeit darauf verwenden, die Abwehr von Schwingern zu trainieren – angesichts der großen Zeitspanne und der damit verbundenen Eingriffsmöglichkeiten kann man sich diesen Aufwand wohl im Großen und Ganzen sparen. Und wenn Kampfkünstler von Erlebnissen im realen Leben berichten, bei denen sie gezwungen waren, von ihrem Können Gebrauch zu machen, dann bringen sie oftmals als Ers-

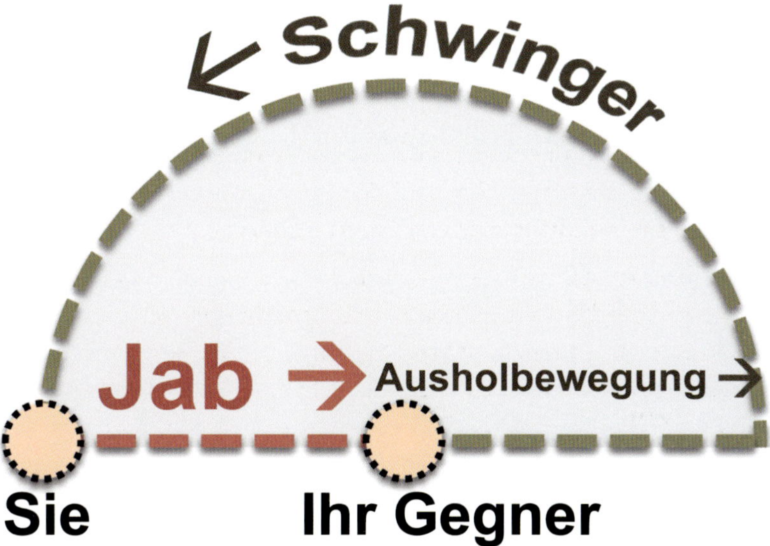


**Abb. 3-2.** Schematische Darstellung einer Geraden und eines Schwingers (Draufsicht). Während der gerade Schlag den Radius des Kreises überstreicht, bevor er sein Ziel erreicht, benötigt der Schwinger dieselbe Strecke allein zum Ausholen, zuzüglich eines halben Kreisumlaufs für den eigentlichen Schlag.

tes ihre Verwunderung darüber zum Ausdruck, dass man solche unmöglichen Schläge draußen in der freien Wildbahn überhaupt antrifft.

## Bringen Sie Ihren Gegner mittels konzentrischer Kreise auf Trab, während Sie gemächlich dahinschreiten

Stellen wir uns einmal vor, Sie halten Ihren Gegner mit dem Polizeigriff, einem stehenden Armbar oder irgendeinem für ihn ähnlich unvorteilhaften Griff unter Kontrolle. Nehmen wir nun an, Sie wollen verhindern, dass Ihr Kontrahent wieder ins Gleichgewicht findet; vielleicht wollen Sie ihn auch einfach ein wenig stolpern und straucheln lassen. In beiden Fällen müssen Sie Ihren Widersacher in Bewegung halten – je schneller er dabei laufen muss, desto besser. Die einfachste Möglichkeit besteht jetzt darin, einfach forschen Schrittes loszulaufen, so dass sich Ihr Gegenspieler nur mit größter Anstrengung auf den Beinen zu halten vermag. Diese Variante ist insbesondere dann zu empfehlen, wenn Sie Ihren Gegner an einen bestimmten Ort befördern wollen (beispielsweise vor die Tür).

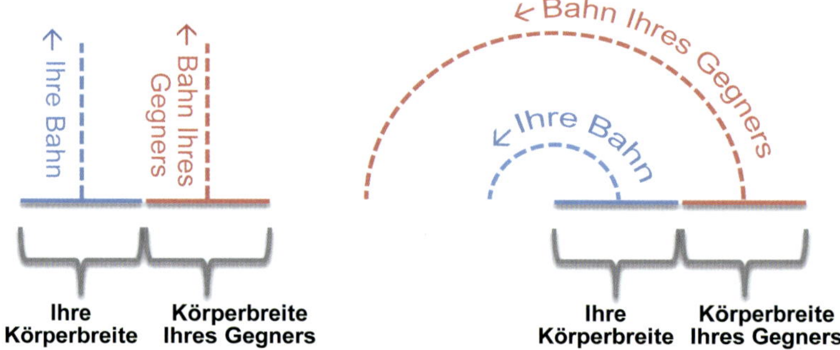


**Abb. 3-3.** Bewegungsrichtungen, in die Sie Ihren Gegner zwingen können. **Links:** Geradlinige Bewegung; beide Kontrahenten legen dieselbe Distanz zurück. **Rechts:** Kreisbewegung. Ihr Gegner ist gezwungen, der äußeren Kreisbahn zu folgen, so dass er eine wesentlich längere Strecke laufen und sich viel schneller bewegen muss, um Schritt zu halten.

Wenn es jedoch kein solches Ziel gibt, das es anzuvisieren gilt, dann können Sie Ihren Gegenspieler noch mehr auf Trab bringen, indem Sie ihn eine Kreisbahn entlang zwingen.

Wenn Ihr eigener Körper bei diesem Gerangel nur ganz enge Kreise zieht (nehmen wir der Einfachheit halber einmal an, Sie drehen sich einfach um einen Ihrer Füße), dann bewegen Sie sich auf einer Kreisbahn, deren Radius gerade einmal etwa die Hälfte Ihrer Körperbreite ausmacht. Ihr Kontrahent ist hingegen gezwungen, auf einer Kreisbahn Schritt zu halten, deren Radius ungefähr das Anderthalbfache einer Körperbreite beträgt. (Der genaue Wert hängt davon ab, mit welchem Griff Sie ihn halten.) Aus der Tatsache, dass die Kreiszahl $\pi$ unabhängig von der Größe eines Kreises stets denselben Wert hat, ergibt sich Folgendes: Wenn der Radius des Kreises, auf dem sich Ihr Gegner bewegt, dreimal so groß ist wie der Radius Ihrer eigenen Kreisbahn, dann muss Ihr Gegenspieler – bezogen auf eine bestimmte Zeitspanne – auch eine dreimal längere Wegstrecke hinter sich bringen als Sie, wenn er sich auf den Beinen halten will. Er ist also gezwungen, dreimal so schnell wie Sie zu laufen! Wenn Sie diesen Effekt bei der nächsten Gelegenheit einmal voll ausreizen wollen, halten Sie Ihren Gegner, während Sie ihn herumwirbeln, so weit auf Abstand wie nur möglich (ohne dass Sie die Kontrolle verlieren). Sollten Sie einmal derjenige sein, der von seinem Kontrahenten im Kreise herumgeführt wird, denken Sie daran, dass Sie umso weniger Kraft aufwenden müssen, je enger Sie den Kreis machen können.

Wenn Sie sich einmal eine Vorstellung davon machen wollen, wie schwer es unter Umständen sein kann, in einem solchen Szenario Schritt zu halten, möchte ich Ihnen ein kleines, unterhaltsames Experiment für zu Hause vorschlagen. Stellen Sie sich zunächst einmal mit zwei Freunden so nebeneinander auf, dass Ihre Schultern sich berühren und eine gerade Linie bilden. (Sie können diesen Versuch auch mit nur einem Partner durchführen, schmälern damit allerdings den dramatischen Effekt.) Die Person auf der linken Seite beginnt nun ganz langsam, sich um sich selbst zu drehen. Währenddessen versucht der Freund in der Mitte, Schulterkontakt zu wahren; auch die Person am rechten Ende der Gruppe ist aufgefordert, so schnell mitzulaufen, dass die Liniengestalt der Formation aufrechterhalten bleibt. Solange die Gruppe nur ganz langsam rotiert, werden alle drei Freunde mithalten können. Man erkennt aber schon in dieser Phase, dass die Person am äußeren Rand wesentlich schneller laufen muss als die anderen beiden. Sobald nun der Mitspieler auf der linken Seite, der das Zentrum der Kreisbewegung bildet, das Tempo nur ein wenig weiter erhöht – wobei die resultierende Geschwindigkeit immer noch durchaus moderat ist –, wird der Freund auf dem rechten Außenposten nicht mehr in der Lage sein, seine Aufgabe zu erfüllen. Die amüsanten Resultate dieses kleinen Experiments bleiben selten aus.

## Wenn Sie zu Boden gehen, folgen Sie einer Kreisbahn, um der vollen Wucht der Gravitation zu entgehen

Während meiner Studienjahre an der University of Texas hatte ich das Glück, mit dem dortigen Judoteam trainieren und Wettkämpfe bestreiten zu dürfen. Die Gewandtheit und die Athletik sowohl des Teams als auch der Trainer beeindruckten mich immer wieder aufs Neue. Da es mir zum damaligen Zeitpunkt nicht nur an Können mangelte, sondern ich obendrein auch noch ein schmächtiges Kerlchen war, erkoren mich die größeren Jungs bald zu ihrem bevorzugten Wurftrainingsobjekt. Wenn Sie im Judo einen sauberen Wurf hinlegen (einen so genannten *ippon*), landet Ihr Kontrahent auf dem Rücken (und Sie hoffentlich obendrauf). Bei einem solchen Aufprall wird normalerweise ein Impuls erzeugt, der genügt, um dem Unterlegenen die Atemluft aus den Lungen zu pressen. Überdies kann es dabei vorkommen, dass sein Zwerchfell kurzzeitig nicht reagiert, so dass Ihr Gegner vorübergehend Mühe hat zu atmen. Er wird für einen Moment benommen und desorientiert sein und sich kraftlos fühlen. Eine fachgerechte Falltechnik schützt den Judoka davor, sich die Knochen zu brechen oder den Kopf zu verletzen. Doch selbst wenn Ihr Gegner das richtige Fallen beherrscht, kann solch ein strammer Wurf das Ende des Kampfes bedeuten.

Diese Erfahrungen, die mich ein ordentliches Maß an Demut gelehrt hatten, lagen einige Jahre zurück, als ich erneut Bekanntschaft mit der verheerenden Wirkung der Gravitation machte – diesmal jedoch nicht im Judo, sondern im traditionellen Karate. In einer Trainingshalle für Mixed Martial Arts in Kalifornien hatte ich einen Schwarzgürtelträger herausgefordert. Er war athletisch gebaut, trat selbstsicher auf und war von ruhigem Gemüt. Im tiefen Stand, die Hände auf Höhe seiner Brust haltend, ging er in Positur. Die besten Chancen, so überlegte ich mir, würde ich haben, wenn mir ein Tritt gegen seinen Kopf gelänge. Der Kampf nahm nur langsam Fahrt auf, da wir uns zunächst vorsichtig gegenseitig beschnupperten. Doch nach einer Weile hatte ich einen Plan ausgeheckt, mit dem ich es wohl schaffen müsste, ihm meinen Fuß ins Gesicht zu rammen. Ich stierte einen Moment lang auf sein vorderes Bein (das angesichts seines tiefen Standes eine Schwachstelle für ihn darstellte) und brachte dann mit einem Hüftschwung mein rückwärtiges Bein nach vorne – ganz so, als würde ich ihm sein Bein wegschlagen wollen. Doch im letzten Moment hob ich mein Knie, um seinem Kopf einen Seitentritt zu verpassen. Zumindest trat ich dorthin, wo sein Kopf hätte sein sollen. Dummerweise hatte er mein armseliges Schauspiel von Anfang an durchschaut. Er sprang zur Seite und riss mich mit einer solchen Macht um, dass sich mein Standbein einen Augenblick später zu dem noch immer in der Luft befindlichen anderen Bein gesellte – womit sich nun beide Beine auf Höhe meines Kopfes befanden! Ich plumpste rücklings zu Boden, dass es mir die Luft aus den Lungen presste – ganz so, wie es mir im Judo unzählige Male ergangen war. Noch bevor ich überhaupt begriffen hatte, was geschehen war, hatte mir mein Gegenspieler – ein sehr freundlicher Bursche, dem es fern lag, mir weh zu tun – schon wieder auf die Beine geholfen. Besorgt tätschelte er meinen Rücken und entschuldigte sich. Doch ich stieß ihn – in einer merkwürdigen Mischung aus Neugierde („Ob es wohl möglich ist, den Kampf nach so einer Abfuhr noch fortzusetzen?") und Torheit („Hey, Leute! Seht her, was für ein knallharter Kerl ich bin!") –

zurück und rief irgendetwas von „der Kampf ist erst vorüber, wenn der Gong erklungen ist". Nach einem erneuten „Touch Gloves" setzten wir unseren Kampf fort – sofern man noch von einem solchen sprechen kann, wenn einer der Kontrahenten nur noch wie ein Betrunkener durch die Gegend stolpert und kaum noch seine Hände in die Höhe zu halten vermag. Mein Gegenüber hatte unterdessen ein Einsehen mit mir und übersäte meinen Körper und meinen Kopf lediglich mit einer Reihe sanfter, freundlicher Schläge, bis der Gong ertönte.

Im freien Fall zu Boden zu gehen stellt in jedem Kampfstil eine gefährliche Situation dar, die man unbedingt zu vermeiden sucht. Der Zielstellung dieses Buches folgend, werden wir nicht näher auf die verschiedenen Techniken und Strategien eingehen, die von Nutzen sein können, um sich in einer Kampfsituation auf den Beinen zu halten. Wir wollen uns jedoch einmal die Physik eines frei fallenden menschlichen Körpers anschauen und die Resultate mit den Verhältnissen vergleichen, die vorliegen, wenn eine Person stattdessen umkippt – das heißt, wenn mindestens ein Fuß während des Fallens auf dem Boden „verankert" bleibt und der Körper infolgedessen eine Art Kreisbahn um diesen Ankerpunkt beschreibt.

Untersuchen wir zunächst einmal, um wie viel länger der im letztgenannten Falle vom Schwerpunkt des Körpers überstrichene Weg ist. Wie wir bereits wissen, legt die Faust bei einem Schwinger eine um den Faktor $\pi$ größere Wegstrecke zurück als bei einer Geraden (nämlich in dem einen Fall einen Halbkreis, im anderen Fall nur einen halben Durchmesser). Wenn ein Körper um einen Ankerpunkt kippt, beschreibt sein Schwerpunkt einen Viertelkreis, bevor er auf dem Boden aufschlägt; die Strecke, die er im freien Fall überstreicht, entspricht dagegen dem Kreisradius (also dem halben Durchmesser). Beide Distanzen unterscheiden sich folglich um den Faktor $\pi/2$ (etwa 1,57).

Gibt es noch weitere Aspekte, in denen sich die beiden Szenarien – neben der zurückgelegten Wegstrecke – unterscheiden? Nun, eine längere Distanz gibt einem auf dem Weg nach unten zunächst einmal mehr Zeit zum Nachdenken. Von größerer Bedeutung ist

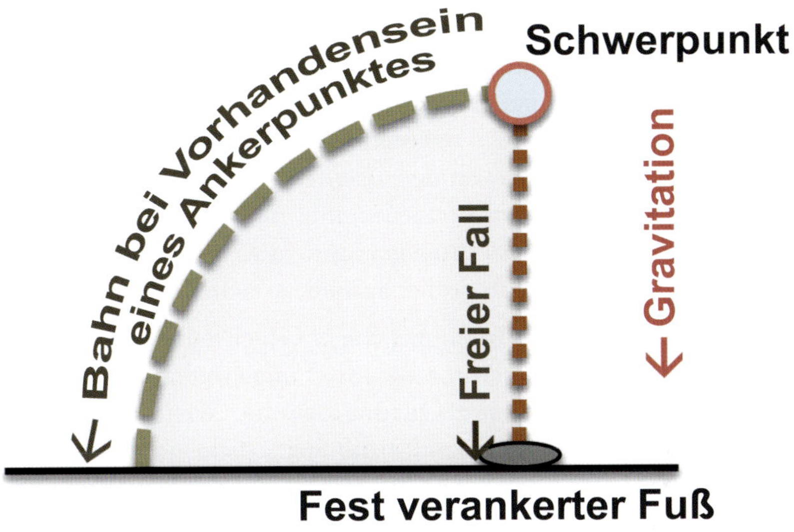

**Abb. 3-4.** Schematische Darstellung zweier möglicher Bahnen, die Ihr Körper bei einem Sturz beschreiben kann. Wenn Sie keinerlei Stütze mehr unter sich haben, folgt Ihr Körper dem mit „Freier Fall" bezeichneten Weg. Können Sie dagegen einen Ihrer Füße fest auf dem Boden verankern, während Sie stürzen, beschreibt Ihr Körper die kreisförmige „Bahn bei Vorhandensein eines Ankerpunktes".

jedoch die Richtung, in der Sie sich in beiden Fällen bewegen. Beim freien Fall stürzen Sie während der gesamten Zeitspanne genau in Richtung der Schwerkraft. Das Kippen um einen Ankerpunkt (Ihren Fuß) beginnt hingegen zunächst mit einer seitwärts gerichteten Bewegung; erst im allerletzten Moment weist Ihre Bahn in Richtung der Gravitation. Eine Kraft wirkt stets in einer ganz bestimmten Richtung. Wenn Sie nun durch ein massives Objekt (zum Beispiel Ihr Bein) am freien Fall gehindert werden, so dass sich Ihr Körper nicht genau entlang der Schwerkraft bewegen kann, wirkt auch nur ein gewisser Prozentsatz der Schwerkraft auf Sie ein. Die Physiker veranschaulichen diesen Sachverhalt gerne anhand einer Rampe.

Stellen Sie sich einmal vor, Sie sausen auf einer sehr steilen Rampe hinab. Die Schräge weist schon fast in Richtung der Schwerkraft; entsprechend erfahren Sie auf Ihrem Weg nach unten eine enorme

Beschleunigung. Bei einer flachen Rampe hingegen – deren Oberseite fast horizontal ausgerichtet ist – hält sich auch die Beschleunigung in einem bescheidenen Rahmen. Um den Anteil der Schwerkraft, den man bei einer gegebenen Neigung der Rampe erfahren würde, genau zu berechnen, müssten wir die Trigonometrie zu Rate ziehen. (Wir würden herausfinden, dass wir dazu den Sinus des Neigungswinkels mit der Erdbeschleunigung multiplizieren müssten.) Für unsere Zwecke soll es jedoch genügen zu wissen, dass die Kraft, die auf uns einwirkt, umso größer ausfällt, je steiler der Winkel ist.

Die Beschleunigung, die ein beliebiger Gegenstand aufgrund der Schwerkraft der Erde erfährt, sobald er ungehindert nach unten fällt, beträgt 9,8 Meter pro Quadratsekunde. Wenn wir annehmen, dass sich Ihr Schwerpunkt – die Stelle dicht unterhalb Ihres Bauchnabels – drei Fuß (knapp einen Meter) über dem Erdboden befindet, und Sie aus dem Stand im freien Fall auf die Matte sausen, schlägt Ihr Körper gemäß dieser Formel mit einer Geschwindigkeit von etwas über vier Metern pro Sekunde (entsprechend 9,5 Meilen pro Stunde) auf dem Boden auf. Um die Geschwindigkeit des Aufpralls für den Fall der Kreisbewegung um den Ankerpunkt zu bestimmen, müssen wir den Viertelkreis gedanklich in viele kleine, aufeinander folgende Rampen aufteilen. Dann führen wir die Berechnung für jede einzelne Rampe gesondert durch und addieren schließlich die Teilergebnisse.

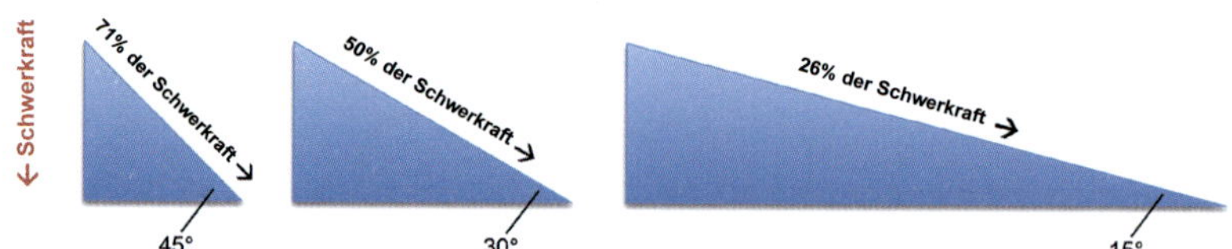


**Abb. 3-5.** Wirksamer Anteil der Gravitation für Rampen verschiedener Schräge. Je steiler die Rampe ist, desto höher fällt der effektive Anteil der Schwerkraft aus. Die Prozentwerte ergeben sich aus dem Sinus des jeweiligen Winkels.

**Mathe-Box**

## Berechnung der Endgeschwindigkeit beim Fallen entlang einer Kreisbahn

Um dieses Problem zu lösen, überführen wir es zunächst in Polarkoordinaten, wobei wir den Nullwinkel der Vertikalen zuordnen:

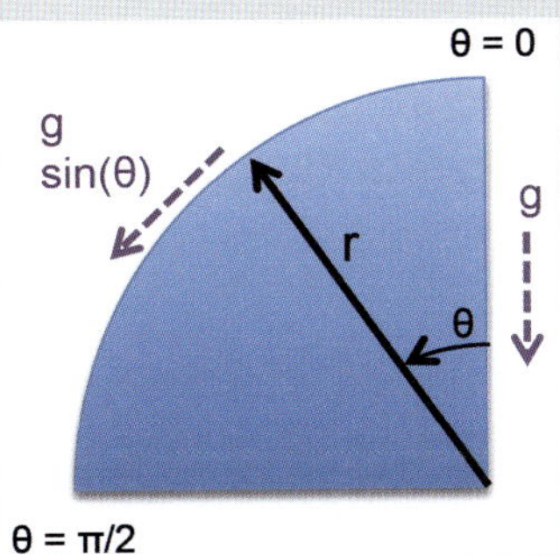


Ferner müssen wir eine Annahme über die Anfangsgeschwindigkeit treffen. (Wäre sie null, würde man bis in alle Ewigkeit aufrecht stehen bleiben.) Zwei Meilen pro Stunde dürfte dabei ein sinnvoller Wert sein (das entspricht einem langsamen Gehen). Wäre ich nur ein paar Jahre früher geboren, würde ich dem Leser wohl an dieser Stelle nahe legen, die Aufgabe unter Zuhilfenahme von Integralen und geeigneten Randbedingungen zu lösen. Doch getreu unserem Motto, keinen unfairen Vorteil ungenutzt zu lassen, überlassen wir die Arbeit stattdessen einfach einer Tabellenkalkulationssoftware – diese berechnet Schritt für Schritt die Werte für jede einzelne Teilrampe:

| | A | B | C | D | E | F | G | H | I | J | K |
|---|---|---|---|---|---|---|---|---|---|---|---|
| 1 | Gravitationsbeschleunigung (Fuß/s/s) | 32.174 | | | | | | | | | |
| 2 | Anfangsgeschwindigkeit (mph) | 2 | | | | | | | | | |
| 3 | Radius (Fuß) | 3 | | | | | | | | | |
| 4 | | | | | | | | | | | AUFSCHLAG! |
| 5 | Zeit (Sekunden) | 0 | 0.1 | 0.2 | 0.3 | 0.4 | 0.5 | 0.6 | 0.7 | 0.8 | 0.9 |
| 6 | Winkel (Radiant) | 0 | 0.10 | 0.20 | 0.31 | 0.44 | 0.60 | 0.78 | 1.00 | 1.27 | 1.59 |
| 7 | Winkelgeschwindigkeit (1/Sekunde) | 0.98 | 0.98 | 1.03 | 1.14 | 1.30 | 1.53 | 1.84 | 2.21 | 2.67 | 3.18 |
| 8 | Lineare Geschwindigkeit (mph) | 2.00 | 2.00 | 2.11 | 2.33 | 2.67 | 3.14 | 3.75 | 4.53 | 5.45 | 6.50 |

Das Ergebnis, das wir auf diese Weise erhalten, besagt, dass der Körper im Falle des Umkippens mit einem „verankerten Fuß“ mit etwa 6,5 Meilen pro Stunde auf dem Boden auftrifft. Gegenüber dem freien Fall stellt dies schon eine erhebliche Reduzierung der Geschwindigkeit dar. Schauen wir einmal, welche Schlussfolgerungen sich daraus im Hinblick auf die Zweikampfsituation ergeben. Nehmen wir an, Sie können bei Ihrem Gegner eine Wurftechnik zum Einsatz bringen oder ihn einfach umstoßen, so dass er auf die Matte geht. Wenn Sie es in dieser Situation schaffen, ihn jeder Stütze zu berauben, indem Sie beide Beine unter ihm weg schlagen, dann bewirken Sie, dass er mit einer um fast 50 Prozent höheren Geschwindigkeit auf dem Boden aufschlägt. Sind Sie andererseits derjenige, der geworfen wird, können Sie die Geschwindigkeit Ihres Aufpralls um 30 Prozent reduzieren, wenn es Ihnen gelingt, während des Fallens wenigstens mit einem Fuß auf dem Boden zu bleiben. Natürlich gibt es noch eine ganze Reihe weiterer taktischer Unterschiede zwischen den beiden Varianten; beispielsweise bieten sich beim Fallen mit einem fest stehenden Fuß bessere Möglichkeiten, dem Sturz entgegenzuwirken. Diese Unterschiede im Einzelnen zu diskutieren, würde jedoch den Rahmen dieses Buches sprengen.

## Nehmen Sie gegnerischen Schlägen durch angeschrägte Blocks die Wucht

Wie wir gesehen haben, ist es mittels einer Rampe oder auch eines Ankerpunktes möglich, die Wirkung der Gravitation so abzumildern, dass nur ein Bruchteil derselben wirksam wird (dieser Anteil greift parallel zur Rampenoberfläche an). Derselbe Effekt sollte bei jeder Art von Kraft zu erreichen sein, die menschliche Muskelkraft inbegriffen. In der Tat beruhen unzählige Abwehrtaktiken im Bereich der Kampfkünste auf diesem Prinzip. Der heranbrausende Schlag wird dabei auf einer diagonalen Bahn abgefangen, bevor er überhaupt die Möglichkeit bekommt, sein Ziel frontal zu treffen. Lassen Sie uns im folgenden Beispiel zwei Varianten eines angeschrägten High Blocks näher anschauen. Abwehrtechniken dieser Art finden sich in zahlreichen Waffenstilen, wie etwa im Wushu, beim Kendō und im Eskrima. Dasselbe Wirkprinzip lässt sich grundsätzlich auf jede Art von Block anwenden, unabhängig davon, ob nun im Einzelfall Stichwaffen, Stöcker, Wurfgeschosse, Schläge oder Tritte zum Einsatz kommen.

Wenn die Waffe Ihres Gegners von oben auf Sie hernieder saust, trifft sie den Block, mit dem Sie den Schlag abzuwehren suchen, nicht frontal, sondern unter einem bestimmten Winkel. Die Folge davon ist, dass nur ein Teil der Kraft, die dem Schlag des Gegners innewohnt, unmittelbar dem Block entgegen wirkt; ein nicht unerheblicher Teil der Wucht wird hingegen umgelenkt und entlang der Oberfläche des Blocks abgeleitet. In welchem quantitativen Verhältnis die beiden Anteile zueinander stehen, hängt von dem Winkel zwischen der Außenfläche des Blocks und der Richtung des Schlages ab – ähnlich wie die Abschüssigkeit einer Rampe darüber bestimmt, welcher Prozentsatz der Schwerkraft an einem auf ihrer Oberfläche befindlichen Gegenstand effektiv angreift. Mit anderen Worten: Wenn es Ihnen gelingt, die gegnerische Waffe unter einem sehr steilen Winkel abzufangen, büßt Ihr Widersacher den größ-

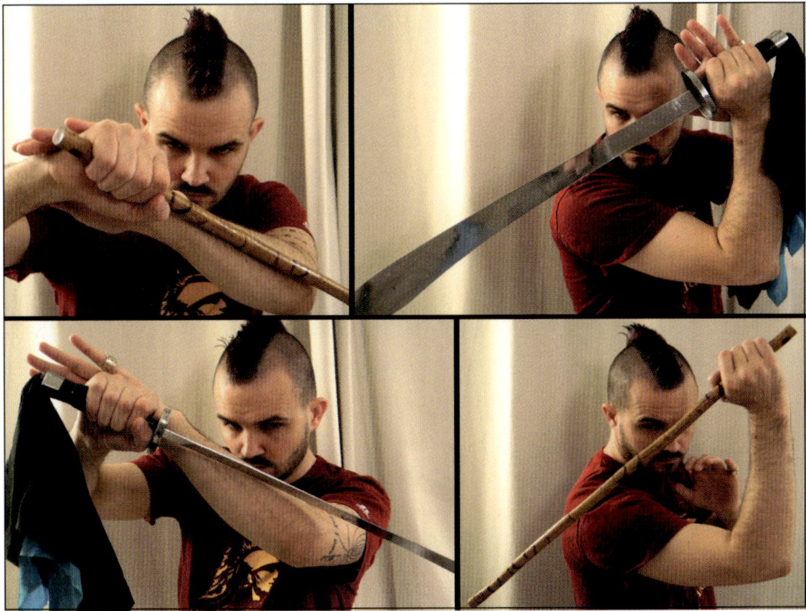

**Abb. 3-6.** Angeschrägte Roof Blocks mit einem Dao-Schwert bzw. einem Eskrima-Stock. Es gibt unzählige Varianten dieser Technik, die sich hinsichtlich der Positionierung der Hände und der Ausrichtung der Waffe (relativ zum Körper) unterscheiden. Das entscheidende und allen Spielarten gemeinsame Element ist, die Waffe des Gegners in eine abgewinkelte Bahn zu zwingen.

ten Teil seiner Schlagkraft durch die Ablenkung seines Schlages ein. Nur ein kleiner Bruchteil der Wucht des gegnerischen Hiebes wirkt dann überhaupt noch auf Sie ein. Theoretisch bestünde demnach die optimale Abwehrposition darin, Ihr Schwert Ihrem Kontrahenten beinah direkt entgegenzustrecken. Doch auch dieser Ansatz hat seinen Preis: Ein Block mit einem derart steilen Winkel würde nur einen kleinen Bereich zu schützen in der Lage sein. Für gewöhnlich wählt man daher einen Winkel von 45 Grad, so dass ein optimaler Kompromiss zwischen dem Wirkeffekt der Abwehr und der Größe der verteidigten Fläche geschlossen wird. Behalten Sie aber eine Tatsache stets im Hinterkopf, wenn Sie einen Block ausführen: Nutzen Sie jede Gelegenheit, die sich Ihnen bietet, um den Winkel Ihres Blocks steiler zu machen – vorausgesetzt, Sie geben dadurch nicht andere Bereiche Ihres Körpers der Schutzlosigkeit preis.

Bislang haben wir ausschließlich Kräfte betrachtet; doch auch der Impuls kann durch die Ausnutzung von Winkeln in kleinere Komponenten aufgespalten werden. Beide, sowohl die Kraft als auch der Impuls, wirken stets in einer bestimmten Richtung. Wenngleich Kräfte auf sehr unterschiedliche Weise hervorgebracht werden können – etwa durch Gravitation, elektrische Abstoßung, Muskelkontraktion usw. –, ist ihnen doch allen gemeinsam, dass sie Impuls zu erzeugen bzw. zu beeinflussen vermögen. Newtons berühmtes zweites Gesetz wird oft in der Form F – ma geschrieben (Kraft gleich Masse mal Beschleunigung). Will man jedoch etwas präziser sein, müsste man die Gleichung in der Form $F = \delta p/\delta t$ notieren: Kraft gleich Impulsänderung pro Zeitänderung. Der Vorteil dieser Darstellungsweise besteht nicht nur darin, dass sie auch Prozesse berücksichtigt, bei denen sich die Masse mit der Zeit ändern kann. (Denken Sie etwa an einen Schneepflug, der mit fortschreitender Bewegung immer größere Schneemengen vor sich her schiebt.) Sie bewirkt auch, dass Sie bei der Visualisierung von Kräften den Impuls mit einbeziehen, statt sich allein auf den Aspekt der Beschleunigung zu fokussieren.

Anders als Kraft und Impuls kann Energie – da ihr im Unterschied zu den anderen beiden Größen keine Richtung innewohnt

– nicht in Komponenten aufgegliedert werden. So können Sie zwar den Impuls einer sich nähernden Faust bzw. Waffe reduzieren, indem Sie ihr auf einer Diagonalen entgegen treten; eine Gewehrkugel wird jedoch in jedem Fall Ihren Körper durchdringen – egal unter welchem Winkel sie auftrifft.

## Fortgeschrittene Konzepte: Winkel gibt es in allen drei Dimensionen

Um meine Ausführungen einfach und verständlich zu halten, habe ich sämtliche in diesem Kapitel angeführten Beispiele auf nur zwei Dimensionen bezogen. In Wirklichkeit leben wir freilich in einem Universum mit drei räumlichen Dimensionen (oben/unten, links/rechts sowie vorn/hinten). Doch auch im dreidimensionalen Geschehen spielen sich viele Prozesse im Prinzip nur innerhalb einer Ebene ab. Da die Ausrichtung einer Ebene im Raum in solchen Fällen in der Regel keine Rolle spielt, genügt es zumeist, für eine vereinfachte Analyse nur zwei Dimensionen zu betrachten. Nehmen wir zum Beispiel den Sturz mit einem fest verankerten Fuß: Ob Sie dabei nach hinten oder zur Seite kippen, ändert an der Geschwindigkeit beim Aufschlag überhaupt nichts. Erst wenn man sich die Details anzuschauen beginnt, wird man der mitunter beträchtlichen Unterschiede gewahr, die sich in bestimmten Szenarien aus der räumlichen Ausrichtung ergeben können. Es macht zum Beispiel eine Menge aus, ob ein Block mit einer Schräge von 45 Grad nach oben oder zur Seite gerichtet ist: Einerseits greift die Gravitation in den beiden Fällen unterschiedlich an, zum anderen sind jeweils andere Muskelgruppen involviert. Verzagen Sie nicht, wenn Sie versuchen, sich einen Block unter Einbeziehung aller drei Raumdimensionen vorzustellen. Lassen Sie sich auch dann nicht entmutigen, wenn sie auch noch die Ausrichtung und die Händigkeit aller beteiligten Gliedmaßen berücksichtigen sollen – unser Gehirn ist hinsichtlich seiner räumlichen Vorstellungskraft viel leistungsfähiger, als wir ihm üblicherweise zugestehen. Wenn Sie das Blocken und Umlenken der gegnerischen Schlaghand ein wenig üben, werden Sie mit der Zeit ein Gefühl dafür entwickeln, in welchem Winkel (bezogen auf alle drei Raumdimensionen) Sie Ihren Unterarm optimaler Weise halten sollten. Sie lenken dann die gegnerische Gerade nicht nur seitlich an Ihrem Körper vorbei, sondern können dem Arm Ihres Kontrahenten zusätzlich einen leichten Aufwärtsdrall verpassen – gerade genug, um Ihren Gegner an der nun ungeschützten Stelle unterhalb seines Armes attackieren zu können.

KAPITEL 4

# Hebel, Keile und Gratismahlzeiten

## Im Universum gibt es nichts geschenkt

Wo immer wir uns befinden, sind wir von Materie und Energie umgeben. Unter normalen Umständen können Energie und Materie weder erzeugt noch vernichtet werden; allerdings vermögen sie ihre Form zu verändern. So wird beispielsweise in dem riesigen Fusionsreaktor, der Tag für Tag am Himmel über uns steht, Materie unter enorm hohem Gravitationsdruck in Energie verwandelt. In den Blättern irdischer Pflanzen wird die Sonnenenergie dann in chemische Energie umgeformt und in Zuckerverbindungen gespeichert. Unsere Muskeln verwandeln die im Zucker enthaltene chemische Energie schließlich in mechanische Energie, die der Kampfkünstler wiederum dazu verwendet, seinen Gegner zu bearbeiten. So phantastisch allerdings die Vorstellung, dass sich jeder einzelne unserer Fausthiebe aus der Kraft der Sonne speist, auch sein mag –

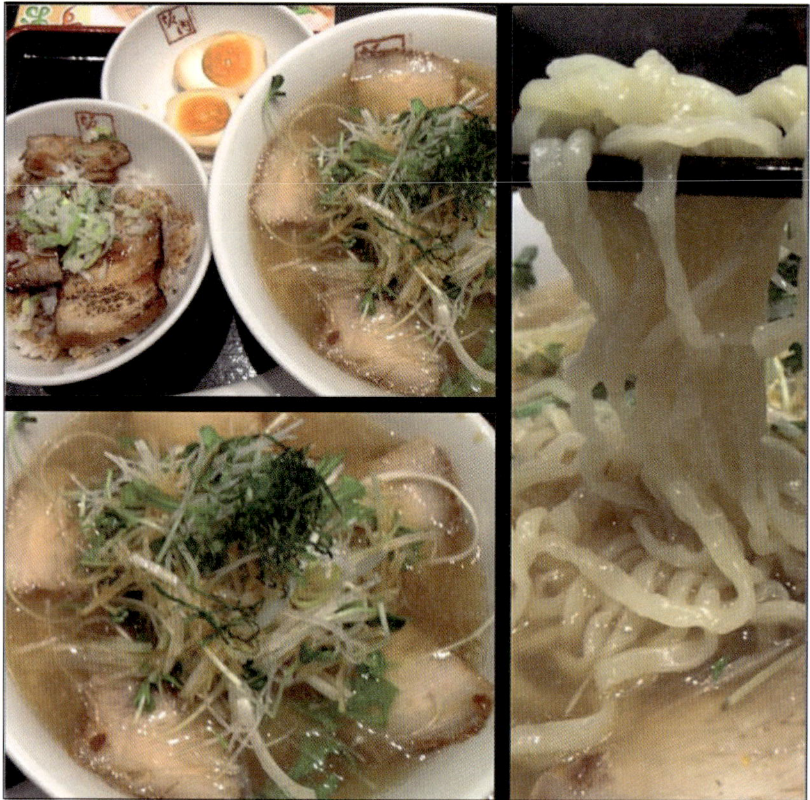

**Abb. 4-1.** Eine Mittagsmahlzeit: Die gibt's nicht umsonst.

den Möglichkeiten unseres Körpers sind aufgrund dieser physikalischen Zusammenhänge auch klare Grenzen gesetzt.

Energie gibt es niemals geschenkt. Wie sehr Sie sich auch bemühen mögen – Sie werden es niemals schaffen, Energie zu erzeugen oder zu vernichten. Das Universum ist keine kosmische Gelddruckerei, die Banknoten aus dem Nichts erschafft. Es ähnelt vielmehr einer großen Wechselstube: Sie können Dollars in Euros umtauschen, die Euros dann in Yen und die Yen zurück in Dollar. Doch egal wie oft und in welche Währungen Sie Ihr Geld wechseln – vermehren werden Sie es dadurch nicht. Ebenso können Sie Energie beliebig oft aus einer Form in eine andere umwandeln; doch Energie aus dem Nichts zu erschaffen, ist in unserem Universum unmöglich.

## Mit Hebeln können Sie mehr Kraft herausholen – um den Preis einer verlängerten Wegstrecke

Ein Hebel ist ein länglicher, starrer Körper, der drehbar um einen festen Punkt – den so genannten Dreh- oder Angelpunkt – gelagert ist. Eine Kraft, die an einem Punkt des Hebels angelegt wird, vermag einen Körper zu bewegen, der sich an irgendeinem anderen Punkt des Hebels befindet.

Ist die aufgewendete Kraft konstant, ergibt sich die resultierende Energie, die auf den Hebel einwirkt, zu $E = F \cdot x$ (Energie gleich Kraft mal Weg). Da wir für gewöhnlich nur eine kleine Wegstrecke überstreichen, wenn wir Hebel verwenden, hat es den Anschein, als würde die dabei auf den Hebel ausgeübte Kraft geradlinig wirken. Wie Sie jedoch aus der schematischen Darstellung in Abbildung 4-2 ersehen können, bewegen wir uns in Wirklichkeit entlang einer Kreisbahn. In Kapitel 3 haben wir gelernt, dass sich der Umfang eines Kreises durch Multiplikation des Kreisdurchmessers mit der Kreiszahl $\pi$ ergibt. Wenn eine Kraft F an einem Hebel in zwei Meter Abstand zum Drehpunkt angreift (der Durchmesser

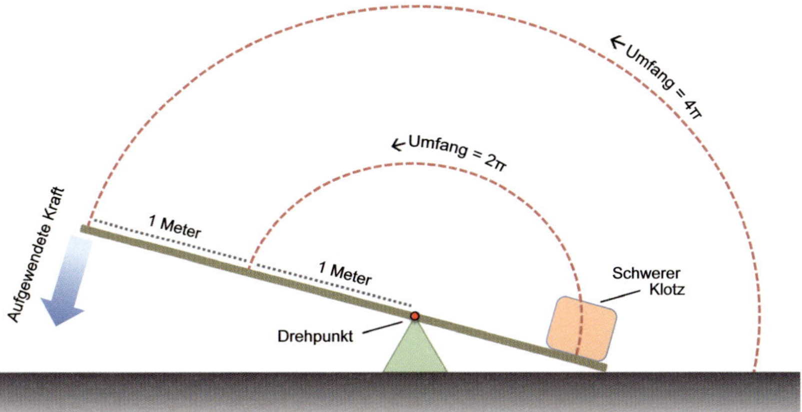


**Abb. 4-2.** Schematische Darstellung eines einfachen Hebels. Auf der rechten Seite befindet sich ein schwerer Gegenstand in einem Meter Abstand vom Drehpunkt. Wenn Sie den Hebel auf der linken Seite in zwei Meter Entfernung zum Angelpunkt mit einer bestimmten Kraft niederdrücken, wird der Klotz um die halbe Höhe, aber mit der doppelten Kraft bewegt.

beträgt dann also vier Meter) und ein Zwölftel des Kreisumfangs überstrichen wird (das entspricht einem Winkel von 30°), ergibt sich die Gesamtenergie zu

$$E = F_{\text{aufgewendet}} \frac{4\pi}{12}$$

Hat der Hebel nun an der Stelle, an der die Kraft ansetzte, ein Zwölftel eines Kreisumlaufs zurückgelegt, dann muss dies (da der Hebel ja nicht biegsam ist) auch für jeden anderen Punkt entlang des Hebels gelten – auch für den Abschnitt, auf dem der „schwere Klotz" ruht. Der Klotz befindet sich in unserem Beispiel einen Meter vom Angelpunkt entfernt (der entsprechende Kreisdurchmesser beträgt also zwei Meter). Die Energie, die aufgewendet werden musste, um den schweren Klotz anzuheben und um 30° entlang seiner Kreisbahn zu bewegen, ergibt sich damit zu

$$E = F_{\text{Klotz}} \frac{4\pi}{12}$$

Da Energie weder erzeugt noch vernichtet werden kann (Gratismahlzeiten gibt es im Universum nicht!), muss die Energiemenge, die beim Herunterdrücken des Hebels verbraucht wurde, mit der zur Bewegung des Klotzes benötigten Energie identisch sein:

$$F_{\text{aufgewendet}} \frac{4\pi}{12}$$

Löst man diese Gleichung nach der auf den Klotz einwirkenden Kraft $F_{\text{Klotz}}$ auf, erhält man:

$$F_{\text{Klotz}} = 2\,F_{\text{aufgewendet}}$$

Wenn wir also einen Hebel an einer Stelle niederdrücken, die doppelt so weit vom Drehpunkt entfernt ist wie der zu hebende Gegenstand, beträgt die Kraft, die auf den Gegenstand einwirkt, das Doppelte der von uns aufgewendeten Kraft. Bei dreifacher Entfernung ergibt sich die dreifache Kraft. Der Hebel bietet damit gewissermaßen eine Möglichkeit, Entfernung gegen Kraft „einzutauschen". Aufgrund dieses Wirkprinzips können wir Hebel dazu benutzen, schwere Objekte anzuheben (beispielsweise ein Auto mittels eines Wagenhebers) oder massive Strukturen aufzubrechen (etwa ein Vorhängeschloss mit einer Brechstange). Auch der Flaschenöffner, mit dem wir unsere Bierflasche öffnen, beruht auf diesem Prinzip.

Die erste Schlussfolgerung, die wir als Kampfkünstler aus diesen Gesetzmäßigkeiten ziehen können, lautet: Wann immer Sie einen Hebel auf Ihren Gegner anwenden – ob Sie nun beim Thaiboxen den Kopf Ihres Kontrahenten umklammert haben (mit einem so genannten Clinch) oder ihn mit einem *juji gatame* (dem klassischen Armhebel im Judo) kontrollieren –, sollten Sie den Abstand zwischen der Krafteinwirkung und dem Drehpunkt so groß wie möglich halten. Eine weitere Erkenntnis – die sich weniger unmittelbar erschließt – besteht in der Tatsache, dass sich ein Hebel natürlicherweise nicht geradlinig bewegt, sondern auf einer Kreisbahn, deren Radius durch den Abstand zum Angelpunkt bestimmt wird. Die kreisförmige Gestalt der Hebelbahn spielt zum Beispiel dann eine entscheidende Rolle, wenn man den Gegner über seine Finger oder über andere, durch kleine Gelenke mit dem Körper verbundene Körperteile attackieren will. Stellen Sie sich einmal vor, Sie packen zwei Finger Ihres Kontrahenten und ziehen sie einfach nach hinten. Ihr Gegner wird ziemlich verärgert reagieren; im besten Fall gibt er dem Schmerz nach und bewegt seinen Arm in eine andere Position. Ein ganz anderes Ergebnis können Sie jedoch erreichen, wenn Sie seine Finger stattdessen auf einer engen Bahn im Kreis drehen, während sich der Drehpunkt im Fingergelenk befindet. Das kann so schmerzhaft sein, dass Sie Ihren Gegner damit unter Umständen in die Knie zwingen können (vorausgesetzt, seine Schmerzempfindlichkeit ist nicht gerade durch die Wirkung der Endorphine oder anderer Stoffe herabgesetzt). Ein anderes Szenario, bei dem die bogenförmige Bahn des Hebels eine wesentliche Rolle spielt, ist das Abfangen eines Fußtritts. Wenn es Ihnen während eines Kampfes, bei dem beide Kontrahenten stehen, gelingt, den Fuß Ihres Gegners zu packen, steht Ihnen ein Hebel von der Länge eines menschlichen

Beins zur Verfügung. Hat Ihr Widersacher seinen Körper obendrein auch noch versteift, können Sie seinen Hintern mit minimalem Aufwand auf die Matte befördern – dafür brauchen Sie nämlich lediglich den Hebel anzuwenden und Ihren Arm ein wenig aufwärts zu bewegen. Würden Sie den Tritt eines Gegners, der über einen biegsamen Körper und eine gute Balance verfügt, einfach nur nach oben hin umlenken, könnten Sie ihn damit kaum in ernsthafte Schwierigkeiten bringen. Nutzen Sie jedoch den Hebel, den Sie in den Händen halten, sobald Sie das Bein Ihres Widersachers gepackt haben (wenn Sie also seinen Fuß der Kreisbahn folgend aufwärts und in Richtung seines Körpers bewegen), zwingen Sie auch den flexibelsten und balancestärksten Fighter auf die Matte.

## Hebel funktionieren auch umgekehrt: Verzichten Sie auf Kraft, um Wegstrecke zu gewinnen

Hebel können wir im Zweikampf auf verschiedene Weise zu unseren Gunsten einsetzen. Die Vervielfachung der von uns aufgewendeten Kraft – durch Niederdrücken des längeren Hebelarms gemäß Abb. 4-2 – stellt dabei nur einen möglichen Ansatz dar. Durch den Einsatz von Kraft sind wir in der Lage, auf einen Gegenstand (oder auf eine Person) Impuls zu übertragen. Wir können uns die Kraft daher als eine Art Stoß oder Schub vorstellen. Ein kräftiger Stoß kann in einem Kampf sehr nützlich sein; doch Sie können Ihr Augenmerk statt auf die Schubwirkung des Aufpralls auch auf dessen Geschwindigkeit lenken. Wenn Sie diese erhöhen wollen – und nicht die übertragene Kraft –, drehen Sie den Hebel einfach um und benutzen Sie ihn in der umgekehrten Richtung.

Betrachten Sie dazu einmal die Abbildung 4-3. Wenn Sie den Hebel in einer Entfernung von einem Meter zum Angelpunkt niederdrücken, werden Sie zwar nicht mehr in der Lage sein, einen schweren Gegenstand zu heben, der sich am anderen Ende in zwei Meter Entfernung befindet; doch dafür können Sie Ihrem Gegner damit ordentlich eine kleben! Wenden wir einmal die uns schon aus dem vorangegangenen Abschnitt bekannten Formeln auf diese Konstellation an. Zum einen wissen wir, dass sich die Energie aus der Multiplikation von Kraft und Weg ergibt; zweitens muss die Gesamtenergie an beiden Enden des Hebels identisch sein. Daraus ergibt sich zunächst, dass die am langen Ende wirksame Kraft nur noch die Hälfte der von Ihnen eingesetzten Kraft beträgt. Die Wegstrecke, die der Endpunkt des langen Hebelarms überstreicht, ist jedoch doppelt so groß wie der vom kurzen Hebelende zurückgelegte Weg. Für sich genommen stellt diese Verdopplung noch keinen Vorteil dar – doch bedenken Sie: Beide Distanzen werden ja in derselben Zeitspanne zurückgelegt! Folglich muss sich das lange Ende des Hebels mit der doppelten Geschwindigkeit bewegen.

Ein gutes Beispiel, bei dem wir diese Art der Hebelwirkung in Aktion erleben können, liefert uns der uralte Slapstick-Gag, bei dem der nichts ahnende Protagonist auf die Zacken einer liegenden Harke tritt. Die aufgewendete Kraft rührt in diesem Szenario vom Körpergewicht des Helden her. Der wesentlich längere Stiel des

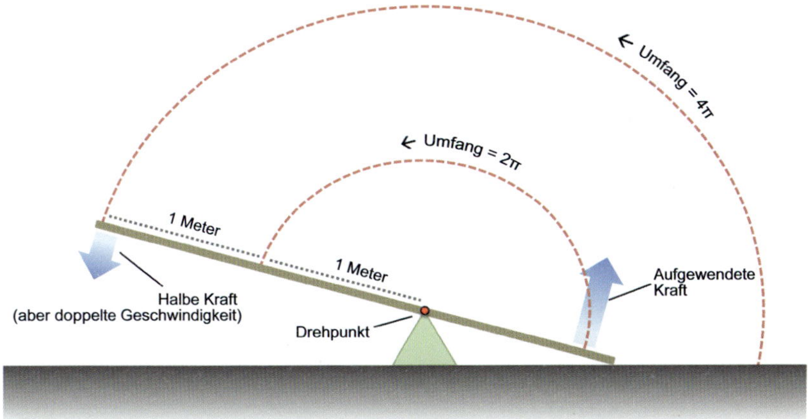


**Abb. 4-3.** Der hier dargestellte Hebel ist uns bereits aus Abb. 4-2 bekannt, doch in diesem Szenario gibt es keinen schweren Klotz, und die manuell aufgewandte Kraft setzt in nur einem Meter Entfernung vom Drehpunkt an. Am gegenüberliegenden Ende (zwei Meter vom Angelpunkt entfernt) wirkt nur die Hälfte der aufgewendeten Kraft, dafür legt dieser Punkt jedoch in derselben Zeit die doppelte Strecke zurück, womit sich eine Verdopplung der Geschwindigkeit ergibt.

Gartengerätes schnellt blitzartig in die Höhe und knallt dem Protagonisten ins Gesicht – oder ins Gemächt, wenn es sich um ein kleineres Gerät handelt. Die Kraft, die der Schaft der Harke entwickelt, reicht dabei nicht annähernd aus, um das Opfer umzuwerfen – dennoch kann der Zuschauer kaum anders, als voller Mitgefühl zusammenzuzucken.

Auch die Muskeln, die zum Einsatz kommen, wenn wir unsere Gliedmaßen bewegen, machen von diesem Prinzip – dem Tausch von Kraft gegen Geschwindigkeit – Gebrauch. Der Punkt, an dem der Muskel mit dem Knochen verbunden ist, befindet sich unweit des Drehpunktes (das heißt, unweit des entsprechenden Gelenks);

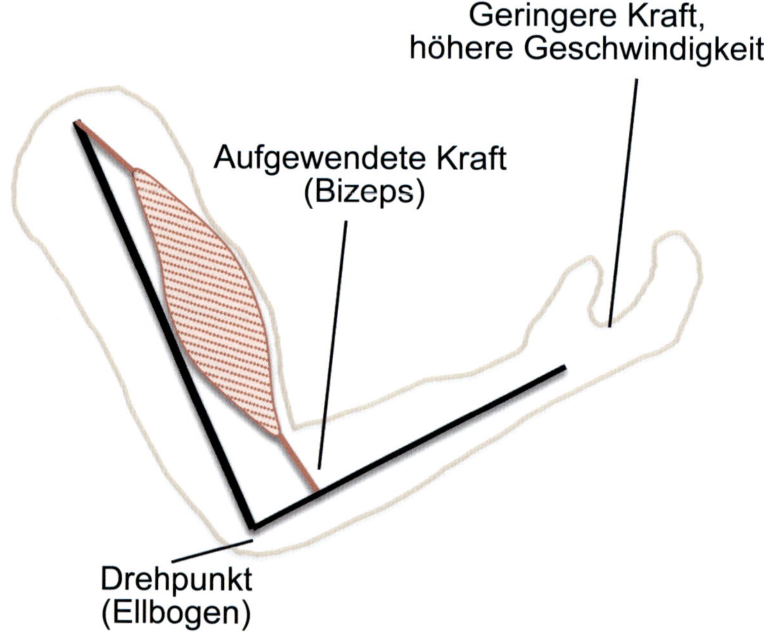


**Abb. 4-4.** Schematische Darstellung des Bizeps als Hebel. Da der Muskel nahe beim Drehpunkt am Unterarmknochen ansetzt, vermag unsere weit vom Ellbogen entfernte Hand nur eine deutlich geringere Kraft auszuüben als der Muskel. Dafür kann sie sich jedoch mit einer viel höheren Geschwindigkeit bewegen, als es dem Muskel selbst möglich ist.

doch die Bewegung, die durch das Zusammenziehen des Muskels erreicht wird, spielt sich am weit entfernten Ende des Knochens ab. Das bedeutet zum einen, dass Sie Ihre Hände und Füße viel schneller bewegen können, als Ihre Muskeln eigentlich zu kontrahieren in der Lage sind. Zum anderen folgt daraus auch, dass Sie mit Ihren Muskeln umso mehr Kraft hervorbringen können, je näher sich die Last den Gelenken befindet. Testen Sie das einmal bei Ihrem nächsten Einkauf: Nehmen Sie in jede Hand eine voll gepackte Einkaufstasche und winkeln Sie Ihre Arme rechtwinklig an. Im zweiten Schritt schlüpfen Sie mit den Händen durch die Griffe und lassen die Beutel so weit Ihre Unterarme entlang rutschen, bis sie sich auf halber Höhe befinden. Sie werden feststellen, dass Ihr Bizeps die zweite Variante viel leichter bewältigen kann.

Auch ein Großteil der bei den verschiedenen Kampfkünsten verwendeten Waffen bedient sich der Möglichkeit, Kraft gegen Geschwindigkeit einzutauschen. Jeder Ihrer Arme stellt schon in sich einen Hebel dar: Die Muskeln entsprechen dem kurzen Abschnitt und Ihr Gegner befindet sich am längeren Ende des Hebels. Sobald Sie eine längliche, starre Waffe wie etwa einen Eskrima-Stock oder ein Schwert in die Hand nehmen, verlängern Sie im Grunde einfach diesen Hebel. Wenn wir in Betracht ziehen, dass viele dieser Waffen typischerweise etwa die Länge eines ausgestreckten Armes haben (ungefähr 75 Zentimeter), können wir vereinfachend sagen: Die Geschwindigkeit, mit der solche Waffen auf den Gegner niedergehen, beträgt etwa das Doppelte der Geschwindigkeit eines vergleichbaren Hiebes mit der bloßen Hand.

## Mit Keilen lenken wir Kräfte in andere Richtungen

Während uns Hebel die Möglichkeit bieten, Wegstrecke gegen Kraft einzutauschen, können Keile eine auftreffende Kraft in zwei Teile aufspalten und die entstehenden Teilkräfte in verschiedene Richtungen umlenken. Holzfäller nutzen Keile auf Schritt und Tritt, um damit Holz zu spalten. Das liegt nicht nur daran, dass der menschliche Körper dann am leichtesten Kraft ausüben kann, wenn diese senkrecht zur Oberfläche des betreffenden Objektes angreift. Wenn ein Keil besonders schmal ist (das heißt, wenn er an seiner Kante einen sehr spitzen Winkel aufweist), wirkt er zudem als Kraftverstärker – natürlich auch in diesem Fall nur um den Preis einer Wegverlängerung.

Im Wing Chun macht man bei der Abwehr von Schlägen häufiger vom Prinzip des Keils Gebrauch als in irgendeinem anderen Kampfstil. Das hängt damit zusammen, dass Wing-Chun-Kämpfer ihrem Gegner nicht wie üblich in einer leicht gedrehten Haltung gegenüber stehen – wobei die Schlaghand hinter dem Körper gehalten wird –, sondern frontal zu diesem. Statt die gegnerischen Schläge aktiv zu blocken, lenkt man sie im Wing Chun, sofern eine Keiltechnik zur Anwendung gebracht werden kann, am Kopf vorbei. Beim Thaiboxen benutzt man den Keil, um seine Arme während eines Clinchs auf die Innenseite zu bringen und die Kontrolle über den Gegner zu erlangen. Ein weiteres Beispiel für den Einsatz der Keiltechnik ist der „Cross Counter", der zum Repertoire sowohl des Boxens als auch der MMA zählt. Von dieser Technik gibt es zahlreiche Varianten, doch ihnen allen ist gemeinsam, dass sich der ausgestreckte rechte Arm an eine Stelle oberhalb der linken Schlaghand des Gegners bewegt. Da sich Ihre Schulter unterhalb Ihres Kopfes befindet, wird der gegnerische Schlag bei einem erfolgreichen Cross Counter nach unten abgelenkt – so dass er Ihrem Kopf

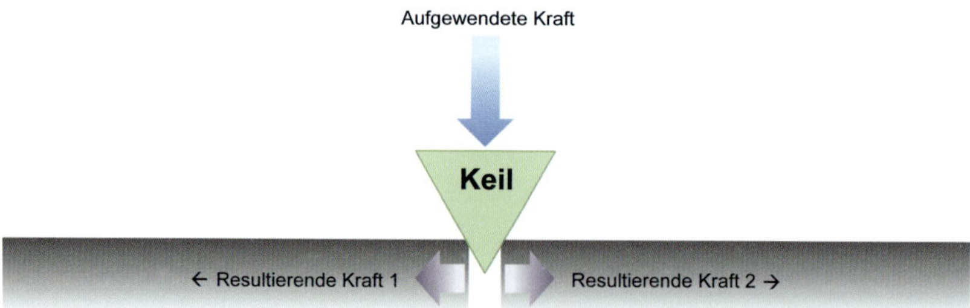


**Abb. 4-5.** Schematische Darstellung eines Keils. Die von oben angreifende Kraft wird in zwei Teilkräfte aufgespalten, die beide vom Keil weg weisen.

nicht mehr gefährlich werden kann –, während Ihre Faust auf das Kinn Ihres Widersachers zurast. Wenn Sie die Anwendung der Keiltechnik einmal daheim ausprobieren möchten, gehen Sie folgendermaßen vor: Bitten Sie einen Freund, der etwa gleich groß ist wie Sie, sich Ihnen mit ausgestreckten Armen zu nähern – ganz so, als wäre er ein Hollywood-Bösewicht, der Ihnen die Kehle zudrücken will. Bleiben Sie, während er sich nähert, ihm zugewandt, und strecken Sie Ihrerseits Ihre Arme aus. Zielen Sie auf seinen Hals oder sein Gesicht; achten Sie währenddessen aber darauf, dass sich Ihre Arme innen befinden. Wenn sich Ihr Gegenüber nun nähert, werden seine Arme auseinandergedrückt, so dass seine Hände nicht mehr an Ihren Hals heranreichen können.

## Ein Butterbrot, das Sie jemand anderem stibitzen, ist für Sie gratis

Das Universum gestattet es Ihnen zwar nicht, Energie aus dem Nichts zu erschaffen; doch woher Sie die Energie nehmen, die Sie benötigen, um Ihre Ziele zu erreichen, steht Ihnen frei. Normalerweise stammt die Energie unserer Schläge und Tritte aus den Kalorien, die wir mit der Nahrung aufgenommen und durch den Verdauungsprozess in unser System integriert haben (die Kalorie ist eine Maßeinheit der Energie). Doch es gibt in der Kampfkunst eine ganze Reihe von Szenarien, die es Ihnen erlauben, statt Ihrer eigenen Energie die Kalorien Ihres Gegners zu verbrauchen. Das ist dann zwar immer noch keine „kostenlose" Energie – aber zumindest müssen Sie die Kosten nicht selbst tragen.

Wenn Sie einen Felsbrocken einen Hügel hinaufrollen wollten, würden Sie dafür wohl eine ganze Weile brauchen und dabei einen ordentlichen Berg an Kalorien verbrennen. Sind Sie aber erst einmal oben angekommen, können Sie den Brocken einfach hinabrollen lassen und zuschauen, wie sich Ihre Kalorien in kinetische Energie verwandeln. Wenn wir Energie aufwenden, um ein Objekt in eine instabile Position zu bringen – sei es hinsichtlich der Gravitation oder einer anderen Kraft –, dann sagt man, wir haben dem Objekt potenzielle Energie verliehen. Damit wird ausgedrückt, dass wir Energie zugeführt haben, um den jetzigen Zustand zu etablieren – Energie, die zu einem späteren Zeitpunkt wieder eingelöst werden wird. Jedes Mal, wenn wir uns erheben, verleihen wir unserem Körper potenzielle Energie. Setzen oder legen wir uns wieder hin, wird diese Energie getilgt. Wenn Sie ein Gefühl dafür bekommen wollen, wie viel Energie dem Körper beim Vorgang des Aufstehens zugeführt wird, legen Sie sich einmal flach auf den Rücken und achten Sie, während Sie aufstehen, auf Ihre Muskeln. Wahrscheinlich werden Sie zunächst mittels Ihrer Bauchmuskeln, unterstützt von einer Hand, Ihren Oberkörper aufrichten und im zweiten Schritt in die Senkrechte gehen, indem Sie sich mit den Füßen und einer Hand hoch drücken. Alles in allem benötigen Sie, um sich zu erheben, viel mehr Energie, als Sie jemals in einen einzelnen Hieb legen können. Dieselbe Energiemenge wird wieder freigesetzt, wenn Sie stolpern (oder Ihnen jemand beide Füße wegschlägt) und Sie zu Boden gehen. Wenn Sie Ihren Gegner umstoßen, ist es seine potenzielle Energie, mit der Sie ihn zu Fall bringen – eine Gratismahlzeit für Sie! Auch um sich wieder aufzurappeln, muss Ihr Gegner seine eigenen Kalorien verbrauchen. Noch augenfälliger werden die Vorteile dieses Konzeptes, wenn Sie es mit einem hoch gewachsenen Kontrahenten zu tun haben. Die Energiemenge, die ein Mensch aufwenden muss, um sich ganz aufzurichten, wächst nämlich mit jedem Kilogramm Körpergewicht und mit jedem Zentimeter Körpergröße.

Ein anderer, unmittelbarerer Ansatz, die Energie Ihres Gegners statt ihrer eigenen zu verbrauchen, besteht darin, einen geradlinigen Stoß in eine Rotationsbewegung zu verwandeln. Sie können sich diesen Effekt am einfachsten verdeutlichen, indem Sie sich vorstellen, Ihr Gegner befände sich in einer Drehtür. Stößt er mit genügend Wucht gegen die Tür vor ihm, knallt sie ihm – da sie drehbar gelagert ist – gleich wieder in den Rücken. Auf normale Faustschläge lässt sich dieses Prinzip zwar selten anwenden, da sich diese entweder zu schnell oder nicht auf einer geradlinigen Bahn nähern. Ein relativ langsamer Schubs gegen die Schulter hingegen stellt die ideale Gelegenheit dar, sich die Energie des Gegners zunutze zu machen. Obendrein ist dieser Kniff so einfach, dass sich selbst der Anfänger daran versuchen kann. Bitten Sie einen Freund, Ihnen Stöße gegen die Schulter zu versetzen – gerade stark genug, dass Sie bei jedem Schubs einen oder zwei Sätze nach hinten machen. Halten Sie, während Ihr Freund Ihnen die Schläge verpasst, Ihren Körper versteift. Bleiben Sie Ihm frontal zugewandt, während Sie die Schläge empfangen, ohne Ihre Schultern wegzudrehen. Nach einer Weile beginnen Sie damit, Ihren Körper bei jedem Aufprall um seine eigene Achse rotieren zu lassen, als wären Sie eine Drehtür. Wenn Sie wollen, können Sie die Drehbewegung zusätzlich unterstützen, indem Sie eigene Energie hinzugeben. Jetzt sollte es Ihnen relativ leicht fallen, Ihre Position zu halten, statt bei jedem Schlag einen Schritt zurückweichen zu müssen. Schließlich strecken Sie am Ende jeder Drehbewegung den gegenüberliegenden Arm aus und versetzen Ihrem Partner ihrerseits einen Stoß. Fahren Sie noch eine Weile in dieser Weise fort – es dürfte bald klar werden, wer von Ihnen beiden den Großteil der benötigten Kalorien beisteuert (nämlich Ihr Freund) und wer am meisten unter den Schlägen leidet (ebenfalls Ihr Freund).

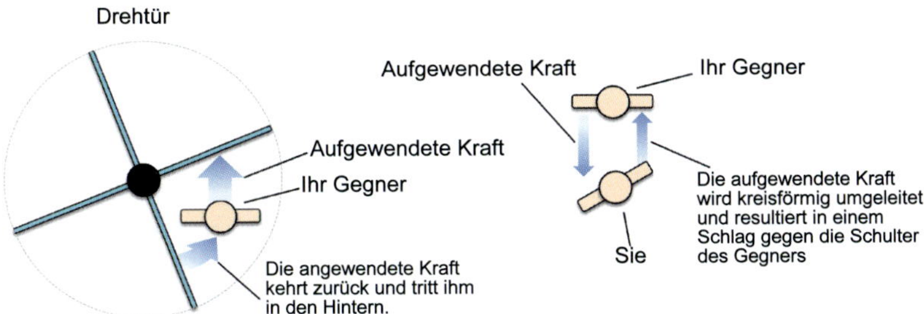


**Abb. 4-6.** Umwandlung der gegnerischen Kraft in eine Rotationsbewegung. **Links:** Schematische Darstellung einer Drehtür (Draufsicht). Stößt Ihr Gegner gegen die Tür, versetzt er mit seiner Energie die gesamte Struktur in eine Drehbewegung um ihren Mittelpunkt, so dass ihm der hinter ihm befindliche Flügel in den Rücken kracht. **Rechts:** Umleitung eines Stoßes gegen die Schulter (Draufsicht). Mit dem Schlag gegen Ihre Schulter versetzt Sie Ihr Gegner in eine Rotation um Ihre eigene Achse, die stets damit endet, dass Sie ihm mit der gegenüberliegenden Hand eine verpassen.

Eine weitere Möglichkeit, die Energie unseres Gegners zu nutzen, bietet uns der Tauziehtrick. Viele von uns haben diesen Trick auf schmerzhafte Weise in der Kindheit kennen gelernt. Beim Tauziehen ergreifen zwei Freunde ein Seil und ziehen es in entgegengesetzter Richtung. Sieger ist, wer es schafft, den Gegner über eine festgesetzte Linie zu ziehen. Der Trick kommt dann ins Spiel, wenn Sie sich dafür entscheiden, auf den Sieg zu pfeifen und sich stattdessen darüber zu amüsieren, wie Ihr Freund zu Boden geht – und Sie das Seil loslassen. Ihr Freund, der in dem Versuch, Sie auf seine Seite zu ziehen, so stark am Seil gezogen hatte, wie er nur konnte, erfährt mit einem Mal keinerlei Widerstand mehr und purzelt rücklings auf die Matte.

Die Grundidee dieses Tricks begegnet uns in vielen Kampfstilen wieder. Sowohl im Judo als auch beim Wrestling bietet er eine vorzügliche Einleitung zu einem so genannten Selbstfall- oder Opferwurf (engl. „sacrifice throw"), bei dem man sich, statt dem Schieben des Gegners fortgesetzt Widerstand zu leisten, freiwillig zu Boden fallen lässt, so dass man ihn anschließend werfen kann. (Bei manchen Wurftechniken stemmt man dabei seinem Gegner den Fuß in die Magengegend.) Wenn Ihr Kontrahent einen Schlag, mit dem Sie auf seine Innenseite zielen, mit übergroßer Kraft blockt, können Sie in einigen Stilen, wie dem Kempō-Karate oder dem Thaiboxen, einfach nachgeben, indem Sie Ihren Arm im Ellbogengelenk locker lassen. Die Chancen stehen dann nämlich nicht schlecht, dass Ihr Gegner seinerseits seinen Block lockert, so dass eine Öffnung entsteht, in die Ihr Ellbogen – der sich ja schon auf halbem Wege befindet – hineinbrettern kann. Auch bei der Technik der Klebenden Hände (Chi Sao), die Bestandteil des Wing Chun und des Jeet Kune Do sind, spielt das Erfühlen der Intensität des gegnerischen Blocks eine entscheidende Rolle. Beim Chi Sao ruhen die Hände zu Beginn auf den Armen des Gegners, während man versucht zu erspüren, in welcher Richtung der Kontrahent übermäßig starken Druck ausübt. Hat man eine solche Stelle ausgemacht, gibt man unvermittelt nach, so dass die gegnerische Hand ins Leere läuft, während man gleichzeitig zuschlägt.

Jemand anderem – im übertragenen Sinne – das Butterbrot zu klauen, kann in der Kampfkunst also eine tolle Sache sein; ganz zu schweigen von der witzigen „Warum haust du dich denn ständig selbst?"-Ironie, die damit oft einhergeht. Doch wie jeder andere Diebstahl setzt auch der Energieklau während eines Zweikampfes eine günstige Gelegenheit voraus. Es gibt keine Garantie dafür, dass Sie überhaupt eine Chance bekommen werden, sich der Kalorien Ihres Gegners zu bedienen. Sie sollten daher in jeder kniffligen Situation davon ausgehen, dass Sie Ihre eigene Energie aufwenden müssen, um sie zu Ihren Gunsten zu entscheiden. Sollte Ihr Widersacher jedoch einmal so unvorsichtig sein, sein Mittagessen unbewacht zu lassen, langen Sie ohne zu zögern zu! Ich persönlich mache mir gerne jedes Mal, wenn mein Gegner und ich beginnen, uns gegenseitig zu schieben, eine geistige Notiz. Das bedeutet zwar nicht zwangsläufig, dass Sie die Gelegenheit zum Tauziehtrick haben werden; doch in einer Situation, in der Kraft gegen Kraft wirkt, steigen die Chancen, dass Sie bald irgendetwas Effizienteres unternehmen können, als einfach nur zurückzudrücken.

## Fortgeschrittene Konzepte: Der Drehpunkt bleibt während eines Kampfes selten ortsfest

Die schematische Darstellung in Abbildung 4-2 hat uns gute Dienste dabei geleistet, uns die Physik der Hebelwirkung verständlich zu machen. In realen Kampfsituationen liegen allerdings nur selten klassische Hebelszenarien vor – die Zusammenhänge verkomplizieren sich. So gibt es beispielsweise beim stehenden Armbar keinen stationären Punkt, der als Drehpunkt dienen könnte. Dies hat zur Folge, dass Sie zwei verschiedene Kräfte ausüben müssen, um eine Hebelwirkung zu erzielen. (Während Sie den gegnerischen Arm am Handgelenk hochziehen, drücken Sie ihn gleichzeitig unweit des Ellbogens herunter.) Beim *juji gatame* sind sogar drei oder mehr Kräfte beteiligt: Während Sie den Arm Ihres Kontrahenten am Handgelenk nach hinten ziehen, drücken Sie seine

Schulter auf die Matte, indem Sie Ihr Bein strecken, und recken außerdem Ihre Hüfte in die Höhe, um den Drehpunkt anzuheben. Um bei so vielen gleichzeitig ablaufenden Teilprozessen nicht den Überblick zu verlieren, sollten wir sie beim Training einzeln betrachten. Grundsätzlich dient jeder Kontaktpunkt, den Sie bei einer bestimmten Methode mit Ihrem Kontrahenten teilen, einem spezifischen Ziel. Wenn Sie eine Technik üben, bei der auf die eine oder andere Weise Hebel zum Einsatz kommen, gehen Sie einmal jeden einzelnen Kontaktpunkt mit Ihrem Partner gesondert durch und fragen Sie sich jedes Mal, welcher Zweck durch diesen Kontakt erfüllt wird: Dient er als Drehpunkt (der, um stabil zu sein, nicht notwendiger Weise ortsfest sein muss, sondern durchaus beweglich sein kann) oder wird hier eine Kraft ausgeübt? Vielleicht dient er auch dazu, einem Entrinnen oder gar einem Gegenschlag des Kontrahenten vorzubeugen. Selbst die komplexesten Techniken setzen sich aus einfachen Teilelementen zusammen.

## Fortgeschrittene Konzepte: Beim Geldwechseln bezahlt man jedes Mal eine kleine Gebühr

Wenn Sie Geld von einer Währung in eine andere umtauschen, müssen Sie jedes Mal eine kleine Gebühr bezahlen. Genauso verhält es sich auch, wenn Sie in der wirklichen Welt Energie von einer Form in eine andere umwandeln: In fast jedem Fall steht Ihnen nach der Transformation ein kleines bisschen weniger Energie zur Verfügung, als Sie zuvor hineingesteckt hatten. So sind zum Beispiel die Hebel in den Abbildungen 4-2 und 4-3 in Wirklichkeit nicht gewichtslos; die Kraft, die Sie aufbringen, muss also zunächst einmal groß genug sein, die Hebel selbst in Bewegung zu setzen, bevor Sie über die Wirkung am anderen Ende auch nur nachdenken können. Zusätzliche Energie verbrauchen Sie auch aufgrund der Reibungskräfte, die stets im Drehpunkt eines Hebels auftreten. Wenn Sie den Hebel zur Geschwindigkeitserhöhung benutzen, verlieren Sie weitere Energie bei der Überwindung des Luftwiderstandes. Als

Faustregel können Sie sich merken, dass dieser zumindest dann eine Rolle zu spielen beginnt, wenn Ihr Hieb ein hörbares Geräusch verursacht. Selbst wenn sich die Summe all dieser kleinen Extrazahlungen in Grenzen hält und vernachlässigt werden kann – was für unsere Betrachtungen größtenteils zutrifft –, ist es doch in jedem Falle nützlich zu verstehen, an welchen Stellen unsere Annahmen unter bestimmten Umständen versagen können.

## Fortgeschrittene Konzepte: Ein Hebel, der sich biegen kann, ist eine Feder

Eine weitere Annahme, die wir stillschweigend getroffen haben, möglicherweise aber gar nicht in jedem Fall gegeben ist, betrifft die Festigkeit unserer Hebel. Ein Hebel kann zum Beispiel bei dem Versuch, einen schweren Gegenstand zu heben, durchbrechen – dann haben Sie Ihre Energie damit verpulvert, die innere Struktur des Hebels zu zerstören. Einen interessanten Fall haben wir auch dann vorliegen, wenn der Hebel zwar nicht bricht, sich aber biegt. Er wirkt dann als Feder, die vorübergehend einen Teil der von Ihnen aufgewendeten Energie speichert. In dem einen wie in dem anderen Fall haben Sie Energie auf den Hebel übertragen, statt damit Ihren Gegner zu bearbeiten.

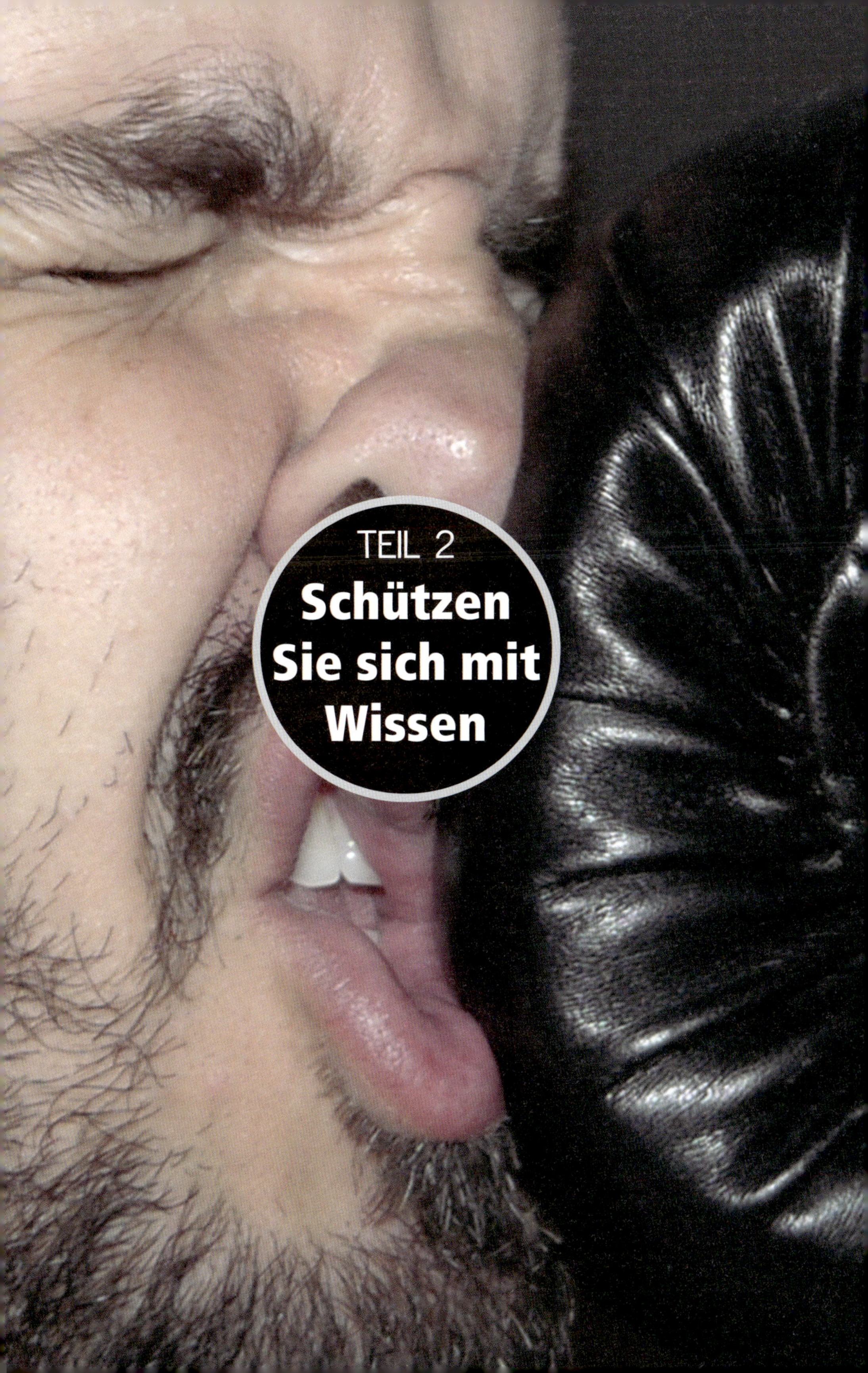
TEIL 2
Schützen
Sie sich mit
Wissen

KAPITEL 5

# K.o.-Schläge und Hirnschädigungen bei Sportlern

## Ein Gehirnschaden kann Sie unbemerkt umbringen

Professionelle Kampfsportler, American-Football- und Hockeyspieler, ja selbst Militärangehörige sind in hohem Maße gefährdet, an einer mehr oder weniger rätselhaften Störung zu erkranken, die als chronisch-traumatische Enzephalopathie (CTE) bezeichnet wird. Dabei handelt es sich um eine durch häufige Schläge und Stöße gegen den Kopf ausgelöste neurodegenerative Erkrankung. (Neurodegenerativ bedeutet, dass das Gehirn im Laufe der Zeit immer mehr abbaut.) Die Krankheit wurde erstmals im Jahre 1928 beschrieben, nachdem ihr Entdecker – ein gewisser Dr. Harrison Stanford Martland – bemerkt hatte, dass etliche im Ruhestand befindliche Profiboxer sehr ähnliche Symptome entwickelten (Martland, 1928).

Lange Zeit war über diese Störung, die Martland „Punch-Drunk-Syndrom" genannt hatte, nur sehr wenig bekannt. 1937 führte Millspaugh die etwas formellere Bezeichnung „dementia pugilistica" ein. Seit den 1960er-Jahren war auch der Begriff CTE gebräuchlich, der sich jedoch erst in jüngster Zeit durchgesetzt hat, nachdem man bei der Untersuchung der Gehirne etlicher verstorbener Footballspieler zu einem erstaunlichen Ergebnis gekommen war: Danach besteht nicht nur für Boxer, sondern für Athleten sämtlicher Kollisionssportarten ein erhöhtes Risiko, an dieser ursprünglich nur aus dem Boxsport bekannten neurodegenerativen Störung zu erkranken (Omalu, DeKosky, Minster, Kamboh, Hamilton und Wecht, 2005; McKee u. a., 2009).

Doch auch heute noch wird die CTE von der medizinischen Wissenschaft nicht besonders gut verstanden. Zweifelsfrei diagnostizieren lässt sich die Erkrankung erst anhand einer Autopsie, da die Schäden durch herkömmliche CT- oder MRT-Aufnahmen nicht abgebildet werden und die Symptome von Patient zu Patient variieren. Die Verletzungen, die zur CTE führen, treten bereits unterhalb der Erschütterungsschwelle auf (engl. „subconcussive") – das bedeutet, Sie können die Symptome entwickeln, auch wenn Sie niemals eine Gehirnerschütterung hatten und niemals K.o. gegangen sind. Zudem zeigen sich die ersten Anzeichen für gewöhnlich erst fünf

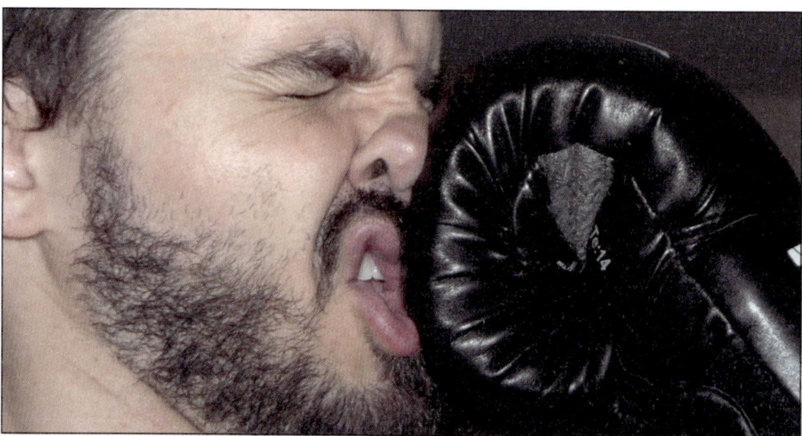

**Abb. 5-1.** Hirnschädigung in Aktion.

bis zehn Jahre, nachdem der Athlet bzw. Kampfsportler seine Karriere beendet hat. Doch erfreulicherweise verzeichnen die Wissenschaftler bei ihren Bemühungen, die CTE auch bei lebenden Personen zu diagnostizieren, beachtliche Fortschritte. So könnte es dank eines modernen, als „Diffusions-Tensor-Bildgebung" bezeichneten MRT-Verfahrens (Mayer u. a., 2010) bald möglich sein, die durch eine Schädigung des Gehirns hervorgerufenen Veränderungen leichter zu identifizieren. Eine neue PET-Technik, bei der spezielle radioaktiv markierte Substanzen Verwendung finden (Small u. a., 2013), wird es den Ärzten möglicherweise erlauben, Anhäufungen von Tau-Proteinen im Gehirn zu erkennen – ein typisches Anzeichen für das Vorliegen einer chronisch-traumatischen Enzephalopathie. Sobald man in der Lage ist, die CTE bei lebenden Personen zuverlässig zu diagnostizieren, werden sich ganz neue Möglichkeiten des Umgangs mit dieser Problematik eröffnen. Beispielsweise wären Karriere begleitende Tests denkbar, die den Sportler unabhängig von der ausgeübten Sportart unterstützen. Doch vorläufig bleibt dies alles noch Zukunftsmusik. Für den Augenblick müssen wir uns mit der Tatsache abfinden, dass sich diese Erkrankung zu Lebzeiten eines Athleten nur sehr schwer diagnostizieren lässt.

## Gehirnschäden schmälern nicht nur den IQ

Zweimal jährlich veranstalten die Dog Brothers in Los Angeles das „Gathering of the Pack", bei dem Kampfkünstler aus dem ganzen Land zusammenkommen, um sich im Vollkontakt-Stockkampf zu messen. Dahinter steckt der Wunsch der Teilnehmer, ihre Fähigkeiten einmal unter realistischen Rahmenbedingungen auf die Probe zu stellen. Für viele Stockkämpfer stellt die Teilnahme am Gathering eine Art Initiation dar – eine wichtige Station, um als Kämpfer „erwachsen" zu werden. Zu Beginn jedes Gatherings werden die „magischen Worte" verlesen, die Marc „Crafty Dog" Denny einst prägte:

*„Keine Punktrichter, keine Schiedsrichter, keine Pokale. Nur eine einzige Regel: Seid Freunde, wenn der Tag zu Ende geht. Das bedeutet, dass es unser Ziel ist, dass niemand die Nacht im Krankenhaus verbringt. Unser Ziel ist es auch, dass jeder mit demselben IQ wieder nach Hause fährt, mit dem er gekommen ist. Keiner wird wegen irgendetwas verklagt werden, niemals und unter keinen Umständen! Stockkämpfe mit Echtkontakt sind gefährlich – und nur du selbst bist für dich verantwortlich. Schütze dich also zu jeder Zeit.“*

Die Bemerkung über den Intelligenzquotienten – der bei der Abreise noch derselbe sein soll wie bei der Ankunft – zielt natürlich darauf ab, die Kämpfer an den nötigen Respekt für die Sicherheit des Gegners zu erinnern. Das Bild, von dem Denny dabei Gebrauch macht, um auf die Gefahr von Hirnschädigungen hinzuweisen, entspricht einer unter Kampfkünstlern aller Couleur wie auch unter Vertretern anderer Kontaktsportarten weit verbreiteten – jedoch zu kurz greifenden – Vorstellung.

Da sich unsere Denkprozesse im Gehirn abspielen, neigen wir zu der Annahme, dass sich wiederholte Schläge gegen unseren Kopf lediglich in einem etwas schlechteren Abschneiden beim nächsten Mathetest auswirken würden. Im Englischen wird die ausschließliche Gleichsetzung der Hirntätigkeit mit Intelligenz und Klugheit zusätzlich durch Begriffe wie „brainy“ (was so viel wie „gescheit“ oder „geistreich“ bedeutet) oder „big brain“ (für einen ausgesprochen intelligenten Menschen) befördert. Doch das Gehirn leistet viel mehr, als nur die Lösung von Matheaufgaben zu ermöglichen. Es wertet die Informationen aus, die aus der uns umgebenden Welt hereinströmen, bewerkstelligt die Kommunikation mit unseren Mitmenschen und steuert sämtliche Muskeln unseres Körpers – ja selbst unsere Gefühle spielen sich in Wirklichkeit in unserem Gehirn ab. Gleiches gilt auch für den überwiegenden Teil all jener Aspekte, die wir für gewöhnlich unserer „Persönlichkeit“ oder unserem „Herzen“ zuschreiben. Wenn Sie Ihre Partnerschaft einmal mit einer Prise Wissenschaft würzen wollen, dann machen Sie doch am nächsten Valentinstag Folgendes: Wenn Sie Ihrer besseren Hälfte ein Geschenk überreichen, das herzförmig gestaltet ist – oder ein solches von ihr erhalten –, weisen Sie freundlich darauf hin, dass das Herz nur eine Funktion hat: nämlich, Blut durch den Körper zu pumpen. Die „Liebe“ hat ihren Sitz in Wirklichkeit im Gehirn.

Zwar klagen Personen, die an chronisch-traumatischer Enzephalopathie erkrankt sind, mitunter auch über Gedächtnisprobleme oder Schwierigkeiten beim Rechnen; doch die Symptome umfassen ein weitaus größeres Spektrum. Oftmals klagten die Betroffenen schon in einem frühen Stadium der Erkrankung über Orientierungsverlust, Schwindel, Kopfschmerzen, Reizbarkeit, Verwirrtheit oder Sprachstörungen, litten unter schweren Depressionen oder wurden von plötzlichen Wutausbrüchen geplagt (McKee u. a., 2009). Die CTE wirkt sich also bei Weitem nicht nur auf die „Klugheit“ des Patienten aus. Alltägliche Verrichtungen können durch die Krankheit erheblich erschwert und Beziehungen enorm belastet werden. Eine überdurchschnittlich große Zahl der im Ruhestand befindlichen Athleten, die an CTE leiden, begeht Selbstmord. So nahm sich auch Dave Duerson, der ehemalige Verteidiger der Chicago Bears, im Jahre 2011 durch einen Schuss in den Brustkorb das Leben. Zuvor hatte er seine Angehörigen in einer Textnachricht gebeten, sein Gehirn der Wissenschaft zur Verfügung zu stellen, damit diese mit dessen Hilfe neue Erkenntnisse über die mysteriöse Krankheit gewinnen könne.

## Am Anfang der CTE steht eine Rotationsbewegung

In den 1950er- und 1960er-Jahren führten Wissenschaftler – unter Verwendung von Leichnamen und Tieren – eine Reihe von Versuchen durch, um herauszufinden, bis zu welchem Grad der menschliche Körper einem Schlag gegen die Stirn standhalten könne. Die Gegenstände, die dabei benutzt wurden, bestanden aus harten Materialien und verfügten über eine flache Oberfläche. (Gurdjian, Roberts und Thomas, 1966; Eiband, 1959). Die Versuchsanordnung nahm zum einen die lineare Beschleunigung des Kopfes als Funktion der Zeit auf. Daneben konzentrierten sich die Wissenschaftler auf die Erfassung leicht feststellbarer Verletzungen, wie etwa Schädelfrakturen. Die Forschungen führten zur Etablierung zweier Kriterien zur Evaluierung von Schutzhelmen, die auch heute noch in Gebrauch sind. Dabei handelt es sich um den Gadd Severity Index (GSI) und das Head Injury Criterion (HIC); siehe dazu Gadd, 1966, und Versace, 1971. Die Konsequenz dieser Entwicklung ist die Tatsache, dass das Design der heute im Boxen, in den Kampfkünsten, im American Football und in vielen weiteren Kontaktsportarten verwendeten Sicherheitsausrüstung auf einer mittlerweile überholten Annahme beruht: Man ging davon aus, dass Gehirnerschütterungen (bzw. auch die unterhalb der Erschütterungsschwelle angesiedelten Schädigungen, die letztlich zur CTE führen) von derselben Art linearer Beschleunigungen herrühren, die auch für Schädelfrakturen verantwortlich sind; ob es bei einem solchen Vorgang zum Bruch kommt oder lediglich zu einer Erschütterung oder einer noch geringfügigeren Schädigung, sei dabei lediglich eine Frage der Stärke der Beschleunigung.

Doch mit der Zeit wurde es zunehmend offenkundig, dass eine solche lineare Vorstellung hinsichtlich der bei Kopfverletzungen ablaufenden Prozesse wenig dazu geeignet ist, ein adäquates Verständnis der Gehirnerschütterung oder auch der CTE zu gewinnen. Mit Boxhandschuhen und Footballhelmen lässt sich die plötzliche lineare Beschleunigung, die der Kopf bei einem Aufprall erfährt, recht erfolgreich reduzieren. Die Häufigkeit von CTE bei Sportlern hat sich jedoch nicht feststellbar verringert. Moderne Forscher legen der Beschreibung von Hirnverletzungen heute vielfach ein Rotationsmodell zugrunde (Smith und Meaney, „Axonal damage in traumatic brain injury", 2000). Etwa seit der Mitte der 2000er-Jahre sind sich Wissenschaftler und Mediziner (mehr oder weniger) darin einig, dass für die Art von Hirnschädigungen, die mit der Zeit zu einer CTE führen, in erster Linie eine plötzliche Rotationsbeschleunigung des Kopfes verantwortlich ist (King, Yang, Zhang, Hardy und Viano, 2003). Für Sportkämpfer stellte diese Erkenntnis freilich keine Neuigkeit dar: Boxer wissen schon lange, dass man den Gegner viel eher mit einem linken Kinnhaken K.o. schlagen kann als mit einem geraden Schlag gegen die Stirn.

## Der mikroskopisch kleine Übeltäter: Die diffuse axonale Verletzung

Die Forscher tun sich schwer damit, zu entschlüsseln, was genau bei derartigen Verletzungen auf Zellebene vor sich geht. Dies ist hauptsächlich dem Umstand geschuldet, dass man die Schädigungen auf den mit den herkömmlichen Abtastverfahren gewonnenen Scans nicht zweifelsfrei identifizieren kann. Dennoch konnte die Forschergemeinschaft, seit sie ihre Untersuchungen zu Hirnschädigungen auf das Rotationsmodell stützt, einen als „diffuse axonale Verletzung" bezeichneten Prozess als wahrscheinlichen Verursacher der CTE ausmachen (Johnson, Stewart und Smith, 2013). Eine diffuse axonale Schädigung tritt auf, wenn einige der in Ihrem Gehirn befindlichen Axone (das sind bestimmte längliche Nervenfasern) eine blitzschnelle Streckung erfahren, deren Intensität über das bei einer gewöhnlichen, willkürlichen Dehnung auftretende Maß hinausgeht, so dass die Axone beschädigt werden. Die Wissenschaftler sind noch damit beschäftigt, die eigentliche Natur der Schädigung zu ergründen. Wie es scheint, lagert sich dabei über einen langen Zeitraum hinweg immer mehr Transportmaterial im Axon ab, so dass sich eine Art Knöllchen bildet, bis das Axon schließlich gänzlich abgetrennt wird. Die typischen Symptome der CTE beginnen erst dann in Erscheinung zu treten, wenn eine erhebliche Zahl der Axone betroffen ist. Diese Situation stellt sich aber erst zu einem Zeitpunkt ein, wenn die eigentlichen Verletzungen schon Jahre zurückliegen.

Nun ist es zwar so, dass selbst bei einem schweren Schädel-Hirn-Trauma nur ein kleiner Teil der Axone geschädigt wird (Johnson, Stewart und Smith, 2013). Doch der Punkt ist, dass ein Axon, wenn es erst einmal beschädigt ist, erneuten Krafteinwirkungen nicht mehr denselben Widerstand entgegensetzen kann wie ein gesundes Axon. Je mehr diffuse axonale Schädigungen ein Athlet also schon hat, desto anfälliger wird er für künftige Verletzungen ähnlicher Art. Das Alter ist ein weiterer Faktor, der in diese Problematik mit hineinspielt. Ein Paradebeispiel dafür, wie eine solche Entwicklung im wirklichen Leben aussehen kann, finden wir in der Biografie von Chuck Liddell. Im Laufe seiner zwölf Jahre währenden Karriere bestritt er 23 Kämpfe, bei denen er so manchen Hieb einiger der größten MMA-Kämpfer der Geschichte einzustecken hatte. Doch zur Ruhe setzte er sich erst im Jahre 2010, nachdem er drei Mal in Folge durch Schläge K.o. gegangen war, die er früher (möglicherweise) leicht verkraftet hätte.

Es gibt bei der diffusen axonalen Verletzung und der CTE noch viele Aspekte, die wir nicht verstehen. Erfreulicherweise schenkt die medizinische Wissenschaft diesen Fragestellungen seit einigen Jahren verstärkt ihre Aufmerksamkeit. Vielleicht sind wir schon bald in der Lage, unmittelbar nach einem Kampf oder einer Trainingseinheit das Ausmaß der Schädigung festzustellen, die sich ein Sportler währenddessen zugezogen hat. Möglicherweise finden wir Mittel und Wege, die Verletzungen zu behandeln und im Idealfall sogar rückgängig zu machen, bevor sie in einer vollständigen Abtrennung der betroffenen Axone resultieren. Ein alternativer Ansatz wäre, präventive Methoden zu entwickeln, um die Axone zu schützen – entweder auf chemischer Basis oder durch einen neuen Typus von Schutzkleidung, die speziell auf die Reduzierung diffuser axonaler Schädigungen zugeschnitten ist.

## Die Physik hinter der diffusen axonalen Verletzung

Da wir nun wissen, dass diffuse axonale Schädigungen aus Rotationsprozessen resultieren, können wir unser in den vorangegangenen Kapiteln erworbenes Wissen über Hebel und Drehbewegungen zur Anwendung bringen. Es wird uns helfen zu verstehen, auf welche Weise Schläge gegen das Kinn letztlich zur Dehnung und Schädigung der Axone im Hirnstamm und im Gehirn selbst führen können.

Das erste Glied in der Ereigniskette, an deren Ende die Verletzung und die damit einhergehenden Symptome stehen, bildet der Faustschlag. Um die im Gehirn befindlichen Axone strukturell beschädigen zu können, muss der Hieb über eine gewisse Mindestenergie verfügen. Ferner wissen wir, dass die Verletzungen an den Axonen rotationsbedingt auftreten. Dem Schlag muss also zudem ein Impuls innewohnen, der ausreicht, um den gesamten Kopf in eine Drehbewegung zu versetzen. In Anbetracht unseres Wissens über K.o.-Schläge und die Trainingsmethoden der Boxer können wir mit einiger Sicherheit behaupten, dass es dem Sportkämpfer zwar ein Leichtes sein dürfte, die für eine Verletzung der Axone erforderliche Energie aufzubringen; den dafür nötigen Impuls zu erzeugen, gestaltet sich jedoch um einiges schwieriger. Schnelle Schläge spielen in strategischer Hinsicht eine wichtige Rolle. Doch um Ihren Gegner auf die Matte zu befördern, müssen Sie es schaffen, eine ausreichende Masse hinter Ihren Schlag zu bringen.

Damit hätten wir grob umrissen, welche Rolle dem Faustschlag innerhalb der Entstehungsgeschichte der diffusen axonalen Verletzung zukommt. Eine Frage allerdings lässt sich mit dem bisher Gesagten nicht beantworten: Wir drehen nämlich unseren Kopf im normalen Alltagsleben ziemlich oft nach links oder nach rechts, mitunter auch mit hoher Geschwindigkeit, ohne dass unsere Axone dabei Schaden nähmen – was also macht die Fausthiebe so speziell? Da die Wissenschaft bei dieser Thematik noch in den Kinderschuhen steckt, können wir nur spekulieren. Schauen wir uns einmal

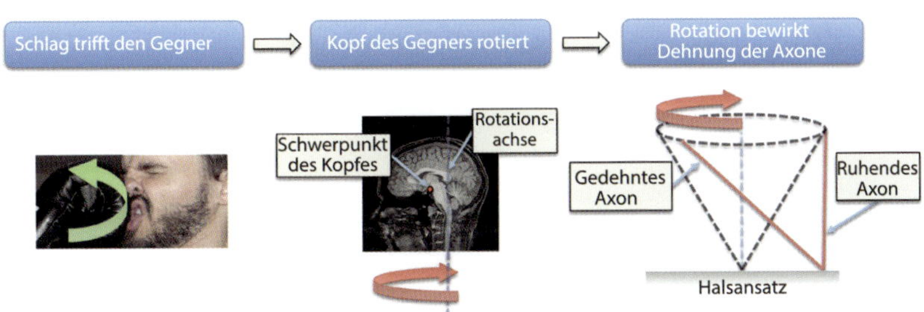


**Abb. 5-2.** Der Entstehungsprozess der diffusen axonalen Verletzung, vom Fausthieb bis zur Dehnung des Axons. **Links:** Der Schlag trifft das Gesicht Ihres Gegners. **Mitte:** Als Folge des Hiebes rotiert der Kopf Ihres Kontrahenten um eine durch den Hals verlaufende Achse. **Rechts:** Ein Axon, das sich nahe der Rotationsachse befindet, erfährt eine Streckung, da einer seiner Endpunkte der Drehbewegung folgt.

die Kraftkurve in Abb. 5-3 an. Meine Vermutung geht dahin, dass die Axone zwar während des kurzzeitigen Kraftmaximums beim Aufprall blitzartig bis an ihre natürliche Belastungsgrenze gedehnt werden, doch die eigentliche Schädigung dürfte erst im Schweif der Kurve erfolgen.

Der hauptsächliche Grund für meine These liegt in der auf Erfahrung beruhenden Erkenntnis, dass es für einen gelungenen K.o.-Schlag unentbehrlich ist, während des Zuschlagens mit dem hinteren Fuß mit zu schieben. Boxer wie Kampfkünstler der verschiedensten Stile werden nicht müde, auf diesen Umstand hinzuweisen. Es gibt einige Schlagtechniken, die ein ähnlich lang gezogenes Profil auch ganz ohne eine solche zusätzliche Schubkraft durch den Fuß hervorrufen. So weist die Kraftkurve auch bei einem Stoß mit der flachen Hand einen Schweif auf, ebenso die für das Wing Chun typischen Schläge, bei denen der Kämpfer parallel zum Gegner steht. Der Schweif rührt in diesen Fällen aber daher, dass der Arm zum Zeitpunkt des Aufpralls noch nicht ganz ausgestreckt ist. Der Kämpfer wendet auch danach noch Muskelkraft auf, bis zur

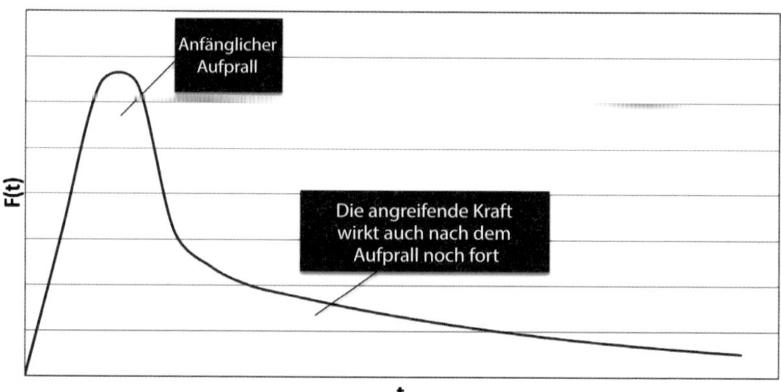


**Abb. 5-3.** Kraftverlauf eines Faustschlages in Abhängigkeit von der Zeit. Im Moment des Aufpralls zeigt die Kurve das „Kraftmaximum"; der deutlich längere Schweif wird durch das anschließende „Durchziehen" und das Nachschieben mit dem rückwärtigen Fuß verursacht. Während das Kraftmaximum mitunter kaum mehr als einige Millisekunden lang andauert, kann der Kurvenschwanz je nach Situation sogar bis zu eine Sekunde und mehr umfassen.

vollständigen Streckung des Armes. Auch in anderen Kontaktsportarten ergeben sich ähnliche Diagramme, wenn die Gegner aufeinander losgehen. Im Moment des Zusammenpralls gibt es einen Spitzenwert, doch mit ihren Beinen schieben die Kontrahenten auch danach noch weiter.

Es gibt noch weitere Gründe, die für die Annahme sprechen, dass die eigentliche Schädigung der Axone dem Schweif der Kraftkurve zuzuschreiben ist. Zum einen beachten Sie, dass die von den Muskeln erzeugte Kraft in diesem Bereich über einen längeren Zeitraum relativ konstant bleibt. Zudem kommt auch noch ein Hebel zum Einsatz, wenn die Kraft an den Axonen angreift – nämlich in Gestalt des Gesichtes Ihres Kontrahenten.

Sicherlich erinnern Sie sich noch an die Erkenntnisse, die wir im 4. Kapitel hinsichtlich der Kraftverhältnisse an Hebeln gewonnen haben. Wir haben gelernt, dass die Kraft, die auf ein Objekt einwirkt, umso größer ist, je näher es sich dem Rotationszentrum befindet. Ist ein Körper doppelt so weit entfernt wie ein anderer, erfährt er nur die halbe Kraft. Natürlich liegen die Verhältnisse beim Vorgang der axonalen Schädigung etwas komplizierter, als dass sie sich auf einen einfachen Hebel reduzieren ließen. So sind die verschiedenen Bereiche des Gehirns unterschiedlichen Anteilen der Hebelwirkung ausgesetzt. Doch die grundlegenden Prinzipien bleiben dieselben. Vielleicht sind die spezifischen Axonschädigungen, die bei der CTE beobachtet werden können, gerade eine Folge dieser Kraftunterschiede innerhalb des Kopfes, zusätzlich verstärkt durch lokale Unterschiede hinsichtlich der Dichte des Gehirns und seiner internen Gestalt.

Aus der Bedeutsamkeit des Mitschiebens mit dem rückwärtigen Fuß können wir andererseits nicht zwingend schlussfolgern, dass dieses Bewegungselement unbedingt erforderlich ist, um eine diffuse axonale Schädigung auszulösen. Vielleicht wird die Wissenschaft letztlich herausfinden, dass die Axone doch sofort im Moment des Aufpralls zerstört werden und der zusätzliche Schub mit dem Fuß nur zur Kontrolle und Desorientierung des Gegners beiträgt. Genaues werden wir diesbezüglich erst dann wissen, wenn die Forschungen vorangeschritten und die Einzelheiten des Schädigungsprozesses geklärt sind. Bis dahin werde ich, wenn ich meinen Right Cross übe, weiterhin kräftig mit dem hinteren Fuß schieben.

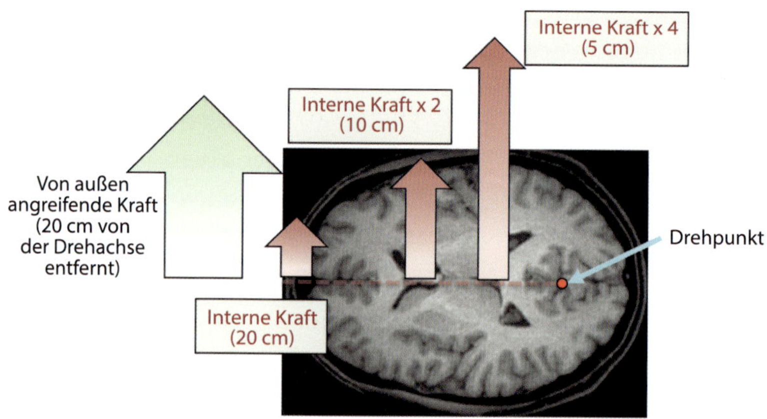


**Abb. 5-4.** Querschnitt durch ein Gehirn (Draufsicht) mit einer am Kinn angreifenden Kraft. Der Kopf dreht sich an der Schädelbasis um den Hals. Die Kraft, die man nahe am Rotationszentrum spürt, ist deutlich größer als die weiter entfernt wahrgenommene Kraft. Diese schematische Darstellung ist natürlich stark vereinfacht.

## Auch der Hals stellt ein brauchbares Ziel dar

Die diffuse axonale Verletzung ist, wie wir gesehen haben, letztlich das Ergebnis von innerhalb des Gehirns (insbesondere an der Schädelbasis) auftretenden Kräften, die das Axon in die Länge ziehen. In Anbetracht dieser Tatsache können wir erwarten, dass dieselbe Art von Schädigung ganz allgemein dann auftritt, wenn irgendeine Art von Kraft – gleich welchen Ursprungs – an den Enden des Axons angreift. Der wissenschaftlichen Forschung zufolge scheinen Knockouts das Resultat von diffusen axonalen Schädigungen im Hirnstamm zu sein (Smith u. a., 2000). Demnach sollten wir ein K.o. auch durch einen kräftigen Hieb gegen den Hals erzielen können. Die Wucht müsste dabei freilich größer sein als beispielsweise bei einem linken Kinnhaken, da der Kopf bei letzterem zusätzlich als Hebel wirkt – ein Element, das beim Schlag gegen den Hals entfällt. Tatsächlich können wir solche Schläge beim Thaiboxen, in den Mixed Martial Arts und beim Kickboxen in Aktion erleben. In vielen Fällen geht der Gegner sofort bewusstlos zu Boden. Dieselbe Wirkung haben auch Schläge, die direkt gegen den Hinterkopf (auf Höhe der Schädelbasis) gerichtet werden. Die Kraft, die in diesem Fall benötigt wird, um einen Knockout zu erzielen, ist sogar geringer – möglicherweise deshalb, weil sich bei dieser Konstellation weniger Muskel- und anderes Gewebe zwischen dem Ort des Aufpralls und den Axonen befindet. In den meisten Kampfsportstilen ist diese Methode verboten. Für den Fall, dass Sie einmal im realen Leben in einen Kampf auf Leben und Tod geraten, kann es jedoch nicht schaden, um diese Möglichkeit zu wissen. Vielleicht bietet sich Ihnen ja die Gelegenheit, diese Stelle zu attackieren.

## Schlagen Sie Ihren Gegner K.o. – mit Köpfchen

Nachdem wir uns ein grundlegendes Verständnis der diffusen axonalen Verletzung angeeignet haben, stellt sich naheliegender Weise die Frage: Wie kann ich nun dieses Wissen einsetzen, um ein besserer Kampfkünstler zu werden? Mitunter können Sie schon durch einfache Visualisierung der ablaufenden Prozesse mehr aus Ihrem Training herausholen. Führen Sie sich beispielsweise vor einem Schlag vor Augen, wie der Kopf Ihres Gegenübers dadurch in Rotation versetzt wird. Wenn Sie Ihrem Kontrahenten etwa mit der flachen Handinnenseite gerade ins Gesicht schlagen, können Sie ihm damit schon erheblichen Schaden zufügen. Gelingt es Ihnen aber, Ihre Hand im Moment des Aufpralls gleichzeitig ein wenig aufwärts zu bewegen, so dass Ihr Gegner zur Decke blickt, erhöhen Sie vermutlich Ihre Chancen auf einen Knockout.

Eine andere Möglichkeit, Ihr Training zu optimieren, besteht darin, rotationsfähige Elemente zu benutzen. Manche Sandsäcke bzw. Doppelendbälle (das sind die Punchingbälle, die sowohl am Boden als auch an der Decke befestigt sind) bieten diese Möglichkeit. Sie können sich auch einmal mit dem AllStrike vertraut machen, einem speziellen Produkt der Marke Quest Training. Dabei handelt es sich im Prinzip um eine Pratze (ein Trainingsschlagpolster, das wie ein Handschuh getragen wird), die jedoch die menschliche Kopfform nachbildet. Mit dem AllStrike können Sie nicht nur Ihre Zieltechnik optimieren; er ist auch so konstruiert, dass er auf Schläge und Tritte mit realistischen Drehbewegungen reagiert. Wenn Sie ein Gefühl dafür entwickeln, wann Sie den Kopf Ihres Gegners in Rotation versetzen und wann Sie ihn nur wegstoßen, sind Sie auf dem besten Wege, ein Knockout-Künstler zu werden.

Behalten Sie auch stets im Hinterkopf, dass energiereiche Treffer – wie etwa die blitzartigen Schläge, die wie das Zuschnappen einer Schlange aussehen, oder Hiebe mit Waffen wie dem Eskrima-Stock – niemals in der Lage sind, ein K.o. herbeizuführen. Obwohl der Schaden, den sie anzurichten vermögen, beträchtlich sein kann, und sie sogar das sofortige Ende eines Kampfes bedeuten können, verursachen sie doch keine diffusen axonalen Verletzungen. (Es sei denn, der Schlag verfügt zusätzlich auch über den nötigen Impuls, um einen Kopf in Drehung zu versetzen.) Bei Hieben mit dem Baseballschläger oder einem Knüppel hingegen kann man sein ganzes Körpergewicht hineinlegen, weshalb diese das Potenzial zum Knockout bieten.

Unser Streben nach Erkenntnis beinhaltet auf der anderen Seite auch die Frage, wie wir es vermeiden können, unsere Trainingspartner zu verletzen. In vielen Muay-Thai-Schulen trainiert man Schläge mit den Ellbogen oder den Knien nur mit Schlagpolstern, nicht aber im Rahmen des Sparrings. Lediglich im Ring dürfen diese Techniken eingesetzt werden. Ich möchte dazu anregen, dass wir mit Methoden, die speziell darauf abzielen, den Kopf des Gegners in Rotation zu versetzen, genauso verfahren. Solange Sie an Polstern üben, brauchen Sie sich nicht einzuschränken, doch beim Sparring mit einem Partner sollten Sie versuchen, die durch Ihre Schläge bewirkten Kopfbewegungen möglichst geradlinig zu halten. Wird

Sie diese selbst gewählte Trainingseinschränkung später im Ring um einen möglichen K.o.-Sieg bringen? Nun, das kann schon passieren. Ist es auf der anderen Seite gerechtfertigt, Ihrem Sparringpartner einen bleibenden Hirnschaden zuzufügen, nur damit Sie auch im Training so agieren können wie im Ring? Mit Sicherheit nicht.

## Die CTE kann Leben zerstören

Es ist wenig ermutigend, über eine degenerative Erkrankung zu sprechen, die langfristig zum dauerhaften Verlust kognitiver Fähigkeiten, Depressionen und etlichen anderen Symptomen führt, während keine Möglichkeit der Behandlung – geschweige denn der Heilung – bekannt ist. Noch weniger erfreulich ist es, aufstrebenden Profikämpfern zu vermitteln, dass sich ihre Lebensqualität jenseits der Vierzig möglicherweise so verschlechtern könnte, dass ihre Mitmenschen trotz ihrer einstigen Erfolge nur noch Mitleid für sie empfinden werden. Die American Medical Association hat – wie viele andere Ärztevereinigungen auf der ganzen Welt – wiederholt gefordert, den Boxsport zu verbieten. Alle paar Jahre erneuert sie ihren Aufruf, nur um deutlich zu machen, dass sie von ihrer Position nicht abrücken wird.

Uns allen ist klar, dass jede Sportart ein gewisses Risiko in sich birgt, bei deren Ausübung verletzt zu werden oder gar ums Leben zu kommen. Unser Respekt gegenüber den Athleten rührt nicht zuletzt daher, dass sie sich, wie wir wissen, dieser Gefahren vollständig bewusst sind. Es erfordert schon eine Menge Willenskraft, aufs Spielfeld hinauszugehen, wenn man doch weiß, dass man es vielleicht nur auf einer Trage wieder verlässt. Um in einen Ring zu steigen, in dem ein durchtrainierter Fighter darauf wartet, einem das Gesicht zu polieren, weil er darin seine Fahrkarte zum großen Ruhm sieht, braucht man eine enorme innere Stärke. Die chronisch-traumatische Enzephalopathie unterscheidet sich jedoch von allen anderen Gefahren in einem wesentlichen Punkt – und diese Eigenschaft scheint nicht besonders fair zu sein. Normalerweise geht eine Verletzung, wie etwa ein Knochenbruch oder ein Bänderriss, mit einem sofortigen Schmerz einher, so dass der Sportler auf der Stelle weiß, dass ihm ein Fehler unterlaufen ist. Während ihm die Fehler helfen zu lernen, zwingt ihn der Schmerz in der Regel zu einer Auszeit, bis er genesen ist und wieder zum Wettkampf antreten kann. Doch die CTE verursacht (der Schutzausrüstung sei Dank) nur sehr geringe Schmerzen, die Schäden akkumulieren sich über einen langen Zeitraum, ohne erkannt zu werden, und eine Lektion birgt die Erkrankung auch nicht. Die CTE ist der Dank, den unsere Athleten für eine lange Karriere voller Mühen und Entbehrungen erhalten.

Unter den Schülern meines Hapkido-Großmeisters gab es einen Schwarzgürtelträger, der seit beinah 30 Jahren bei ihm trainierte. Wie uns der Großmeister erzählte, war dieser Schüler – den er zu den besten Kämpfern zählte, die er jemals ausgebildet hat – bei ihrer ersten Begegnung ein stattlicher und aufgeweckter Bursche gewesen. Unglücklicherweise war der junge Mann häufig in Straßenkämpfe verwickelt und verbrachte infolgedessen viel Zeit hinter Gittern – wo er noch mehr Schlägereien auszufechten hatte. Es ist bei Geschichten über physische Auseinandersetzungen immer schwer zu sagen, inwieweit sie der Wahrheit entsprechen, doch die Legende besagte, dass es dieser Bursche einmal mit zwölf Gegnern gleichzeitig aufgenommen hat und aus dem Kampf als Sieger hervorging. Als ich ihm zum ersten Mal begegnete, ging er auf die Fünfzig zu. Zu diesem Zeitpunkt hatte er die meisten seiner Zähne eingebüßt, war auf einem Auge fast blind und konnte einer einfachen Konversation selbst dann nicht folgen, wenn sie ihn unmittelbar mit einschloss. An die fortgeschrittenen Techniken, die er einst beherrscht hatte, konnte er sich nicht erinnern, und regelmäßig übermannten ihn Wutausbrüche, bei denen er wild herumschrie. Beim Sparring wusste er manchmal (vor allem, wenn er einen Schlag ins Gesicht bekommen hatte) nicht mehr, wo er war, und ging derart ungestüm auf seinen Gegner los, als hinge sein Leben davon ab. Dieser Schüler litt offenkundig an weit mehr als nur an einer CTE. Ich habe mich oft gefragt, warum mein Großmeister ihn noch immer bei sich behielt. Sollte er uns vor Augen führen, dass wir, wenn wir zu viele Erfahrungen im Ring oder auf der Straße sammeln würden, unser Leben ruinieren könnten? Oder sah er noch immer den Schatten jenes jungen Burschen vor sich, den er 30 Jahre zuvor zu unterrichten begonnen hatte, so dass er es nun nicht übers Herz brachte, sich von ihm abzuwenden? Ich werde es zwar nie mit Bestimmtheit wissen, doch ich tippe darauf, dass es ein bisschen von beidem war.

KAPITEL 6

# Schaumstoff oder bloße Fäuste – die Illusion der Sicherheit unter der Lupe

Es ist nicht leicht, den genauen Zeitpunkt auszumachen, wann ein Mensch zum ersten Mal in der Geschichte so etwas wie Boxhandschuhe benutzt hat. Die „Boxenden Knaben“, ein aus dem griechischen Thera stammendes Relief, zeigt, dass die Idee des behandschuhten Boxens mindestens 3600 Jahre zurückreicht. Doch üblicherweise schreibt man die Einführung jenes Typs von Boxhandschuhen, wie er sich in der westlichen Welt etabliert hat, einem Boxer namens Jack Broughton zu, der in den 1730er-Jahren die – damals noch barfäustige – englische Boxszene dominierte. Broughton hatte seine Handschuhe, die er „Muffler“ nannte (vom englischen „muffle“, was so viel wie „umhüllen“ bedeutet), entwickelt, um seine aus wohlhabenden Familien stammenden Schüler vor blauen Augen und blutigen Nasen zu bewahren. Bei den Mufflern handelte es sich um etwa 300 Gramm schwere, mit Pferdehaar oder Lammwolle gepolsterte Lederhandschuhe. Im Jahre 1867 machte

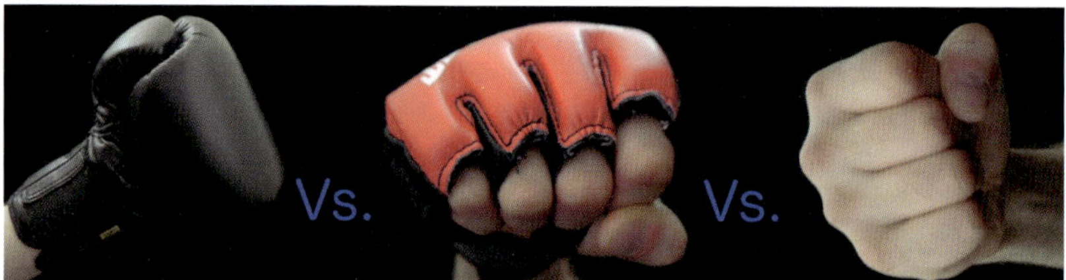


**Abb. 6-1.** Boxhandschuhe, MMA-Handschuhe und „bare knuckles" – die bloße Faust.

sich ein walisischer Sportler und Journalist namens John Graham Chambers daran, das Image des Boxsports wiederherzustellen, welcher durch Jahrzehnte der Zockerei, Korruption, Randale und getürkten Spiele in Verruf geraten war. Mit der Unterstützung des Marquess von Queensberry gab er ein formelles Regelwerk heraus, das unter anderem auch die Verwendung von Boxhandschuhen vorschrieb. Doch die „Queensberry-Regeln" stießen bei vielen Boxern auf wenig Gegenliebe. Dies änderte sich erst im Jahre 1892, als Jim Corbett den seit langer Zeit im Kampf mit den blanken Fäusten unbezwungenen Boxchampion John L. Sullivan besiegte – und zwar in einem Match, das gemäß den Queensberry-Regeln ausgetragen worden war. Während also der Schutz vor Veilchen und blutigen Nasen eines der Hauptmotive war, den Boxhandschuh überhaupt einzuführen, nahmen Spieler wie Zuschauer die neue Form des Boxens erst nach dem spektakulären Sieg von „Gentleman Jim" über den „Starken Kerl aus Boston" an.

Etwa um das Jahr 1929 ließ sich König Rama VII. von Thailand von den Queensberry-Regeln dazu inspirieren, auch für das Thaiboxen ein eigenes Regelwerk zu erstellen und Gewichtsklassen zu definieren. Dabei adaptierte der König, der das Eton College und die Militärakademie von Woolwich besucht und anschließend sechs Jahre lang in der britischen Armee gedient hatte, unter anderem auch die Boxhandschuhe westlichen Typs. Das Muay Thai erfuhr durch die neuen Regeln eine beträchtliche Wandlung. Die bis dahin verbreiteten traditionellen Formen des Thaiboxens – die man heute unter der Bezeichnung Muay Boran zusammenfasst – unterschieden sich von Region zu Region und umfassten ein breites Spektrum an Techniken. Die Körperhaltung der Kämpfer war tiefer und ausladender als im heutigen Muay Thai. Mit der Übernahme der neuen Regeln ließen die Thaiboxer zahlreiche althergebrachte Techniken fallen. Die Positur der Kämpfenden (und damit auch die Höhe der Hände) verschob sich nach oben, hin zu jener Grundstellung, die wir auch heute noch vorfinden. Interessanterweise durchlief auch die Körperhaltung der westlichen Boxer (und die Positur ihrer Hände) eine ähnliche Wandlung, nachdem diese die Queensberry-Regeln adaptiert hatten und dazu übergingen, Boxhandschuhe zu tragen. Selbst heute noch werden Sie, wenn Sie einen Amerikaner bitten, Ihnen einmal die „altmodische" Boxerpositur vorzuführen – aus der Zeit, als man noch mit „bare knuckles", also mit bloßen Fäusten boxte –, in den meisten Fällen Erfolg haben.

Die Teilnehmer des ersten UFC-Turniers, das im Jahre 1993 stattfand, kämpften noch ohne Handschuhe. Die einzige Ausnahme bildete der Profiboxer Art Jimmerson, der sich dafür entschied, an einer Hand einen Boxhandschuh zu tragen. (Die andere Hand ließ er frei, um gegebenenfalls abklopfen zu können.) Sein Gegner Royce Gracie beförderte ihn im Handumdrehen auf die Matte, wo Jimmerson schon abklopfte, bevor Gracie überhaupt eine Aufgabetechnik zur Anwendung bringen konnte. Der erste MMA-Kämpfer, der bei einer UFC-Meisterschaft fingerlose Handschuhe trug – ähnlich denen, die heute üblich sind –, war ein anderer Berufsboxer namens Milton Bowen. Seinen Kampf bei der UFC 4, die 1994 stattfand, verlor er ebenfalls durch Aufgabe. Ironischerweise konnte sein Gegner Steve Jennum in der nächsten Runde nicht weiterkämpfen, da er sich die Hände so sehr verletzt hatte, dass er keine Faust mehr machen konnte. Im Jahre 1995 stieg der 135 Kilogramm schwere „Pit Fighter" David „Tank" Abbott, der das Kämpfen bei Prügeleien auf der Straße und in Kneipen erlernt hatte, erstmals in den Ring der UFC – die mittlerweile schon ihr sechstes Turnier ausrichtete. Abbott war für seine Äußerungen bekannt, er habe das Kämpfen zu einer Zeit erlernt, als ein Sieg noch mit einem Gefängnisaufenthalt belohnt wurde. Im Laufe der folgenden Jahre verhalf er den fingerlosen Handschuhen durch eine Reihe wuchtiger K.o.-Schläge zu größerer Akzeptanz. Sein Kampf gegen den 200-Kilo-Mann John

Matua dauerte gerade einmal 18 Sekunden. Als der Republikaner John McCain, der Zeit seines Lebens ein Fan des Boxsports gewesen war, im Jahre 1996 Filmaufnahmen eines UFC-Kampfes zu Gesicht bekam, rief er kurzerhand eine Kampagne gegen diese „barbarische Sportart“ ins Leben. McCain, der zu jener Zeit als Senator für den Bundesstaat Arizona tätig war, wandte sich in einem Brief an die Gouverneure aller 50 Bundesstaaten. Tatsächlich erreichte er, dass so genannte „no holds barred“-Kämpfe, bei denen sämtliche Kampfmethoden ohne Einschränkung zugelassen sind, in 36 Staaten verboten wurden. Kabelunternehmen begannen damit, die UFC-Veranstaltungen aus ihren kostenpflichtigen Programmen zu nehmen. Die Veranstalter der UFC-Meisterschaften, die ihre Existenz aufgrund dieses Drucks gefährdet sahen, reagierten mit der Einführung einer Reihe von Neuerungen, die unter Beweis stellen sollten, dass es sich bei den Mixed Martial Arts um eine seriöse Sportart handelt. Zu den neuen Regelungen gehörten unter anderem die Unterteilung in Gewichtsklassen, die Einführung einer Rundendauer von fünf Minuten, das Verbot einiger der gefährlichsten Techniken sowie die seither (das heißt, seit der UFC 14, die 1997 stattfand) obligatorische Verwendung von MMA-Handschuhen. In den meisten Staaten wurde das Verbot daraufhin zurückgenommen; in New York war es allerdings zum Zeitpunkt der Abfassung dieses Buches noch immer in Kraft.

Sowohl beim klassischen Boxen als auch bei den Mixed Martial Arts lag der Einführung von Boxhandschuhen also mehr der Wunsch zugrunde, die jeweilige Sportart zivilisierter erscheinen zu lassen, als ein originärer Bedarf nach einer erhöhten Sicherheit für die Kämpfenden. In beiden Fällen konnten sich die Handschuhe erst nach spektakulären K.o.-Schlägen durchsetzen. Ähnliches gilt vielleicht auch für das Thaiboxen, doch über die Motive von King Rama VII. können wir nur spekulieren. Mittlerweile haben Versicherungsgesellschaften und Athletikkommissionen auf der ganzen Welt das Tragen von Boxhandschuhen unter Berufung auf die Sicherheit der Kämpfer gar zu einer juristischen Angelegenheit werden lassen. Wenn wir verstehen möchten, inwiefern Handschuhe tatsächlich zur Sicherheit der Fighter – und insbesondere zum

Schutz vor Hirnverletzungen – beitragen, sollten wir uns einmal die physikalischen Verhältnisse anschauen, die bei einem Schlag mit der nackten Faust im Unterschied zu einem handschuhbewehrten Hieb vorliegen.

## Eine große Oberfläche zerstreut die Energie

Die Oberfläche eines Boxhandschuhs ist offenkundig deutlich größer als die der bloßen Faust. Um jedoch die Größenordnung dieses Unterschiedes abschätzen zu können, bedarf es einiger Experimente. Ich habe, um diesen Sachverhalt zu erhellen, verschiedene Messungen an meinen eigenen Händen durchgeführt. Ich möchte Sie aber ermutigen, die folgenden Versuche einmal selbst durchzuführen, mit Ihren Händen und Ihren Boxhandschuhen.

Die Methode, der ich dabei gefolgt bin, ist recht simpel – wenn auch ein wenig nervtötend. Als Erstes habe ich ein Papierhandtuch an einem Standboxsack befestigt. Alternativ können Sie auch einen beliebigen Sandsack oder irgendein anderes „realistisches" Zielobjekt benutzen. Anschließend habe ich eine dünne Schicht roter Acrylfarbe auf meine Hand aufgetragen. Um die Farbe möglichst gleichmäßig zu verteilen, habe ich dabei einen Schwamm benutzt. So präpariert, schlug ich schließlich zu, so fest ich nur konnte.

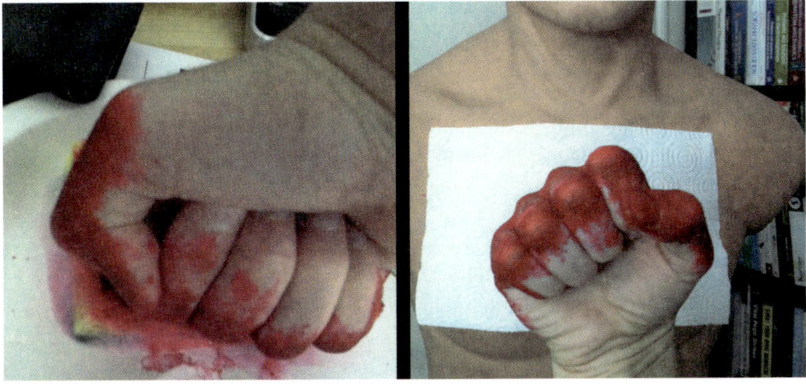

**Abb. 6-2.** Versuchsanleitung: Farbe drauf, zuschlagen – und noch einmal das Ganze.

Diese Prozedur wiederholte ich für jedes Szenario zehn Mal: Ich begann zunächst mit der nackten Faust, legte dann Boxhandschuhe und in der dritten Versuchsreihe die MMA-Handschuhe an. Aus reiner Neugier wiederholte ich den Vorgang auch noch mit einer Reihe anderer Schlagtechniken. Ich habe sogar meinen Parkettfußboden als Ziel benutzt, um mir ein Gefühl für den Einfluss der Festigkeit des Zielobjektes zu verschaffen. Nachdem ich mit den Schlägen fertig war, fotografierte ich die Papierhandtücher mit den Abdrücken, wobei ich jeweils ein Lineal als Bezugsmaß daneben legte. Um schließlich die Flächeninhalte zu bestimmen, stellte ich anhand des Lineals fest, wie viele Pixel einem Zoll entsprachen, und notierte dann die Pixelmaße jedes roten Faustabdrucks.

Auf den Abdrücken, die ich bei den Schlägen gegen den Holzfußboden gewann, sah man nur die ersten beiden Knöchel (entsprechend etwa elf Quadratzentimetern). Dies deckt sich mit der Vorstellung, die wir uns von einem Schlag machen würden, den wir mit der bloßen Faust ausführen. Beim Austausch des Parketts gegen ein weiches Ziel – immer noch ohne Verwendung von Handschuhen – zeigte sich jedoch bereits ein vollständiger Abdruck der Faust, sogar einschließlich eines Teils des Daumens. Die rote Fläche umfasste in diesem Fall etwa 57 Quadratzentimeter. Mit Boxhandschuhen ergab sich eine fast drei Mal so große Fläche (152 Quadratzentimeter). Die Verwendung von MMA-Handschuhen bewirkte lediglich eine Vergrößerung um etwa 20 Prozent (auf 66 Quadratzentimeter).

So interessant diese Ergebnisse auch sind, dürfen wir sie doch nur als recht grobe Abschätzungen und nicht als unumstößliche Tatsachen betrachten. Jede Faust und jeder Handschuh hat seine Eigenheiten; daher möchte ich Sie zu eigenen Untersuchungen ermutigen. Darüber hinaus dürfen wir nicht vergessen, dass der Mensch ein Konglomerat aus harten und weichen Zielen darstellt. Während beispielsweise ein MMA-Handschuh bei einem Schlag gegen ein weiches Ziel eine nur etwa 20 Prozent größere Kontaktfläche überdeckt als ein mit der bloßen Faust gegen dasselbe Ziel ausgeführter rechter Cross, bewirkt dieser Handschuh bei einem harten Ziel schon eine Versechsfachung der Fläche.

Die Bedeutsamkeit unserer Untersuchungsergebnisse liegt in der Tatsache, dass lokale Verletzungen des Gewebes mit zunehmender Kontaktfläche abgeschwächt werden. Im zweiten Kapitel dieses Buches haben wir gelernt, dass die strukturelle Schädigung des die Aufschlagstelle umgebenden Gewebes eine der Möglichkeiten darstellt, wie die Energie eines Schlages wirken kann. Der bei einem Treffer übertragene Impuls bestimmt hingegen, inwiefern man seinen Gegner (bzw. dessen Kopf) in Bewegung zu versetzen vermag. Der Impuls wird von der Größe der Kontaktfläche nicht beeinflusst; bei der Zerstreuung der Energie spielt die Fläche hingegen eine außerordentlich große Rolle. Die Schneide eines Messers weist eine sehr kleine Oberfläche auf, wodurch sie dem Gewebe an der Kon-

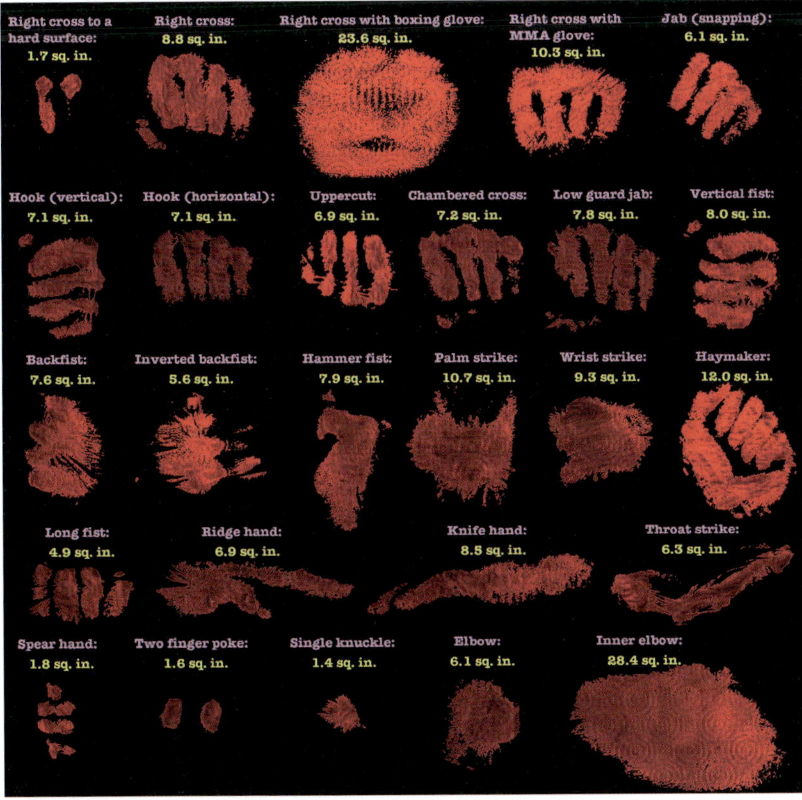


**Abb. 6-3.** Die Kontaktfläche bei 26 verschiedenen Schlagtechniken, gemessen anhand der auf den Standboxsack übertragenen Farbmenge.

taktstelle verheerenden Schaden zufügen kann. Die flache Seite desselben Messers ist aufgrund ihrer großen Fläche dagegen vergleichsweise ungefährlich. Handschuhe mit einer großen Oberfläche sollten folglich in der Lage sein, die Art von oberflächlichen Verletzungen, die aus einer lokalen Beschädigung des Gewebes resultieren, wirksam zu reduzieren. Mit anderen Worten, bei MMA-Kämpfen müssten wir häufiger Schnittverletzungen, Blutergüsse, Veilchen und Schwellungen zu Gesicht bekommen als bei klassischen Boxkämpfen. Pikanterweise scheint dies tatsächlich der Fall zu sein. Eine kurze Google-Bildersuche mit dem Stichwort „postfight faces" erhärtet diese Vermutung. Leider gibt es keine zuverlässige Statistik, die uns erlauben würde, einen sauberen Vergleich zwischen den verschiedenen Handschuhtypen zu ziehen – denn die verschiedenen Kampfsportarten unterscheiden sich freilich nicht nur hinsichtlich der verwendeten Handschuhe, sondern in einer ganzen Reihe weiterer grundlegender Gesichtspunkte.

**Fazit:** Handschuhe mit großen Oberflächen streuen die einem Schlag innewohnende Energie und verringern dadurch die Häufigkeit und die Schwere von Blutergüssen, Schwellungen, Schnittverletzungen, blauen Augen und anderen lokalen Gewebeverletzungen. Der übertragene Impuls hingegen wird durch die Fläche der verwendeten Handschuhe nicht beeinflusst. Das bedeutet insbesondere, dass eine große Handschuhoberfläche keinen Schutz vor diffusen axonalen Hirnverletzungen bietet.

## Schaumstoffpolsterungen absorbieren Energie

Um das Futter von Box- oder MMA-Handschuhen zusammenzudrücken, braucht es Energie. Ist die Energie erst einmal für die Komprimierung des Schaumstoffs verbraucht worden, kann sie nicht mehr zur Komprimierung des gegnerischen Gesichtes beitragen. Folglich können wir von Handschuhpolsterungen denselben Effekt erwarten, den auch eine große Handschuhoberfläche mit sich bringt: eine Reduzierung lokal auftretender Gewebeschäden.

Umgekehrt bewirkt auch der Schaumstoff keine Abschwächung des Impulses. Testen Sie das einmal selbst, indem Sie einem Freund oder einem Sandsack Schläge versetzen, zunächst mit der bloßen Faust und in der zweiten Runde mit angelegten Boxhandschuhen. Der zwischen beiden Varianten wahrnehmbare Unterschied dürfte in erster Linie auf die kleine Differenz in der Reichweite Ihrer Faust zurückzuführen sein, die sich aufgrund der Polsterung ergibt.

**Fazit:** Stark gepolsterte Handschuhe absorbieren einen Teil der dem Schlag innewohnenden Energie und verringern dadurch die Häufigkeit und die Schwere von Blutergüssen, Schwellungen, Schnittverletzungen, blauen Augen und anderen örtlichen Gewebeverletzungen. Der übertragene Impuls hingegen wird durch die Verwendung gefütterter Handschuhe nicht beeinflusst. Das bedeutet insbesondere, dass Polsterung keinen Schutz vor diffusen axonalen Hirnverletzungen bietet.

## Durch die Verformbarkeit der Handschuhe werden aus Streifschlägen harte Schläge

Wenn Sie, während Sie das Kinn Ihres Kontrahenten bearbeiten, Boxhandschuhe tragen, passt sich der im Handschuh befindliche Schaumstoff an die Form des Kinns an. (In deutlich abgeschwächter Form gilt dies auch für MMA-Handschuhe.) Für einen kurzen Moment entspricht die äußere Form des Handschuhs der Gestalt des gegnerischen Kinns. Auf diese Weise vergrößert sich natürlich die Kontaktfläche. Doch an dieser Stelle kommt ein weiterer Effekt ins Spiel. Möglicherweise wäre derselbe Schlag, wenn man keine Handschuhe getragen hätte, abgefälscht und folglich nur ein geringer Impuls auf den Gegner übertragen worden. Aufgrund der Formbarkeit des Handschuhs kann nun aber ein viel größerer Impuls auf das Gesicht des Opponenten übergehen. Wie wir im dritten Kapitel gesehen haben, lassen sich die physikalischen Größen Kraft bzw. Impuls durch den Einsatz von Winkeln in jeweils zwei Komponenten aufspalten. Wir haben des Weiteren gelernt, dass einige der wirkungsvollsten Abwehrtechniken auf genau diesem Prinzip basieren. Bei Verwendung steiler Winkel wird letztlich nur ein kleiner Teil des Impulses, der dem heranbrausenden Schlag innewohnt, auch wirklich übertragen. Trägt man jedoch Boxhandschuhe, kann ein Hieb, der eigentlich abgelenkt geworden wäre, einen schiebenden Charakter bekommen – einfach aufgrund der Tatsache, dass sich die Form des Handschuhs beim Aufprall an die Gesichtsform anpasst. Die Handschuhe begünstigen also die Übertragung von Impuls auf den Kopf des Kontrahenten.

**Fazit:** Bei Streifschlägen erhöhen Handschuhe mit einer starken Polsterung die Größe der Kontaktfläche. Oberflächenverletzungen werden dadurch zwar reduziert, unter Umständen vergrößert sich aber gleichzeitig der übertragene Impuls. Insgesamt fällt dieser Effekt jedoch nicht allzu sehr ins Gewicht, da er ausschließlich bei Streifhieben auftritt.

## *Mit „verpackten“ Fingern reduziert sich die Zahl der Augenverletzungen*

Ihre Fingerspitzen haben nur eine sehr kleine Oberfläche. Wenn Sie damit das weiche Gewebe des Auges treffen, reicht schon eine geringe Energiemenge, um ernste Verletzungen hervorzurufen. Ein Boxhandschuh stellt in dieser Hinsicht freilich eine klare Verbesserung dar, da er sämtliche Finger umschließt. Bei den Mixed Martial Arts ist es zwar verboten, mit den Fingern in die Augen zu stechen; versehentliche Augenverletzungen geschehen allerdings ziemlich häufig. Einige Athleten haben sich darüber beklagt, dass das Futter der MMA-Handschuhe aufgrund seiner flachen Form wie eine Verlängerung der Finger wirkt, wenn sich die Hand in Ruhe befindet – womit sich das Risiko von Augenverletzungen gegenüber der nicht behandschuhten Faust sogar noch erhöht. Die Veranstalter der UFC-Turniere sind sehr um eine Lösung dieses Problems bemüht. Schließlich verdirbt es sowohl den beiden beteiligten Kämpfern als auch den Zuschauern den Abend, wenn ein Fight aufgrund einer unbeabsichtigten Augenverletzung vorzeitig abgebrochen werden muss. Doch bislang stellt diese Eigenart der MMA-Handschuhe ein ungelöstes Problem dar.

**Fazit:** Die Verwendung von Handschuhen, bei denen die Finger verhüllt werden, bewirkt eine drastische Reduzierung der Häufigkeit von Augenverletzungen.

## Durch Stabilisierung und Komprimierung der Hand beugt man Verletzungen vor

Sowohl beim Boxen als auch in den Mixed Martial Arts bandagiert sich der Kämpfer die Hände, bevor er die Handschuhe anlegt. Der Sinn der Bandagen besteht weniger in der minimalen zusätzlichen Polsterung, die sie mit sich bringen, als vielmehr in der Erhöhung der Festigkeit sowie in der Komprimierung der Hand. Wenn Sie Ihrem Gegner oder einem Boxsack einen Schlag mit der bloßen Faust verpassen, werden die Knochen und die weichen Teile der Hand zusammengestaucht, wobei ein Teil der Energie des Aufpralls absorbiert wird. Hat man die Hand vor dem Schlag mittels Bandagen stabilisiert und komprimiert, wird man weniger lokale Gewebsschädigungen zu erleiden haben und sich seltener die Handknochen brechen. Die Bandagierung stellt – neben der sachgerechten Ausführung der Schlagtechnik – in der Tat ein höchst effektives Mittel dar, um die Wahrscheinlichkeit von Handverletzungen, insbesondere von Knochenbrüchen, herabzusetzen. Der Ausdruck „Boxerfraktur", der einen Bruch des vierten oder fünften Mittelhandknochens nahe des Fingerknöchels bezeichnet, ist heute zu einem irreführenden Begriff geworden, da sich professionelle Fighter diesen Bruch nur noch sehr selten zuziehen. Im englischen Sprachraum bevorzugen viele Ärzte inzwischen statt des traditionellen Terminus „boxer's fracture" tatsächlich den Begriff „brawler's fracture", was wörtlich etwa so viel wie „Raufboldfraktur" bedeutet.

Als sich „Tank" Abbott dafür entschied, im Oktagon Handschuhe zu tragen, geschah dies nicht aus Sorge um seinen Gegner.

Im Jahre 1995 beförderte Abbott einmal seinen Widersacher John Matua mit einem K.o.-Schlag auf die Matte, wo dieser bewusstlos liegen blieb. Doch Abbott fuhr unverwandt fort, ihn mit Schlägen zu malträtieren. Nachdem es dem Schiedsrichter gelungen war, Abbott von seinem Opfer wegzuzerren, machte sich dieser über die unwillkürlichen Muskelzuckungen lustig, mit denen Matuas Körper auf die Tortur reagierte. Das war wahrscheinlich das unsportlichste Verhalten, das man in der gesamten Geschichte der Mixed Martial Arts je zu Gesicht bekommen hat. Abbott ging es bei seiner Entscheidung, Handschuhe zu benutzen, einzig und allein darum, seine eigenen Hände zu schützen, während er den Schädel seines Gegners traktierte.

Das Gefühl, „unverwüstliche" Hände zu haben, versetzt die Kämpfer ferner in die Lage, wesentlich härter zuschlagen zu können, als es mit nackten Fäusten möglich wäre. Dies gilt in noch stärkerem Maße für hoch gewachsene Kämpfer sowie, hinsichtlich des attackierten Zieles, für unnachgiebige Bereiche wie die Stirn, die für ungeschützte Fingerknöchel ein besonderes Verletzungsrisiko bergen. Manche traditionellen Kampfkünstler benutzen beim Training Leinwand-Boxsäcke oder *Makiwaras*, um ihre Fäuste widerstandsfähiger zu machen. Doch auch für strapazierfähige Hände gilt, dass man härter zuschlagen kann, wenn man Handschuhe trägt. Testen Sie diesen Effekt doch einmal zu Hause, um ein Gefühl dafür zu bekommen, wie weitreichend er ist. Schlagen Sie zunächst ein paar Mal mit der bloßen Faust möglichst hart gegen einen Sandsack. Legen Sie dann Handschuhe (und Bandagen) an und schlagen Sie erneut zu. Beobachten Sie in beiden Fällen, wie fest Sie zuschlagen können, ohne sich unwohl zu fühlen bzw. Verletzungen zu riskieren. Noch deutlicher tritt der Effekt bei harten Oberflächen zutage. Bitten Sie einen Freund, ein Buch oder einen Holzblock vor den Boxsack zu halten und wiederholen Sie die Prozedur.

**Fazit:** Während Handbandagen die Hände auf der einen Seite vor Knochenbrüchen schützen, gewinnt der Kämpfer durch das Gefühl, „unbesiegbare" Hände zu haben, die Möglichkeit, eine deutlich höhere Wirkmasse in seine Schläge zu legen. Dies wiederum erhöht den auf den Gegner übertragenen Impuls und damit das Risiko diffuser axonaler Verletzungen.

## Zusätzliches Gewicht an der Faust erhöht die Masse, reduziert aber die Geschwindigkeit

Ihre Faust wöge, wenn Sie sie am Handgelenk abhacken würden, ungefähr ein halbes Kilogramm. Ein MMA-Handschuh bringt – die Bandagen mit eingeschlossen – etwa ein Viertel davon auf die Waage, ein Boxhandschuh 300 bis 500 Gramm. Sie können die Masse Ihrer Schlaghand also alleine dadurch verdoppeln, dass Sie einen Handschuh anlegen. Würde es ferner beim Zuschlagen nur darum gehen, seine Faust gegen seinen Gegner zu schleudern, könnten wir erwarten, dass sich die Geschwindigkeit der Faust bei einer Massenverdopplung halbiert. Schlagtechniken sind jedoch komplexe Vorgänge, bei denen weit größere Bereiche des Körpers als nur die Fäuste involviert sind.

Um diese Zusammenhänge zu untersuchen, habe ich zunächst die aus dem Wing Chun bekannten Kettenfauststöße – die sogenannten „Kettenfauststöße" – unter die Lupe genommen. Dabei steht man parallel zum Gegner, die Schultern hängen locker und die senkrecht gehaltene Faust vollführt Bewegungen entlang der Mittellinie. Bei diesen Schlägen erfolgt die Bewegung fast gänzlich aus dem Arm heraus; das Augenmerk liegt dabei auf der Geschwindigkeit und nicht auf der Maximierung der wirksamen Masse. Meine anfängliche Schlagfrequenz, gemessen mit bloßen Fäusten, lag bei 7,2 Hieben pro Sekunde. Mit MMA-Handschuhen verringerte sich der Wert um neun Prozent auf 6,5 Schläge, mit Boxhandschuhen gar auf 5,1 Schläge pro Sekunde (entsprechend 30 Prozent Verlangsamung).

Als Nächstes nahm ich mir die „Raufbold-Schläge" vor. Auch hier steht man dem Gegner im so genannten „square stance" frontal gegenüber, die Füße sind fest auf dem Boden verankert. Die Bewegung entspringt hier allerdings fast zur Gänze den Schultern.

Man dreht den Oberkörper, der Arm wird nur sehr wenig angespannt und gestreckt. Die Schläge, die waagerecht ausgeführt werden, prasseln von beiden Seiten auf den Gegner ein, in gewisser Weise vergleichbar mit abwechselnden linken und rechten Haken. Ohne Handschuhe schaffte ich vier Schläge pro Sekunde. Wie sich herausstellte, blieb diese Frequenz sowohl mit MMA- als auch mit Boxhandschuhen erhalten. (Mit letzteren maß ich genau genommen sogar 4,2 Schläge, doch dabei dürfte es sich lediglich um eine zufällige Schwankung gehandelt haben.) Der Grund, warum ich in diesem Falle in der Lage war, auch mit Handschuhen in der gleichen Geschwindigkeit zuzuschlagen, liegt darin, dass bei dieser Schlagtechnik nicht die Arme, sondern Rumpf und Schultern aktiv bewegt werden. Auf ein paar Gramm Körpergewicht mehr oder weniger (beispielsweise durch das Anlegen von Handschuhen) kommt es dabei nicht an.

Im letzten Teil meines Experimentes untersuchte ich eine Kombination von Jab und Cross, zweier aus dem Boxen bekannten Schlagtechniken. Zu den wesentlichen Elementen dieser Methoden, die in der typischen Boxergrundstellung ausgeführt werden, gehören die Drehung von Hüfte und Schultern um die vertikale Achse des Körpers, das Strecken des Armes und das zusätzliche Schieben mit dem rückwärtigen Fuß. Von allen getesteten Techniken war die Zeit, die ich für eine einzelne Wiederholung benötigt habe, in diesem Fall am größten. Ich schaffte lediglich 2,9 Schläge pro Sekunde. Wie bei den „Raufbold-Schlägen" blieb die Schlagfrequenz nach dem Anlegen der Handschuhe unverändert. (Tatsächlich ergab sich auch hier eine geringfügige Erhöhung auf 3,3 Schläge, die wohl ebenfalls einer Zufallsschwankung zuzuschreiben ist.) Im Unterschied zu den „brawler punches" gehen Jab und Cross mit einer Streckung des Armes einher. Aufgrund der Tatsache, dass bei diesen Schlagtechniken der gesamte Körper beteiligt ist, reicht die geringe Massenerhöhung an den Fäusten nicht aus, um den Gesamtprozess zu verlangsamen.

Nun ist die Anzahl der „Schläge pro Sekunde" freilich nicht dasselbe wie die eigentliche Geschwindigkeit in „Meilen pro Stunde".

Doch da sich meine Arme während der Versuche in ständiger Bewegung befanden, ist es sinnvoll anzunehmen, dass eine Verminderung der Schlagfrequenz um 30 Prozent auf eine um 30 Prozent verringerte Geschwindigkeit zurückzuführen ist. Es wäre denkbar, dass sich meine Fäuste auch im Fall der Jab-Cross-Kombination nach dem Anlegen der Handschuhe um 30 Prozent langsamer bewegt haben. Die Tatsache, dass die Frequenz der Schläge dennoch nicht zurückging, ließe sich dadurch erklären, dass allein die Drehung des Körpers schon einen großen Teil der Zeit beansprucht. Wie dem auch sei – wir können auf jeden Fall festhalten, dass durch die Masse der Handschuhe zwar die Armbewegungen verlangsamt werden, die Bewegungen des Körpers davon aber unberührt bleiben.

**Fazit:** Möglicherweise wird der übertragene Impuls durch die zusätzliche Masse der Handschuhe geringfügig erhöht, doch bei Schlagtechniken, die mit dem Gewicht des gesamten Körpers arbei-

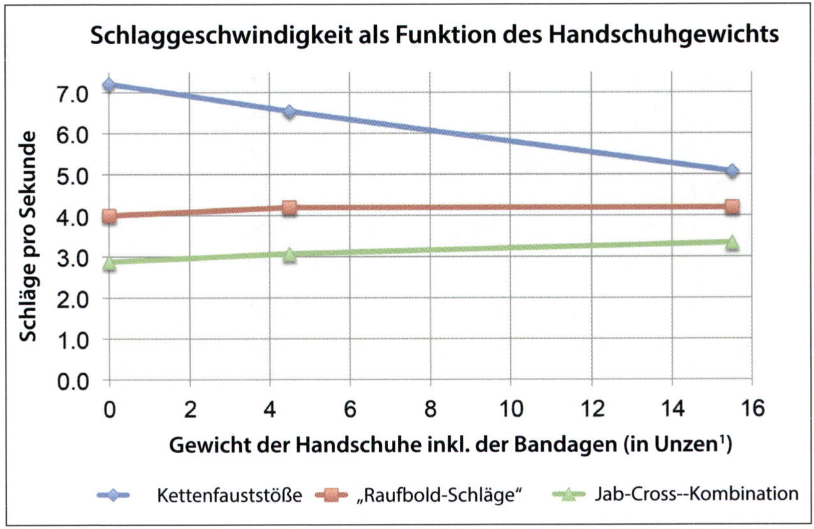


**Abb. 6-4.** Schlaggeschwindigkeit als Funktion des Handschuhgewichts. Schlagtechniken, bei denen man das Körpergewicht in die Bewegung hineinlegt, bleiben vom Gewicht der Handschuhe unberührt. Bei Kettenfauststößen, die sich hauptsächlich aus der Kraft der Arme speisen, war hingegen eine Geschwindigkeitsabnahme um 30 Prozent zu verzeichnen.

ten, ist dieser Effekt zu vernachlässigen. Zum anderen bewirkt die Massenerhöhung eine deutliche Verlangsamung der Armbewegungen, nicht jedoch solcher Bewegungen, an denen der gesamte Körper beteiligt ist. Energiereiche Schläge sind demzufolge mit Handschuhen schwerer auszuführen, impulsreiche Schläge werden durch die Verwendung von Handschuhen allerdings nicht beeinflusst.

## Handschuhe im Kampfsport – ein Schutz, der seinen Preis fordert

Box- und MMA-Handschuhe sind wunderbar dazu geeignet, die Energie des Aufpralls zu absorbieren bzw. zu zerstreuen, wodurch sie in der Lage sind, die Schwere und Häufigkeit lokaler Gewebeschädigungen zu reduzieren. Auf der anderen Seite deutet jedoch nichts darauf hin, dass Handschuhe gleich welcher Art dazu imstande wären, die Größe des bei einem Treffer übertragenen Impulses herabzusetzen. Ganz im Gegenteil – der hervorragende Fingerschutz, den Handschuhe bieten, erlaubt es dem Kampfsportler, mit einem viel größeren Impuls zuzuschlagen, als es ihm mit bloßen Fäusten möglich wäre. Zudem kann er dank der Handschuhe öfter gegen harte Ziele – wie etwa den Kopf – vorgehen. Während Handschuhe also einerseits ein hervorragendes Mittel zur Vermeidung jener Kategorie von Verletzungen darstellen, die von strukturellen Gewebeschädigungen herrühren (Schnittwunden, Blutergüsse, Schwellungen, blaue Augen und Knochenbrüche), führt ihr Einsatz auf der anderen Seite zu einer Vergrößerung des übertragenen Impulses. Die Treffer, denen das Gehirn beim Kämpfen mit Handschuhen ausgesetzt ist, sind nicht nur heftiger – sie erfolgen obendrein auch noch häufiger. Der Impuls wiederum steht, wie wir wissen, in einem direkten Zusammenhang mit den diffusen axonalen Verletzungen und der CTE.

Vor 50 Jahren, als wir noch weit davon entfernt waren, die Prozesse zu verstehen, die letzten Endes zur CTE führen, fiel die Entscheidung, ob man Handschuhe verwenden sollte oder nicht, noch leicht: Benutze einfach gepolsterte Handschuhe und du vermeidest Verletzungen. Doch heute, da wir deutlich mehr über die Verletzungen wissen, die man sich beim Sportkampf zuziehen kann, müssen wir diese Frage erneut betrachten. Eine Schnittwunde, eine gebrochene Hand oder eine Augenverletzung kann das Ende eines Kampfes – ja, unter Umständen sogar das Ende einer Kampfsportkarriere – bedeuten. Hirnverletzungen hingegen vermögen den Kämpfer nicht nur um seine sportlichen Fähigkeiten zu bringen. Sie bergen darüber hinaus das Potenzial, sein Leben auch außerhalb des Ringes zu beeinträchtigen und im schlimmsten Falle eine normale Lebensführung unmöglich zu machen.

## *Endnote*

1 Eine Unze = 28,35 Gramm

# KAPITEL 7

# Können Helme überhaupt vor Hirnschäden schützen?

Während ich diese Zeilen verfasse, sieht sich die National Football League mit einer Klage konfrontiert, die mehr als 4.500 ehemalige Spieler gemeinschaftlich angestrengt haben, um für die im Laufe ihrer Karriere erlittenen Gehirnerschütterungen – und die damit einhergehende Möglichkeit, an CTE zu erkranken – Schadensersatz in Höhe von insgesamt 765 Millionen Dollar einzufordern. Auch gegen die National Collegiate Athletic Association und die National Hockey League laufen derzeit ähnliche Verfahren. Der Footballhelm-Hersteller Riddell musste sich unlängst wegen seiner Versprechungen hinsichtlich der Wirksamkeit seiner Produkte vor Gericht verantworten. Im Grunde ging es um die Frage, ob ein Helm den Athleten tatsächlich in dem Maße vor Erschütterungen des Gehirns zu schützen vermag, wie es die Werbung der Firma suggerierte. Da die Problematik der CTE und die Frage eines wirksamen Kopfschutzes offenbar für eine ganze Reihe von Sportarten von Belang ist, werden wir unseren Blick in diesem Kapitel ein wenig erweitern. Die nachfolgende Analyse der Fähigkeit verschiedener Helmtypen, uns vor diffusen axonalen Verletzungen – und damit vor der CTE – zu schützen, beschränkt sich nicht nur auf den Kampfkunstbereich. Im vorangegangenen Kapitel haben wir gelernt, dass uns Boxhandschuhe zwar vor oberflächlichen Verletzungen bewahren, ihr Einsatz jedoch gleichzeitig mit einem erhöhten Auftreten diffuser axonaler Verletzungen einhergeht. Um zu verstehen, inwiefern ein Kopfschutz tatsächlich in der Lage ist, Sicherheit zu gewährleisten (oder eben auch nicht), müssen wir uns die Physik der Rotationsbewegungen anschauen, die ein Kopf mit bzw. ohne Helm vollführt.

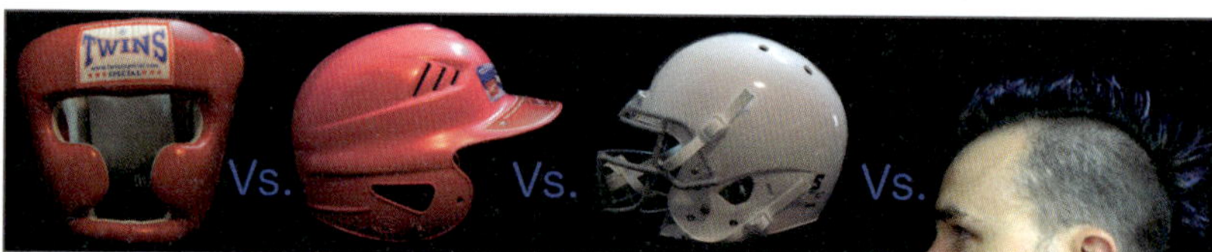


**Abb. 7-1.** Kopfschutz der Boxer und Thaiboxer, Baseballhelm, Footballhelm, ungeschützter menschlicher Schädel.

## Helme leisten großartige Dienste beim Schutz vor Schädelfrakturen

Kopfbedeckungen, wie sie beim Sport zum Zwecke des Schutzes vor Verletzungen eingesetzt werden, bestehen unabhängig von der ausgeübten Sportart fast immer aus einer harten Schale und einem weichen, komprimierbaren Futter. Während das weiche Material beim Aufprall zusammengepresst wird und dadurch einen Teil der Energie absorbiert, wirkt die harte äußere Hülle streuend. Sie verteilt die ankommende Energie über die gesamte Schale, was einer Erhöhung der wirksamen Oberfläche gleichkommt. Hier sind also dieselben beiden Prinzipien am Werk, die uns schon bei der physikalischen Untersuchung der Boxhandschuhe begegnet sind. Während Handschuhe einen Teil der Energie absorbieren bzw. streuen, haben sie auf die Größe des übertragenen Impulses keinen Einfluss. Ganz ähnlich verhält es sich mit dem Schutz durch Helme. Da diffuse axonale Schädigungen eine Folge des Impulstransfers sind, der bei einem Stoß gegen den Kopf vonstattengeht, wird die Wahrscheinlichkeit, an CTE zu erkranken, weder durch den harten Mantel des Helmes noch durch seine Polsterung herabgesetzt. Doch wie im Fall der Handschuhe sind auch Helme deshalb keineswegs nutzlos; beim Schutz vor Verletzungsarten, die wir gemeinhin mit der örtlichen Beschädigung von Gewebe in Verbindung bringen, leisten sie hervorragende Dienste. Sowohl die harte Schale als auch die komprimierbaren Bereiche des Helms bewirken im Zusammenspiel eine Verringerung der Häufigkeit von Schnittwunden, Knochenbrüchen, Blutergüssen, „Blumenkohlohren“ und lokalen Traumata. Dies schließt insbesondere den Schutz vor Schädelbrüchen mit ein, die auch dann zu den schweren Verletzungen gezählt werden müssen, wenn das Gehirn nicht in Mitleidenschaft gezogen worden ist.

Im Jahre 1974 definierte das NOCSAE (National Operating Committee on Standards for Athletic Equipment) auf der Grundlage eines „linearen Falltests“ Sicherheitsstandards für Helme (Gwin, Chu, Diamond, Halstead, Crisco und Greenwald, 2010). Dieser Test war vom NOCSAE mit dem Ziel entwickelt worden, den Schutz vor Schädelfrakturen – und nicht vor CTE – zu verbessern. Bei dem Test lässt man den Helm, der auf einer Kopfattrappe sitzt, unter verschiedenen Ausrichtungen auf einen Amboss fallen. Die so gewonnenen Standards haben seither kaum Veränderungen erfahren. Ein Helm, der diesen Bestimmungen genügt, verringert in der Tat die Wahrscheinlichkeit eines Schädelbruches. Es gibt überreichlich Hinweise, die diese Einschätzung bestätigen. Andererseits deutet nur sehr wenig darauf hin, dass diese Helme auch irgendeinen Einfluss auf die Häufigkeit von Gehirnerschütterungen bzw. CTE haben.

## Zur Vermeidung der CTE müssen wir die Winkelgeschwindigkeit des Kopfes reduzieren

Um einschätzen zu können, inwiefern uns ein Helm vor diffusen axonalen Verletzungen und damit letztlich vor der CTE zu schützen vermag, müssen wir den Verlauf der Winkelgeschwindigkeit des Kopfes unmittelbar nach dem Aufprall bestimmen. Auf diese Weise können wir herausfinden, wie schnell der Aufschlag bzw. die angreifenden Kräfte den Kopf in Drehung versetzen. Dies dürfte sich wiederum proportional in der Dehnungsintensität der im Gehirn befindlichen Axone niederschlagen.

Mathe-Box

## Die Winkelgeschwindigkeit des Kopfes

Ganz gleich, welche Form die Kraftkurve im Einzelnen aufweist oder welches Profil die Winkelbeschleunigung zeigt – letztlich wird der Schutzeffekt eines Helmes gegenüber diffusen axonalen Schädigungen dadurch bestimmt, in welchem Maß er die unmittelbar nach einem Aufprall auftretende Winkelgeschwindigkeit $\omega_{\text{Kopf}}$ des Kopfes reduziert. Um $\omega_{\text{Kopf}}$ zu ermitteln, betrachten wir zunächst den Impuls $\boldsymbol{p}_{\text{Aufprall}}$, der beim Aufprall auf Ihren Kopf übertragen wird. Wir wollen für unsere Untersuchungen vereinfachend annehmen, dass es sich bei $\boldsymbol{p}_{\text{Aufprall}}$ um eine Konstante handelt, die wir nicht beeinflussen können (da der Schlag von unserem Gegner ausgeht). Der nächste Schritt besteht darin, den beim Aufschlag erzeugten Drehimpuls $\boldsymbol{L}_{\text{Aufprall}}$ zu bestimmen. Dazu müssen wir, neben der Richtung des auftreffenden Impulses und der Lage der Rotationsachse, vor allem den Abstand $\boldsymbol{R}_{\text{Aufprall}}$ zwischen dem Ort des Aufpralls und dem Rotationszentrum kennen. Der Drehimpuls ergibt sich dann zu

$$\boldsymbol{L}_{\text{Aufprall}} = \boldsymbol{R}_{\text{Aufprall}} \times \boldsymbol{p}_{\text{Aufprall}}$$

Bei der mit „×" bezeichneten mathematischen Operation handelt es sich um das so genannte Kreuzprodukt, welches nicht nur die Beträge der einzelnen Größen, sondern auch die Richtung des Aufpralls erfasst. Der Drehimpuls $\boldsymbol{L}_{\text{Aufprall}}$ lässt sich alternativ auch als Produkt aus der Winkelgeschwindigkeit $\omega_{\text{Kopf}}$ des Kopfes und dem Massenträgheitsmoment $I_{\text{Kopf}}$ ausdrücken:

$$\boldsymbol{L}_{\text{Aufprall}} = \omega_{\text{Kopf}} \boldsymbol{I}_{\text{Kopf}}$$

Das Trägheitsmoment $I_{\text{Kopf}}$ stellt dabei das auf die Rotation bezogene Äquivalent zur Masse dar. Es wird bestimmt, indem man für jedes kleine

Teilstück, aus denen sich der Kopf zusammensetzt, jeweils das Produkt aus dessen Masse $\boldsymbol{m}_{\text{Kopf}}$ und dem Quadrat seines Abstandes $\boldsymbol{r}_{\text{Kopf}}$ zur Drehachse bildet und die so erhaltenen Teilbeträge über alle Elemente summiert. Wenn wir die vorgenannten Gleichungen schließlich miteinander verschmelzen, nach $\boldsymbol{\omega}_{\text{Kopf}}$ auflösen und in das Trägheitsmoment nicht nur den Kopf, sondern auch den Helm einfließen lassen, erhalten wir:

$$\boldsymbol{\omega}_{\text{Kopf}} = \frac{\boldsymbol{R}_{\text{Aufprall}} \times \boldsymbol{\rho}_{\text{Aufprall}}}{\sum \boldsymbol{m}_{\text{Kopf}} \boldsymbol{r}^2_{\text{Kopf}} + \sum \boldsymbol{m}_{\text{Helm}} \boldsymbol{r}^2_{\text{Helm}}}$$

Schauen wir uns die Gleichung für $\boldsymbol{\omega}_{\text{Kopf}}$ einmal etwas näher an. Zunächst folgt aus der Tatsache, dass sich $m_{\text{Kopf}}$ unter dem Bruchstrich befindet, dass unser Gehirn umso besser geschützt wird, je schwerer der Helm ist. Weit ausladende Helme erhöhen dagegen das Risiko diffuser axonaler Verletzungen (da $\boldsymbol{R}_{\text{Aufprall}}$ oberhalb des Bruchstrichs steht).

Bei unseren Betrachtungen gehen wir vereinfachend davon aus, dass die Effekte der Drehung nicht von der Lage der Rotationsachse abhängen. Damit vernachlässigen wir genau genommen einige Versuchsergebnisse, die den Gedanken nahelegen, dass der Schweregrad diffuser axonaler Verletzungen eigentlich für jede der drei Rotationsachsen unterschiedlich ausfällt (Meany u. a., 1995). Wir werden auch nicht versuchen, den Schwellenwert der Winkelgeschwindigkeit zu bestimmen, der erreicht werden muss, damit eine diffuse axonale Schädigung überhaupt erst in einem nennenswerten Umfang auftreten kann. Wir ermitteln im Folgenden $\boldsymbol{\omega}_{\text{Kopf}}$ für verschiedene Helmtypen, vergleichen die Ergebnisse mit dem Wert für den ungeschützten menschlichen Schädel und notieren jeweils die prozentuale Differenz. Freilich wäre es interessant zu wissen, ob die so ermittelten Differenzen eigentlich genügen, um die Schwere und die Häufigkeit diffuser axonaler Verletzungen unter den zur Auslösung der CTE erforderlichen Schwellenwert zu drücken. Eine solche Analyse übersteigt jedoch unsere bescheidenen experimentellen Möglichkeiten.

## „Helm" Nr. 1: Der menschliche Schädel

Der menschliche Schädel wird unter allen Helmtypen immer mein Favorit bleiben. Er ist abgerundet und starr und leistet hervorragende Arbeit, wenn es darum geht, die auftreffende Energie zu zerstreuen. In der Kopfhaut befinden sich sogar spezielle Sensoren, die uns warnen, wenn wir uns der Grenze dessen nähern, was der Schädel auszuhalten vermag. Der menschliche Kopf wiegt etwa 9,65 Pfund (Walker, Harris und Pontius, 1973). Sein Massenschwerpunkt liegt ein winziges Stück oberhalb der Ohren und etwas vor ihnen, in der Mitte zwischen den Augenbrauen (Roush, 2010). Der Drehpunkt des Kopfes befindet sich an der Schädelbasis, dort, wo Kopf und Hals aufeinandertreffen. Für die Betrachtungen, die wir in diesem Kapitel vornehmen wollen, werden wir meinen eigenen Kopf als Referenz verwenden. Er hat die Form eines Ellipsoids und misst von einem Ohr zum anderen 16,5 Zentimeter sowie 19 Zentimeter in der Tiefe.

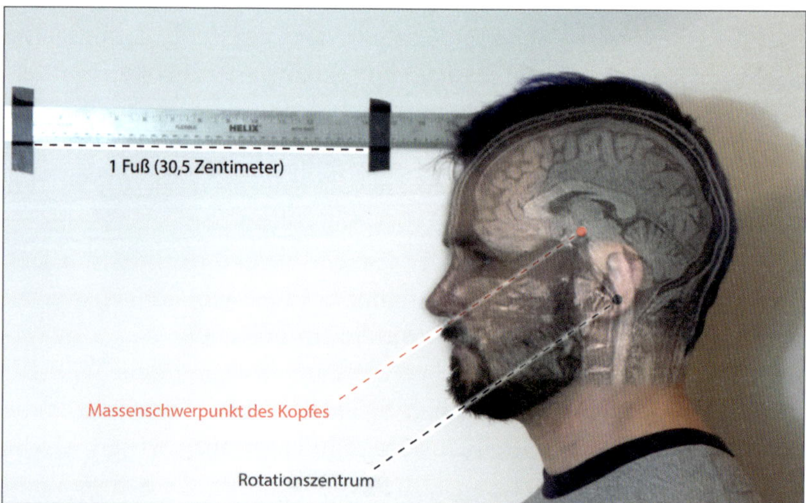


**Abb. 7-2.** Der menschliche Schädel. Ich habe hier eine Computertomografie meines Schädels mit einem Profilbild meines Kopfes überlagert. Die Lage des Gehirns entspricht also exakt den tatsächlichen Verhältnissen. Beachten Sie jedoch, dass zwischen dem Referenzlineal und meinem Kopf aufgrund des Tiefeneffektes eine 20prozentige Skalendifferenz besteht.

Im Rahmen der nachfolgenden Überlegungen müssen wir einige vereinfachende Annahmen hinsichtlich der Form und der Massenverteilung des menschlichen Kopfes bzw. der Helme treffen. Die Resultate, die wir auf diese Weise gewinnen, können also bestenfalls als grobe Schätzwerte betrachtet werden. So werde ich beispielsweise meinen Kopf durch einen Zylinder von neun Zentimeter Radius approximieren, der gleichmäßig mit Fleisch und Knochen angefüllt sein und ein Gewicht von fünf Kilogramm besitzen soll. Es gibt weitaus präzisere Methoden, um die Größenordnung diffuser axonaler Schädigungen zu bestimmen, wie etwa das Finite-Elemente-Simulationsmodell SIMon, das die exakte Berechnung der im Gehirn wirksamen Kräfte gestattet (Takhounts u. a., 2008). Es ist nicht das Ziel unserer Betrachtungen, diesen Grad an Genauigkeit zu erlangen. Vielmehr wollen wir die Beziehungen herausarbeiten, die zwischen den beteiligten Variablen bestehen, so dass wir ein grundsätzliches Verständnis dafür gewinnen, was einen guten bzw. schlechten Helm – im Sinne des Schutzes vor CTE – auszeichnet.

Mathe-Box

### Berechnung der Winkelgeschwindigkeit für den unbehelmten Kopf

Indem wir den Kopf durch einen Zylinder approximieren, können wir die komplizierte Summation, die das Trägheitsmoment $I_{Kopf}$ definiert, durch eine einfache Formel ersetzen und somit die Berechnung von $\omega_{Kopf}$ wesentlich vereinfachen:

$$\omega_{Kopf} = \frac{R_{Aufprall} \times p_{Aufprall}}{0{,}5mr^2} = \frac{R_{Aufprall} \times p_{Aufprall}}{61{,}25}$$

Die Entfernung $R_{Aufprall}$ zwischen der Stelle, an der die Faust auftrifft, und dem Drehzentrum, unterscheidet sich je nachdem, wo der Kopf getroffen wird. Realistische Werte wären beispielsweise 140 Millimeter für einen Schlag gegen das Kinn, 122 Millimeter für einen direkten Schlag ins Gesicht, 137 Millimeter bei einem Hieb gegen die rechte oder linke Seite des Kopfes bzw. bei einem Schlag von oben, sowie 147 Millimeter für einen Schlag gegen die Stirn.

## Helm Nr. 2: Der beim Boxen bzw. Thaiboxen verwendete Kopfschutz

Mit dieser Art von Kopfschutz konnte ich ausgiebig Erfahrungen sammeln. Ich habe etliche Wettkämpfe sowohl mit als auch ohne diesen Schutz bestritten. Auf der einen Seite muss man sagen, dass die Einschränkung der peripheren Sicht schon ein bisschen stört. Außerdem stellt der Kopf durch diesen Aufsatz für den Gegner ein leicht vergrößertes Ziel dar. Doch dafür fühlt man sich nach den ersten Treffern tatsächlich weniger benommen als ohne Helm. Diese Art des Kopfschutzes besteht aus einem festen Schaumstoff, der auf einem starren Gehäuse befestigt ist. Er wiegt typischerweise ein halbes Kilogramm und hat seinen Schwerpunkt kurz vor den Ohren.

Mathe-Box

### Berechnung der Winkelgeschwindigkeit für den beim Boxen bzw. Thaiboxen verwendeten Kopfschutz

Bei dieser Kopfbedeckung ist die Masse an den beiden Seiten des Kopfes sowie an seiner Vorder- und Rückseite konzentriert. Um das Trägheitsmoment dieses Helmes zu bestimmen, approximieren wir ihn durch einen zylindrischen Mantel von einem halben Kilogramm Gewicht und einem Radius von 95 Millimeter (3,75 Zoll). Die Winkelgeschwindigkeit des Kopfes ergibt sich dann zu

$$\omega_{Kopf} = \frac{R_{Aufprall} \times p_{Aufprall}}{I_{Kopf} + I_{Helm}}$$

$$= \frac{R_{Aufprall} \times p_{Aufprall}}{0{,}5 m_{Kopf} r^2_{Kopf} + m_{Helm} r^2_{Helm}} = \frac{R_{Aufprall} \times p_{Aufprall}}{75{,}3125}$$

$R_{Aufprall}$ ist dabei für Schläge ins Gesicht bzw. gegen die Seiten oder die Decke des Kopfes identisch mit den Werten für den unbehelmten Kopf (122 bzw. 137 Millimeter); bei einem Hieb gegen das Kinn bzw. gegen die Stirn ergeben sich hingegen Abstände von 163 bzw. 178 Millimetern. Bei Verwendung des optionalen Gesichtsschutzes erhöht sich der Wert für den Schlag ins Gesicht auf mindestens 170 Millimeter.

Durch das zusätzliche, auf die Vorder- und die Rückseite verteilte Gewicht wird $\omega_{Kopf}$ bei Schlägen ins Gesicht, auf die Schädeldecke oder gegen die Seiten des Kopfes um 19 Prozent verringert. Für Hiebe gegen die Stirn oder das Kinn ist jedoch die Aufpralldistanz größer, so dass die Verminderung der Winkelgeschwindigkeit in diesen Fällen geringer ausfällt (fünf Prozent für das Kinn, zwei Prozent für die Stirn). Wenngleich der Helm damit einen gewissen Schutz bietet – man spürt durchaus einen Unterschied –, lassen diese Prozentwerte angesichts der Erwartungen, die wir an einen Kopfschutz knüpfen, doch ziemlich zu wünschen übrig. Ziehen wir zudem in Betracht, dass sich ein Kampfsportler, der einen solchen Schutz trägt, dazu ermutigt fühlt, beim Training eine härtere Gangart an den Tag zu legen, könnte der Nettoeffekt sogar negativ ausfallen.

An dieser Stelle möchte ich für einen Moment auf eine bestimmte Art von Kopfschutz zu sprechen kommen, die häufig für Kinder empfohlen wird. Das Gesicht befindet sich bei diesen Helmen hinter einer Art Schutzgitter, das ein Gefühl der „Sicherheit" bewirkt, da das Gesicht nun nicht mehr verletzt werden kann. Tatsache ist

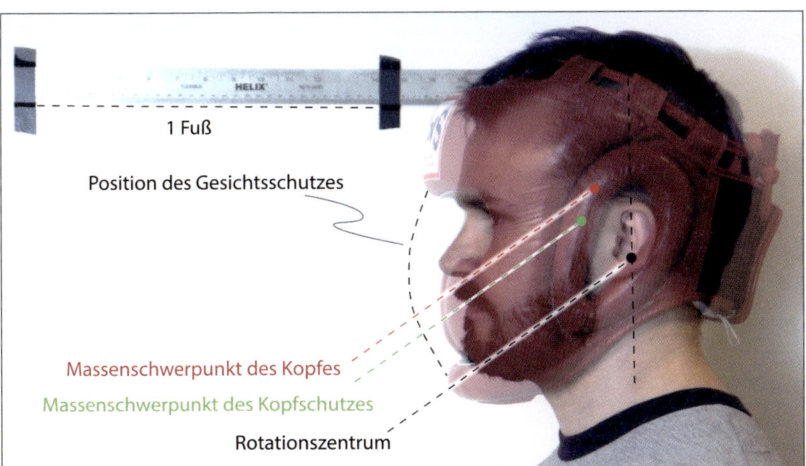


**Abb. 7-3.** Der beim Boxen bzw. Thaiboxen verwendete Kopfschutz, der hauptsächlich aus Hartschaum besteht, schützt die Seiten und den oberen Bereich des Gesichts. Das auf diesem Foto abgebildete Exemplar verfügt über keinen frontalen Gesichtsschutz; zur Verdeutlichung habe ich jedoch die Stelle eingezeichnet, an der er sich befinden würde.

jedoch, dass der Gesichtsschutz eine zusätzliche Hebelkraft mit sich bringt, womit sich das Risiko diffuser axonaler Schädigungen erhöht. Schlägt man beispielsweise einen Haken gegen einen derartigen Kopfschutz – der ein ziemlich leicht zu treffendes Ziel darstellt –, ist die resultierende Belastung, der die Axone im Gehirn des Kindes ausgesetzt sind, um 14 Prozent größer als bei einem gleichartigen Schlag gegen einen ungeschützten Kopf.

## Helm Nr. 3: Der Baseballhelm

Im Gegensatz zur NFL sieht sich die Major League Baseball bislang keinen Sammelklagen von im Ruhestand befindlichen und an CTE erkrankten Athleten gegenüber. Baseballspieler erleiden im Allgemeinen seltener Stöße gegen den Kopf als Vertreter anderer Sportarten. Daraus lässt sich allerdings nicht der Schluss ziehen, beim Baseball bestünde die Gefahr, an CTE zu erkranken, überhaupt nicht. Ryan Freel war ein aggressiver, unverkrampfter Spieler, der seiner eigenen Zählung zufolge im Laufe seiner Karriere gerade einmal „neun oder zehn" Gehirnerschütterungen erlitt.

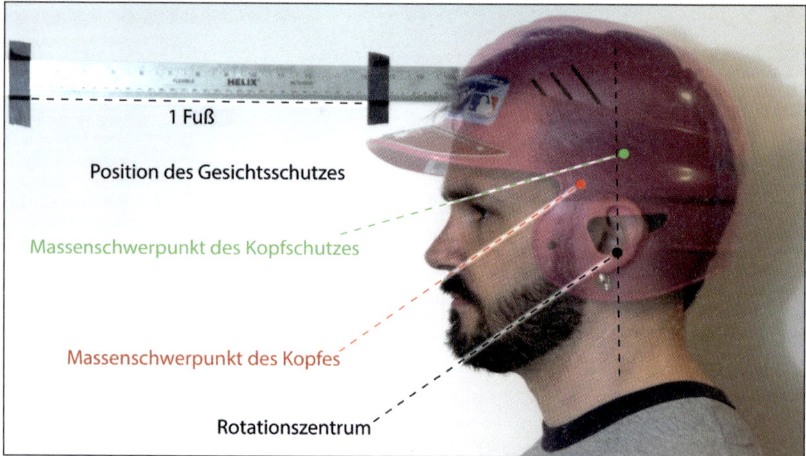


**Abb. 7-4.** Ein Baseballhelm besteht aus Hartplastik und Hartschaum. Er bedeckt lediglich die Vorder- und die Rückseite des Kopfes. Das pinkfarbene Modell war die preiswerteste Variante – bitte fällen Sie Ihr Urteil über mich nicht aufgrund meiner Farbwahl beim Helmkauf.

Doch im Jahre 2012, drei Jahre nach seinem Ausscheiden aus dem aktiven Sport, beging er Selbstmord. Freel war, wie Wissenschaftler der Boston University nach einer Obduktion feststellten, an chronisch-traumatischer Enzephalopathie erkrankt. Im Hinblick auf aggressive Spieler wie Freel ist die Angabe, inwiefern ein Helm vor CTE zu schützen in der Lage ist, möglicherweise wenig aussagekräftig. Spieler mit einer solchen Mentalität tragen nämlich oftmals gar keinen Helm, wenn sie mit ihren Mitspielern zusammenprallen oder mit dem Kopf gegen eine Wand oder auf den Boden schlagen. Wenn wir also im Folgenden dennoch untersuchen, in welchem Maße Baseballhelme das Auftreten diffuser axonaler Verletzungen zu reduzieren vermögen, sollten wir dabei im Hinterkopf behalten, dass die Resultate nur bedingt dazu taugen, eine allgemeine Aussage über den Schutzeffekt für Baseballspieler schlechthin zu treffen.

## Mathe-Box

### Berechnung der Winkelgeschwindigkeit für den Baseballhelm

Der Baseballhelm wiegt ungefähr 650 Gramm; die Verteilung der Masse entspricht in etwa einer Halbkugelform. Für $I_{Helm}$ wollen wir daher vereinfachend die Formel für eine kugelförmige Schale heranziehen:

$$\omega_{Kopf} = \frac{R_{Aufprall} \times p_{Aufprall}}{I_{Kopf} + I_{Helm}}$$

$$= \frac{R_{Aufprall} \times p_{Aufprall}}{0{,}5 m_{Kopf} r^2_{Kopf} + \frac{2}{5} m_{Helm} \frac{r^5_{Helm} - r^5_{Kopf}}{r^3_{Helm} - r^3_{Kopf}}} = \frac{R_{Aufprall} \times p_{Aufprall}}{74{,}2728}$$

Für Schläge ins Gesicht oder gegen das Kinn ist $R_{Aufprall}$ mit den Werten für den ungeschützten Kopf identisch (122 bzw. 140 Millimeter). Bei einem Hieb gegen die Stirn beträgt $R_{Aufprall}$ 175 Millimeter, seitliche Schläge oder Schläge auf die Schädeldecke entsprechen einem $R_{Aufprall}$ von 173 Millimeter. Ein Treffer an der Spitze des starren Mützenschirms resultiert in einer Aufpralldistanz von 200 Millimetern.

Die zusätzliche Masse des Baseballhelms bewirkt bei Schlägen ins Gesicht oder gegen das Kinn einerseits eine Verringerung der Winkelgeschwindigkeit um 18 Prozent; doch dieser Effekt wird durch die vergrößerte Entfernung des Aufpralls zum Rotationsmittelpunkt fast wieder aufgehoben. Effektiv wird $\omega_{\text{Kopf}}$ bei einem Schlag gegen die Stirn lediglich um zwei Prozent reduziert. Wenn der Kopf seitlich oder von oben getroffen wird, ergibt sich sogar eine vierprozentige Erhöhung. Erwischt Sie ein Schlag vorne am Schirm des Helmes (und nehmen wir an, er erfolgt auf eine Weise, dass der Helm nicht gleich davon fliegt), erhöht sich $\omega_{\text{Kopf}}$ aufgrund der zusätzlichen Hebelwirkung im Vergleich zur ungeschützten Stirn um volle zwölf Prozent. Dabei würde der Schirm, der nur verhindern soll, dass der Spieler nicht von der Sonne geblendet wird, seinen Dienst auch dann tun, wenn er nicht starr, sondern elastisch wäre. Das erhöhte Verletzungsrisiko, das mit einem biegesteifen Schirm einhergeht, scheint gänzlich überflüssig – auch wenn die Gefahr, an CTE zu erkranken, im Baseball generell keine allzu große Rolle spielt. Gelegentlich findet man derartige starre Schirme auch an Skateboard- oder Snowboardhelmen, neben anderen harten Zusätzen wie Ohren oder Hörnern. Sie sollten solche Anhängsel so weit wie möglich vermeiden. Footballhelme nehmen sich im Vergleich zu den bisher betrachteten Helmtypen geradezu riesig aus. Sie sind einerseits schwer, was von Vorteil ist; auf der anderen Seite führt ihr beachtlicher Radius jedoch dazu, dass an den Axonen größere Hebelkräfte angreifen, so dass sie eine stärkere Dehnung erfahren.

Durch das zusätzliche Gewicht wird die vergrößerte Aufpralldistanz teilweise wieder ausgeglichen. Unterm Strich bewirkt der Helm für Schläge gegen die Stirn eine Verringerung der Winkelgeschwindigkeit um 14 Prozent, bei Schlägen gegen die Oberseite des Kopfes beträgt die Verminderung elf Prozent. Auf der Vorderseite wird der Kopf jedoch durch den Gesichtsschutz – im Vergleich zum unbedeckten Gesicht – derart erweitert, dass sich $\omega_{\text{Kopf}}$ bei einem Schlag gegen das Gesicht sogar um zwei Prozent erhöht.

Natürlich beruhen all diese Zahlen auf einigen sehr groben Annahmen. Ich habe diesen Ansatz jedoch aus einem ganz bestimmten Grund gewählt. Er eignet sich nämlich besser als jede supergenaue Simulation dazu, aufzuzeigen, welche Faktoren einen guten bzw. einen schlechten Helm ausmachen. Erfreulicherweise haben Wissenschaftler der Cleveland Clinic eine sehr interessante und präzise Untersuchung an Footballhelmen durchgeführt. Dabei wurden Crashtest-Dummys, denen man Helme aufgesetzt hatte, verschiedenartigen Stößen ausgesetzt und die Ergebnisse in das SIMon-Computermodell eingespeist. Auf diese Weise konnte man das Ausmaß der diffusen axonalen Verletzungen, die ein echter Kopf unter vergleichbaren Umständen hätte erleiden müssen, exakt bestimmen (Bartsch, Benzel, Miele und Prakash, 2012). Getestet wurden insgesamt elf verschiedene moderne Helme sowie zwei Nachbildungen des so genannten „leatherheads", eines Kopfschutzes aus Leder, wie er im frühen 20. Jahrhunderts Verwendung fand. Interessanterweise schnitten die Leatherhead-Helme in allen Fällen ähnlich gut oder sogar besser als die modernen Helme ab. Dies deckt sich mit den Ergebnissen, die ich hier auf der Grundlage sehr grober Annahmen abgeleitet habe.

## Helm Nr. 4: Der Footballhelm

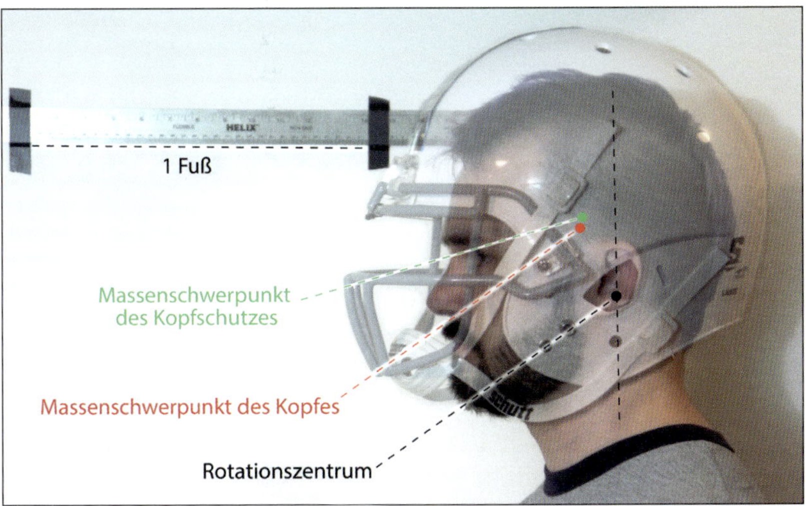


**Abb. 7-5.** Der Footballhelm besteht aus Hartplastik und Schaumstoff und ist zusätzlich mit einem metallenen Gesichtsschutz versehen. Im Bild sehen Sie ein größeres Exemplar eines Jugendhelmes – die Helme für Erwachsene sind noch größer.

### Mathe-Box

**Berechnung der Winkelgeschwindigkeit für einen Footballhelm (für Erwachsene)**

Ein Footballhelm wiegt zwei Kilogramm und hat einen Radius von 16 Zentimetern (6,25 Zoll). Die Verteilung der Masse entspricht in etwa einer Halbkugelform. Wir setzen daher auch in diesem Fall für $I_{Helm}$ die Formel für eine kugelförmige Schale an:

$$\omega_{Kopf} = \frac{R_{Aufprall} \times p_{Aufprall}}{I_{Kopf} + I_{Helm}}$$

$$= \frac{R_{Aufprall} \times p_{Aufprall}}{0{,}5 m_{Kopf} r^2_{Kopf} + \frac{2}{5} m_{Helm} \frac{r^5_{Helm} - r^5_{Kopf}}{r^3_{Helm} - r^3_{Kopf}}} = \frac{R_{Aufprall} \times p_{Aufprall}}{132{,}9}$$

Die Werte für $R_{Aufprall}$ betragen 269 Millimeter für den Schlag ins Gesicht, 274 Millimeter beim Schlag gegen die Stirn und 264 Millimeter beim seitlichen Treffer oder dem Schlag auf die Schädeldecke. Zum Vergleich: Der Helm für Jugendliche wiegt 1,8 Kilogramm und hat einen Radius von knapp zwölf Zentimetern.

## Der Effekt des „unzerstörbaren Schädels" ist kein Vorteil, sondern ein Problem

Mit der Absorption und Zerstreuung der Aufprallenergie geht ein Effekt einher, der einige Probleme birgt: Normalerweise senden die in der Haut befindlichen Nozizeptoren, sobald der Kopf einen Stoß erhält, Warnsignale ans Gehirn, die von diesem dann als Schmerz interpretiert werden. Trägt der Kämpfer hingegen einen Helm, wird er einen Schmerz, der stark genug wäre, ihn zu stoppen, nur noch im Extremfall erleben. Der Schmerz ist unser interner Warnmechanismus. Indem er uns dazu bringt, augenblicklich unser Verhalten zu verändern, bewahrt er uns vor ernsten Schäden. Im Nachhinein können wir zudem aus solchen Erfahrungen lernen und ähnliche Situationen – und damit weitere Verletzungen – in Zukunft von vornherein vermeiden. Unter gewissen Umständen ist es durchaus in Ordnung, unser Warnsystem willentlich auszuschalten, wenn dadurch ein falscher Alarm vermieden werden kann. Ein klassisches Beispiel dafür wäre die lokale Betäubung vor einem operativen Eingriff. Unser Schmerzmechanismus ist nämlich nicht in der Lage, zwischen einer lebensrettenden Operation und einer lebensbedrohlichen Verletzung zu unterscheiden. Wenn nun ein Sportler heutzutage einen Helm anlegt, schaltet er im Grunde das Warnsystem in seinem Kopf aus. Das Problem ist jedoch, dass es sich bei dem Signal, das auf diese Weise unterbunden wird, nicht um einen falschen Alarm handelt. Im Gegenteil – der Warnmechanismus, den der Athlet außer Kraft setzt, will ihn über die tatsächlich im Gehirn aufgetretenen Schäden informieren. Auf diese Weise wird der Kämpfer in die Lage versetzt, noch härtere Schläge einstecken zu können (um nicht zu sagen, er wird geradezu dazu ermutigt), ohne dass er durch Schmerzempfindungen am Fortfahren gehindert werden würde.

Rugby und Australian Football sind, wie der American Football, ebenfalls sehr kollisionsintensive Sportarten. Einer der hauptsächlichen Unterschiede besteht allerdings darin, dass die Spieler dabei keine Helme tragen. Da Hirnverletzungen bislang nicht in größerem Umfang festgestellt und gemeldet werden, sind wir zum gegenwärtigen Zeitpunkt nicht in der Lage, einen fundierten Risikovergleich zwischen diesen drei Sportarten anzustellen. Zudem wird jedes Bemühen, den tatsächlichen Wirkeffekt des beim Football verwendeten Kopfschutzes dingfest zu machen, durch das unterschiedliche Regelwerk, das bei den drei Varianten zur Anwendung kommt, erheblich erschwert. Derzeit können wir also keine Aussage der Art „diese oder jene Sportart ist die sicherste" treffen. Doch wenn die Technologie zur sensorischen Überwachung des Kopfes noch etwas weiter fortschreitet, könnte es sich lohnen, die Footballhelme einmal komplett wegzulassen und zu schauen, ob das Spiel auf diese Weise nicht sogar sicherer werden würde. Zwar wären wir vielleicht nicht gleich bereit, unser altgewohntes Verhalten auf dem

Spielfeld – wie wir es während eines regulären Matches an den Tag legen – zu ändern; es könnte allerdings schon ein Schritt in die richtige Richtung sein, die Helme zumindest im Rahmen des Trainings beiseite zu lassen.

## Mit etwas Physik können wir einen Kopfschutz entwerfen, der tatsächlich schützt

*Wichtiger Hinweis:* Der nachfolgend beschriebene Ansatz zur Verhütung diffuser axonaler Verletzungen – und letztlich zur Vermeidung der chronisch-traumatischen Enzephalopathie – ist Gegenstand eines Patentantrages, den ich unter der Antragsnummer 62/013,040 eingereicht habe.

Wenn wir uns die Aufgabe stellen, einen Helm zu konstruieren, der den Athleten wirksam vor CTE zu schützen vermag, müssen wir unsere Aufmerksamkeit noch einmal auf die in den vorangegangenen Betrachtungen herausgearbeiteten Faktoren lenken. Dort hatten wir untersucht, welche Eigenschaften einen Helm zu einem guten bzw. zu einem schlechten Kopfschutz werden lassen. Diese Faktoren müssen wir für uns arbeiten lassen. Die erste Eigenschaft, die offensichtlich von Bedeutung ist, betrifft die Weite des Helmes. Je enger er am Kopf anliegt, desto besser. Erinnern Sie sich: Bei der Mehrzahl der von uns betrachteten Helmtypen war es gerade der große Abstand $R_{Aufprall}$ zwischen dem Ort der Kollision und dem Rotationszentrum, der den Schutzeffekt ruinierte. Den zweiten wesentlichen Faktor bildet die Masse des Helmes. Das ideale Mittel, diffuse axonale Verletzungen zu unterbinden, wäre ein Helm, der zwar das Gewicht des Kopfes signifikant erhöht, ohne dabei jedoch die Aufpralldistanz nennenswert zu vergrößern. Wir könnten also beispielsweise einfach ein paar Gewichtsmanschetten nehmen, wie man sie aus dem Aerobic kennt, und sie so zusammennähen, dass wir eine etwa fünf Pfund schwere und einen guten Zentimeter dicke Mütze erhalten. Hinzu käme ein Kinnriemen, der erforderlich wäre, um unseren „Helm" eng am Körper zu halten. Schon mit diesem denkbar einfachen Ansatz würden wir die Winkelgeschwindigkeit gemäß unseren Gleichungen um 51 bis 53 Prozent reduzieren. Möglicherweise wären die Köpfe unserer Athleten damit schon vor diffusen axonalen Verletzungen geschützt – und dabei haben wir uns noch gar nicht der Ingenieurskunst bedient, mit der sich der Effekt sicherlich noch optimieren ließe.

Die Masse des Kopfes lässt sich aber auch auf andere Weise faktisch erhöhen. Ein Kampfkünstler vermag einen nicht unerheblichen Teil seines Körpergewichtes hinter seinen Fausthieb zu bringen, indem er seine Bewegungen und seine Muskeln so koordiniert, dass sein Körper genau im richtigen Moment versteift. Wenn wir die effektive Masse des Kopfes so weit vergrößern wollen, dass $\omega_{Kopf}$ weit unter den zur Auslösung von Hirnverletzungen nötigen Schwellenwert gedrückt wird, müssen wir demnach im Grunde nur einen Weg finden, den Kopf fester mit dem Körper zu verbinden. Die einfachste Möglichkeit dazu wäre, eine Halterung aus biegesteifem Material zu verwenden. Eine fortgeschrittenere Variante könnte auf einer im Normalzustand biegsamen Konstruktion basieren und in der Weise mit Sensoren versehen werden, dass die Halterung erst im Moment des Kontaktes erstarrt. Denkbar wäre auch die Verwendung einer halbflexiblen Kombination aus komprimier- und dehnbaren Materialien und Stützelementen – so etwas wie ein zweites Rückgrat entlang des Nackens. Konstruktionen dieser Art können Sie auch als Mittel auffassen, der aufprallenden Kraft einen verstärkten Widerstand entgegenzusetzen. Ich persönlich betrachte dieses Konzept allerdings lieber als ein „Borgen von Masse". Doch wie dem auch sei – Tatsache ist, dass wir $\omega_{Kopf}$ um satte 67 Prozent verringern können, wenn es uns gelingt, nur zehn Prozent des Gewichtes eines 100-Kilo-Mannes in eine solche Kopfhalterung einfließen zu lassen. Das ist so wenig, dass sich dieses Ziel bereits mit einer minimalen Verbindung zwischen Kopf und Körper erreichen lassen sollte. In Kombination mit unserer oben beschriebenen Mütze würde die Reduzierung der Winkelgeschwindigkeit sogar 75 Prozent betragen. Wenn schließlich sogar mehr als zehn Prozent des Körpergewichts in die Kopfstütze eingehen würden (das Maximum von 100 Prozent entspräche einer vollkommen starren Verbindung zwischen Kopf und Körper), könnten wir beobachten, wie sich das Rotationszentrum allmählich aus dem Kopf in Richtung des Brustkorbs zu verlagern beginnt – womit diffuse axonale Verletzungen gänzlich ausgeschlossen wären.

Heutige Helme und Kopfbedeckungen bieten keinen ausreichenden Schutz vor der Erkrankung an CTE. Doch wir haben nun einen Punkt erreicht, an dem wir diese Lücke schließen und unsere Athleten vor den ernsten Gefahren von Hirnschäden bewahren können.

## Die kindliche Physiognomie macht eine gesonderte Betrachtung erforderlich

Das heute verfügbare Datenmaterial erlaubt es, wie schon erwähnt, nicht, einen seriösen Vergleich zwischen verschiedenen Sportarten hinsichtlich ihres Potenzials für Gehirnerschütterungen und -verletzungen anzustellen. Es scheint sich jedoch herauszukristallisieren, dass Frauen bei Betätigungen dieser Art eher dazu neigen, Hirnerschütterungen zu erleiden. Wenn das wirklich zutrifft – und es sich hierbei nicht nur um eine Verzerrung in den Berichten über Verletzungen handelt –, könnte dieser Umstand dadurch zu erklären sein, dass sich männliche Athleten aufgrund ihrer (relativ zum Gewicht des Kopfes) breiteren Nacken mehr Masse von ihrem Körper „leihen“ können. Das physikalische Wirkprinzip entspräche dabei dem oben von mir beschriebenen Ansatz zur Gestaltung von Schutzelementen. Dies würde auch implizieren, dass man das Risiko von Hirnverletzungen verringern kann, indem man seine Nackenmuskulatur trainiert. Kleine Kinder wiederum, die in ihrer physischen Struktur in gewisser Weise an Wackelkopffiguren erinnern, wären demnach besonders gefährdet. Es wäre daher angebracht, eigens für diese Zielgruppe einen speziellen Kopfschutz zu entwickeln. Er müsste so gestaltet sein, dass er sich hauptsächlich Masse vom Körper „borgt“, das Gewicht des Kopfes aber höchstens marginal erhöht.

## Handschuhe und Helme: Eine Zusammenfassung

Nachdem wir uns nun sportartübergreifend mit verschiedenen Arten von Handschuhen und Kopfbedeckungen vertraut gemacht haben und ich zudem ein neues Konzept zum Schutz vor CTE vorgestellt habe, möchte ich wieder zu den Kampfkünsten zurückkehren und die heute verfügbaren Schutzmöglichkeiten in einer Übersicht zusammenfassen. Möge sie Ihnen dabei helfen, den für Ihr Training bzw. Ihre Wettkämpfe am besten geeigneten Schutz zu ermitteln und die richtige Wahl zu treffen.

Leider verfügen wir heute – so lautet bedauerlicher Weise unser Fazit – über keine wirklich guten Optionen, wenn es um den ganzheitlichen Schutz vor Verletzungen geht. Die ideale Kombination wäre eigentlich der Verzicht auf Handschuhe, gepaart mit einer weichen Kopfbedeckung, die unsere Augen und unser Gehirn auf sinnvolle Weise zu schützen vermag. Für den Augenblick lautet meine Empfehlung: Ganz gleich, welche Schutzelemente Sie wählen – seien Sie vorsichtig.

| **Schützt vor:** | Nackte Fäuste | MMA-Handschuhe | Boxhandschuhe | Ohne Kopfschutz | Boxer-Kopfschutz | Mit Gesichtsschutz |
|---|---|---|---|---|---|---|
| Verletzungen und Brüchen der Hand | | X | X | | X | |
| Schnittverletzungen/Blutergüssen/blauen Augen | | X | X | | X | X |
| Stichen in die Augen | | | X | | | X |
| Gehirnerschütterungen/CTE | | | | | ? | |
| **Erhöht das Risiko von:** | | | | | | |
| Verletzungen und Brüchen der Hands | | | | | | X |
| Schnittverletzungen/Blutergüssen/blauen Augen | | | | | | |
| Stichen in die Augen | | ? | | | | |
| Gehirnerschütterungen/CTE | | X | X | | ? | X |

**Table 7-1.** Eine Auswahl von Handschuhen und Kopfschützern für Kampfkünstler.

KAPITEL 8

# Schusswaffen, Messer und das Hollywood-Todesurteil

Um als Drehbuchautor in Hollywood Erfolg zu haben, muss man eine Menge Spielfilme schauen. Auf diese Weise lernt man von seinen Vorgängern und man bekommt ein Gefühl dafür, was es „da draußen" alles gibt und was die Leute mögen. Unglücklicherweise ist dieses für jeden Hollywood-Autor unerlässliche Bildungsprogramm auch der Grund, warum die Traumfabrik bestimmte, unglaublich törichte Vorstellungen immer wieder neu auf die Leinwand bringt, bis sie vom Publikum ohne irgendeinen hinterfragenden Gedanken geschluckt werden. Eines dieser fürchterlichen Stereotype begegnet uns überall dort, wo eine der Figuren mit einem einzigen Fausthieb niedergestreckt wird und in der nächsten Szene an einem völlig anderen Ort erwacht. Wenn Sie einen wettkampferfahrenen Kampfkünstler fragen würden, was denn die wahrscheinlichste Folge eines K.o.-Schlages sei, würde er vermutlich antworten: Schlimmstenfalls ein paar Sekunden Bewusstlosigkeit. Stellen Sie dieselbe Frage einem Footballspieler und Sie bekommen wahrscheinlich Geschichten zu hören, bei denen manch einer seiner Mitspieler einmal für ein paar Minuten oder sogar etwas länger bewusstlos war. Wenn eine Filmfigur dagegen so heftig K.o. geht, dass sich bei ihrem Erwachen schon die gesamte Szenerie geändert hat, dürfte es sich bei der neuen Umgebung ausschließlich um ein Krankenhaus handeln – und der Rest des Films würde zeigen, wie sich der Protagonist (schleichend langsam und unvollständig) von dem bei dem Schlag erlittenen Schädel-Hirn-Trauma erholt. Solcherlei Unrichtigkeiten grassieren geradezu in Hollywood. Alles, was ein Drehbuchautor über Knockouts weiß, stammt aus Filmen, in denen bereits seine Vorgänger ihre Figuren haben K.o. gehen lassen. Für gewöhnlich bleiben filmische Ungenauigkeiten dieser Art folgenlos – bestenfalls landen sie als unterhaltsame Kuriositäten in der unter Fans beliebten Kategorie „Trivia“. Anders sieht es jedoch aus, wenn es um Schusswaffen geht. Dann kann ein unbedeutender Hollywood-Mythos im echten Leben über Leben und Tod entscheiden.

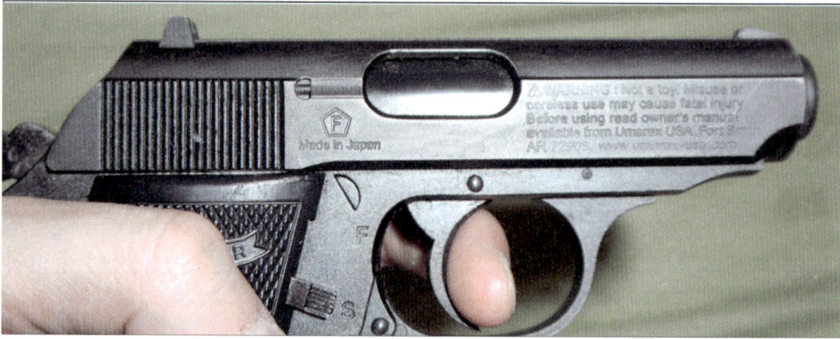


**Abb. 8-1.** Dies ist eine Luftpistole. Schüsse, die mit dieser Waffe abgefeuert werden, können zwar die Haut verletzen, aber einen Krankenwagen brauchen Sie wahrscheinlich nicht zu holen.

## Tiere haben keine Ahnung, wie Schusswaffen funktionieren

Wenn eine Figur in einem Hollywoodfilm von einer Kugel getroffen wird, greift sie sich in der Regel an die Brust, bricht zusammen und ist augenblicklich tot. Das ist natürlich Quatsch. Solange die

Kugel nicht direkt ins Gehirn eindringt, ist eine Schussverletzung nur dann tödlich, wenn sie eine Unterversorgung des Gehirns mit sauerstoffreichem Blut zur Folge hat. (Das Gleiche gilt im Prinzip auch für Stichwunden.) Eine solche Unterversorgung stellt sich beispielsweise ein, wenn der Körper innerlich oder äußerlich verblutet oder er einen Kreislaufschock erfährt (bei dem sämtliche Gewebe des Körpers einen Sauerstoffmangel erleiden). Sie kann auch durch eine Herzbeuteltamponade hervorgerufen werden, bei der Flüssigkeit in den das Herz umgebenden Bindegewebssack gelangt und auf das Herz drückt. All diesen Vorgängen ist trotz ihrer Unterschiedlichkeit eines gemein: Ein Teil des Blutes gelangt in Bahnen, die von der Natur nicht vorgesehen sind, so dass nicht genügend Blut übrig bleibt, um das Gehirn mit Sauerstoff zu versorgen. Wie schnell ein Mensch an derartigen Verletzungen stirbt, ist recht unterschiedlich. In extremen Fällen – wie etwa bei Schusswunden durch Schrotflinten oder Maschinengewehre – lebt der Mensch mitunter nur noch ein paar Sekunden. In anderen Fällen stirbt er erst nach einigen Minuten oder gar erst nach mehreren Stunden. Doch im realen Leben sinken Zivilisten, die von einem Schuss getroffen werden, in aller Regel augenblicklich zu Boden. Wie ist das zu erklären? Passiert bei einem Schuss irgendetwas, das wir bisher noch gar nicht in Betracht gezogen haben? Oder haben wir es hier mit einem unbewussten Nachahmen eines Verhaltens zu tun, das der Betroffene schon unzählige Male auf der Leinwand gesehen hat – ein Imitieren, das möglicherweise tödliche Folgen hat?

Wenn ein Jäger einen Hirsch oder ein Reh anschießt, schleppt sich das Tier noch etwa 50 bis 100 Meter weiter, bevor es verblutet und stirbt. Das gilt selbst dann, wenn es direkt ins Herz getroffen wurde. Es geschieht äußerst selten, dass ein Tier unmittelbar nach einem Treffer zusammenbricht. Tiere wissen nämlich nicht, dass sie sich „tot zu stellen" haben, wenn sie angeschossen worden sind, sondern laufen instinktiv davon. (Von einigen possierlichen, gut trainierten Hündchen einmal abgesehen.) Dieser Effekt ist noch nicht einmal auf Tiere beschränkt. Als das Militär der Vereinigten Staaten im frühen 20. Jahrhundert auf den Philippinen gegen die einheimischen Moros vorging, machten sich diese schnell einen

Namen als unermüdliche Krieger. Nur mit Messern und Speeren bewaffnet, ließen sie sich durch nichts aufhalten. Manche Moros standen – sehr zum Entsetzen der amerikanischen Soldaten – auch nach nicht weniger als 14 Schussverletzungen noch aufrecht. Selbst wenn diese Berichte ein wenig übertrieben sein sollten, bleibt es doch eine Tatsache, dass das amerikanische Militär in der Folge dieses Furcht erregenden Konfliktes sein Arsenal an Handfeuerwaffen im Jahre 1906 aufrüstete: Um die „Mannstoppwirkung" zu erhöhen, wie es im Fachjargon heißt, wurden die bis dahin verwendeten Pistolen vom Kaliber 35 gegen 45-Millimeter-Waffen ausgetauscht (Boatman, 2005). Es ist schwer zu sagen, ob das Verhalten der Moros nun von wilder Entschlossenheit herrührte oder auf ihre Unkenntnis über Schusswaffen zurückzuführen war. Doch wie dem auch sei, demonstriert dieser Fall auf eindrückliche Weise, dass auch der Mensch nach Schussverletzungen noch so lange handlungsfähig bleibt, bis er verblutet.

Vielleicht sind es in vielen Fällen auch die Schmerzen, die Menschen kollabieren lassen, wenn sie von einer Kugel getroffen worden sind. Der Fairness halber sei auch eingeräumt, dass die Vorstellung des Tötens durch einen einzigen Schuss auch schon zu einer Zeit verbreitet war, als die Filmindustrie noch gar nicht existierte. Dennoch möchte ich behaupten, dass die Situation durch die Art und Weise, in der Hollywood die Folgen von Schusswunden darzustellen pflegt, noch verschlimmert worden ist.

## Die meisten Schusswunden kann man überleben – vorausgesetzt, man bekommt schnell genug medizinische Hilfe

Die Wahrscheinlichkeit, an den Folgen einer Schussverletzung zu sterben, beträgt – wenn wir Selbsttötungen und Schießunfälle einmal aus der Statistik herausrechnen – gerade einmal 20 Prozent (Gotsch, Annest, Mercy und Ryan, 2001; Beaman, Annest, Mercy, Kresnow und Pollock, 2000). Unter allen Personen, die lebend das

Krankenhaus erreichen, nachdem sie angeschossen wurden, erliegen gar nur zehn Prozent oder weniger ihrer Verletzung. Es ist von großer Wichtigkeit, auf diese Zahlen hinzuweisen, denn sie zeigen uns, dass eine Schusswunde alles andere als den sicheren Tod bedeutet. Wenn Sie bei einem Überfall von einer Kugel getroffen oder niedergestochen werden, haben Sie durchaus eine reelle Chance, mit dem Leben davonzukommen. Ihre Aussichten zu überleben stehen zumindest dann recht gut, wenn Sie möglichst schnell medizinische Versorgung erhalten (Fiedler, Jones, Miller und Finley, 1986; Crandall u. a., 2013; Webb, 1999).

Genau dies ist der Punkt, an dem die falschen Vorstellungen, die Hollywood in die Köpfe der Menschen pflanzt, tödliche Auswirkungen haben können. Wenn ich nämlich, sobald mich eine Kugel erwischt oder jemand mit dem Messer auf mich eingestochen hat, der Überzeugung bin, gerade ein Todesurteil erhalten zu haben, und dann zusammensacke – wie ich es unzählige Male auf der Leinwand gesehen habe –, kann sich meine Erwartung sehr leicht erfüllen. Ganz anders werde ich mich jedoch verhalten, wenn ich weiß, dass mein Überleben in erster Linie davon abhängt, wie schnell mir medizinische Hilfe zuteil wird. In dem Moment, wenn mich die Kugel trifft, startet gewissermaßen ein Countdown. Wäre dieses Wissen weiter verbreitet, würde möglicherweise ein größerer Teil der Menschen, die Opfer von Anschlägen werden, die Kraft finden, die heftigen Schmerzen wie ein Moros-Krieger durchzustehen und Hilfe herbeizurufen.

## Gehorsam während eines Überfalls ist ein schlechter Rat, der auf schlechten Mathematikkenntnissen beruht

Ein weiteres typisches Hollywood-Stereotyp in Bezug auf Schusswaffen sehen wir in der Art und Weise, wie die Figur, die sich im Besitz der Waffe befindet, üblicherweise Forderungen zu stellen beginnt: Wehe, wenn die anderen Figuren den Anweisungen nicht minutiös nachkommen! Mitunter entwickeln diese Szenen sogar eine eigenartige Komik – wenn nämlich die Waffe wiederholt den Besitzer wechselt, wobei jede Figur nun ihrerseits den anderen vorgibt, was sie zu tun haben. Wenn man im wirklichen Leben mit einer Waffe bedroht wird, kann dies für den Betroffenen natürlich eine nervenaufreibende Situation darstellen. Möglicherweise bekommt das Gehirn gar nicht die Gelegenheit, sich so weit zu orientieren, dass irgendeine andere Reaktion in Frage käme, als sich zu fügen. Doch was wäre, wenn man in eine solche Situation geriete und sehr wohl die Möglichkeit hätte, dem Täter etwas entgegenzusetzen? In einem solchen Fall könnte sich das über die Kinoleinwand vermittelte Dogma des Gehorchens als alternativloser Weisheit als fatal erweisen.

Für die Verbreitung dieser Idee kann man freilich nicht allein Hollywood verantwortlich machen. Bis zum Jahre 1972 bestand die einzige Möglichkeit, statistische Angaben über Fragen der Kriminalität zu gewinnen, in der Auswertung von Polizeiberichten. Diese Berichte schienen zu belegen, dass Opfer, die während verbrecherischer Überfälle Widerstand geleistet hatten, häufiger Verletzungen davon trugen. Doch das aus derartigen Quellen gewonnene Zahlenmaterial war gänzlich unzureichend, um sich hinsichtlich der Verbrechenssituation ein umfassendes und realistisches Bild zu verschaffen. Selbst wenn man die Daten zweier beliebiger Städte miteinander verglich, ergab sich kein einheitliches Bild. Um diesem Missstand zu begegnen, rief man schließlich ein als National Crime Victimization Survey (NCVS) bezeichnetes Protokoll zur Befragung von Kriminalitätsopfern ins Leben, das seither zwei Mal jährlich Anwendung findet. Nachdem man die auf diese Weise erhobenen Daten über einen Zeitraum von einigen Jahren hinweg mit den Polizeiberichten abgeglichen hatte, wurde es offenkundig, dass letztere ein unvollständiges und keinesfalls repräsentatives Bild gezeichnet hatten (Block, 1981). In den 1980er Jahren unterzog man den NCVS einer gründlichen Überarbeitung, um die Qualität der gewonnenen Daten zu optimieren. Hinsichtlich der Frage nach dem richtigen Verhalten in Überfallsituationen schienen allerdings auch diese Befragungsergebnisse darauf hinzudeuten, dass Personen, die sich zur Wehr setzen, mit größerer Wahrscheinlichkeit Verletzungen davontragen. Erst nachdem man den NCVS im Jahre 1992 ein zweites Mal grundlegend verbessert hatte, wurden die tatsächlichen Zusammenhänge deutlich. In der neuen Fassung wurden die Opfer nämlich erstmals explizit gefragt, ob sie schon Widerstand geleistet hatten, *bevor* sie verletzt worden waren, oder erst *danach*. Wie sich herausstellte, basierte die scheinbare Korrelation zwischen Gegenwehr und Verwundung (sexuelle Übergriffe inbegriffen) auf dem Umstand, dass die Befragten mehrheitlich erst nach einer Verletzung begonnen hatten, sich zur Wehr zu setzen. Rechnet man diesen statistischen Fehler heraus, stellt man fest, dass die Personengruppe, die Widerstand geleistet hat, deutlich seltener von physischen Schäden betroffen war (Thompson, Simon, Saltzman und Mercy, 1999; Tark und Kleck, 2004). Zudem waren 75 Prozent derjenigen, die sich gewehrt hatten, der Meinung, dass sie dadurch eine Verbesserung ihrer Situation bewirkt haben. Nur 15 Prozent gaben an, infolge der Gegenwehr schlimmeren Schaden davongetragen zu haben.

Ungeachtet dieser relativ jungen Einsichten bezüglich der Bedeutsamkeit der aktiven Gegenwehr in Überfallsituationen ist die traditionelle Sichtweise noch immer vorherrschend. Polizisten raten uns häufig, wir sollten in solchen Situationen „nicht den Helden spielen". Doch bedenken Sie, dass sich die Beamten bei solchen Aussagen auf den prozentual sehr kleinen Kreis jener Personen beziehen, die durch ihre Abwehr noch größeren Schaden für sich selbst heraufbeschworen haben. Hinzu kommt noch ein weiterer Aspekt. Überall im Land haben Polizeibehörden und große Unternehmen das Motto „Spiele nicht den Helden" als offizielle Richtlinie ihrer Einrichtung übernommen. Doch was veranlasst diese Institutionen zu solch einem Schritt? Nun, möglicherweise erhoffen sie sich, dank dieser Positionierung nicht zur Verantwortung gezogen zu werden, sollten sie einmal mit einem millionenschweren Verfahren wegen widerrechtlicher Tötung konfrontiert werden.

Ungeachtet dieser – mittlerweile nachgewiesenermaßen überholten – offiziellen Stellungnahmen gibt es gewisse Szenarien, bei denen selbst eingefleischte Verfechter des „Spiel nicht den Helden"-Prinzips zugeben würden, dass gefügiges Verhalten in diesen Fällen keine gute Idee wäre. Wenn Sie der Attentäter beispielsweise dazu auffordert, Sie ins Hinterzimmer zu begleiten oder sich selbst zu fesseln – sprich, wenn er beschlossen hat, die Zahl potenzieller Zeugen zu verringern oder den Opfern die Möglichkeit zur physischen Gegenwehr zu nehmen –, so bedeutet dies, dass er mit seinen augenblicklichen Erfolgsaussichten nicht zufrieden ist und sie zu verbessern gedenkt, bevor er mit seiner eigentlichen Agenda fortfährt. Ihre Chancen, aus der Sache noch einmal heil herauszukommen, werden von diesem Moment an mit Sicherheit nur noch sinken. Spätestens an diesem Punkt müssen Sie so oder so beginnen, etwas zu unternehmen – selbst dann, wenn Sie die Lage eigentlich als aussichtslos eingeschätzt hatten. Aktiv zu werden, muss dabei nicht unbedingt bedeuten, sich zur Wehr zu setzen: Mitunter besteht die ideale Verteidigung in der Flucht.

## Die beste Verteidigung bietet uns die uralte Kunst des Abhauens

Schusswaffen sind des Schurken beste Freunde. Insbesondere bei Raub- und anderen Überfällen erlauben sie ihm, seine Opfer im Handumdrehen in Todesangst zu versetzen, und dank ihrer Reichweite kann er sich deren Fäuste und Füße mühelos vom Leib halten. Diese mitunter große Entfernung zwischen Täter und Opfer hat aber auch ihr Gutes: Sie ermöglicht nämlich letzterem (hoffentlich), sich in einem geeigneten Moment unvermittelt umzuwenden und davonzurennen. Diese Vorstellung klingt vielleicht im ersten Moment etwas beängstigend. In vielen Szenarien besteht diese Option auch gar nicht, etwa wenn das Opfer nicht zu Sinnen kommt, seine Begleiter nicht verlassen will, zusammengeschlagen worden ist, Pfefferspray ins Gesicht bekommen hat oder in die Enge getrieben worden ist. In den verbleibenden Fällen allerdings, wenn eine Flucht also grundsätzlich möglich ist, stehen die Chancen, auf diese Weise sein Leben zu retten, ausgesprochen gut.

Schauen wir uns einmal an, aus welchen Komponenten sich die Wahrscheinlichkeit, bei einem Fluchtversuch ums Leben zu kommen, zusammensetzt. Wenn es uns gelingt, die einzelnen bedingten Teilwahrscheinlichkeiten zu bestimmen und zu einer Formel zu verschmelzen, werden wir besser beurteilen können, in welchem Maße wir unsere Situation durch Flucht verbessern können.

Die Gesamtwahrscheinlichkeit $P_{\text{Tod}}$, den Fluchtversuch mit dem Leben zu bezahlen, setzt sich zusammen aus der Wahrscheinlichkeit $P_{\text{Schuss}}$, dass der Täter einen Schuss auf Sie abfeuert, während Sie türmen; der Wahrscheinlichkeit $P_{\text{Treffer}}$, dass er Sie trifft; und der Wahrscheinlichkeit $P_{\text{Verbluten}}$, dass Sie infolge der Schussverletzung verbluten:

$$P_{\text{Tod}} = P_{\text{Schuss}} \cdot P_{\text{Treffer}} \cdot P_{\text{Verbluten}}$$

Im Folgenden werden wir uns die drei Teilwahrscheinlichkeiten der Reihe nach vornehmen und für jede von ihnen bestimmen, welchen Wert sie im besten bzw. im ungünstigsten Fall annehmen kann. Indem wir dann im letzten Schritt die pessimistischen bzw. die optimistischen Grenzwerte aller drei Komponenten multiplizieren, werden wir eine realistische Aussage darüber erhalten, in welchem Bereich sich die Gesamtwahrscheinlichkeit $P_{\text{Tod}}$ bewegen dürfte.

Die Wahrscheinlichkeit $P_{\text{Verbluten}}$ liegt, wie wir bereits wissen, bei etwa 20 Prozent, kann sich aber auch auf zehn Prozent verringern, wenn das Opfer die Möglichkeit hat (und entschlossen genug ist), sich schnellstmöglich in medizinische Obhut zu begeben. Der Wert von zehn Prozent stellt damit unseren optimistischen Grenzwert dar; als pessimistische Schätzung wollen wir 30 Prozent ansetzen.

Der Bereich, in dem sich $P_{\text{Treffer}}$ bewegt, dürfte jemanden, dessen Vorstellungen über Schießereien überwiegend auf Hollywoodfilmen basieren, ziemlich überraschen. In realen Einsatzsituationen treffen selbst an der Waffe ausgebildete Polizisten ihr Ziel, wenn sich dieses in weniger als 1,80 Meter (sechs Fuß) Entfernung befindet, nur in etwa 43 Prozent der Fälle. Bei Abständen zwischen 1,80 Meter und 6,40 Meter (entsprechend 21 Fuß) sinkt dieser Anteil sogar auf

23 Prozent (Baker, 2007). Als man die Polizisten, die schon einmal während eines Einsatzes Schüsse abgegeben haben, befragte, in welcher Weise sie ihre Waffe gebraucht haben, gaben 61 Prozent an, sie hätten sie mit beiden Händen gehalten. 38 Prozent der Befragten waren sogar noch in der Lage, ihr Ziel anzuvisieren (New York City Police Department, 2013). Kriminelle sind im Umgang mit der Waffe nur selten so gut trainiert wie die Polizeibeamten. Der Anteil der Täter, die ihre Pistole mit beiden Händen packen bzw. durchs Visier schauen, wenn ein Opfer unvermittelt flieht, wird bei ihnen folglich noch niedriger liegen – und damit auch die Wahrscheinlichkeit, dass sie den Flüchtenden treffen. Einem speziellen Gutachten des Bureau of Justice zufolge, das den Titel „Weapon Use and Violent Crime" trägt, wurden nur bei 27 Prozent aller Überfälle, in deren Verlauf die Täter Schüsse abgegeben haben, tatsächlich Opfer angeschossen (Perkins, 2003). Wenn wir all dies in Betracht ziehen, erscheint es sinnvoll, die optimistische bzw. pessimistische Schätzung für $\boldsymbol{P}_{\text{Treffer}}$ mit 20 bzw. 40 Prozent anzusetzen.

$\boldsymbol{P}_{\text{Schuss}}$ ist von allen drei Komponenten die am schwersten zu bestimmende Größe. Rufen wir uns noch einmal die bereits erwähnte Tatsache in Erinnerung, dass nur 15 Prozent der Überfallopfer, die sich gewehrt haben, im Nachhinein der Meinung waren, ihre Situation dadurch verschlechtert zu haben (Thompson, Simon, Saltzman und Mercy, 1999). Es ist kaum anzunehmen, dass der Anteil der Täter, die auf ein flüchtendes Opfer schießen würden, wesentlich höher liegt. Diese Einschätzung wird zusätzlich durch die Tatsache erhärtet, dass Täter, die Schusswaffen benutzen, ihren Opfern nur halb so oft Verletzungen beibringen wie solche, die andere Arten von Waffen benutzen (oder gänzlich unbewaffnet sind) (Perkins, 2003; Thompson, Simon, Saltzman und Mercy, 1999). Nun wäre zwar $\boldsymbol{P}_{\text{Schuss}}$ wahrscheinlich schon mit 15 Prozent zu hoch angesetzt; doch da wir dies nicht mit Sicherheit sagen können, wollen wir den pessimistischen Grenzwert einmal mit 25 Prozent veranschlagen. Damit dürften wir in jedem Fall auf der sicheren Seite sein. Für den optimalen Fall nehmen wir eine Wahrscheinlichkeit von zehn Prozent an.

Die Multiplikation der drei optimistischen bzw. pessimistischen Grenzwahrscheinlichkeiten liefert uns den Wertebereich, in dem sich die Gesamtwahrscheinlichkeit, bei einem Fluchtversuch ums Leben zu kommen, bewegt. Im ungünstigsten Falle erhalten wir eine Todeswahrscheinlichkeit von ***25%·40%·30%=3%***; bei optimistischer Schätzung ergibt sich gerade einmal ein Wert von ***10%·20%·10%=0,2%***. Das sind großartige Neuigkeiten! Es bedeutet nämlich, dass Ihre Überlebenschancen, wenn Sie sich umwenden und wegrennen, bei 97 bis 99,8 Prozent liegen. Derart gute Aussichten werden Sie wohl nie wieder haben, wenn Sie einem bewaffneten Verbrecher erst einmal brav Folge geleistet haben und in sein Auto gestiegen sind.

Die Dinge liegen natürlich gänzlich anders, wenn Freunde oder Familienmitglieder bei Ihnen sind. Ich möchte Ihnen empfehlen, mit Ihren Lieben einmal ein prophylaktisches Gespräch über diese Thematik zu führen. Sagen Sie ihnen, dass sie sich beim ersten Anzeichen von Ärger sofort aus dem Staub machen sollen. Damit haben Sie schon im Vorfeld dafür gesorgt, dass Flucht von den anderen nicht als egoistisches Im-Stich-Lassen aufgefasst wird. Ganz im Gegenteil weiß damit jeder der Beteiligten, dass der Rettungsplan vorzugsweise darin besteht, wegzulaufen und Hilfe zu holen. Sie können auch miteinander besprechen, wer im Falle des Falls flieht und wer bleibt; nicht jeder ist schließlich zu einer Flucht überhaupt in der Lage.

## Sie kämpfen nicht gegen eine Waffe, sondern gegen den Typen, der sie in der Hand hält

Ein paar Jahre lang habe ich bei einem begeisterten Eskrima-Lehrer trainiert, der hin und wieder Gesetzeshüter darin unterwies, wie man einen Angriff mit einem Messer oder einer Schusswaffe abwehrt. Einer seiner Lieblingstricks begann damit, dass er den Kursteilnehmern anbot, ihnen seine Schnelligkeit zu demonstrieren. Er behauptete, so flink zu sein, dass er quer durch die ganze

Turnhalle sprinten und den Polizisten mit einem Gummimesser „erstechen" könne, bevor dieser seine Waffe (die natürlich ebenfalls eine Attrappe war) gezogen, auf ihn gezielt und „Peng!" gerufen hätte. Nun, die Beamten ließen sich darauf ein – wenngleich ihnen die Vorstellung, ein knapp Fünfzigjähriger würde gleich wie ein Blitz durch die Halle sausen, natürlich etwas spanisch vorkam. Mein Lehrer begab sich also in die andere Ecke der Halle, nahm eine Messerattrappe in die Hand und wies den Beamten an, er solle seine Waffe ziehen, sobald er den Lehrer angreifen sah. Schließlich fragte er den Polizisten, ob er bereit sei. Doch statt eine Antwort abzuwarten, warf er das Messer in Richtung des Beamten, lief durch die halbe Halle, zog währenddessen ein zweites Messer unter seinem Gürtel hervor, warf im Weiterlaufen auch dieses nach dem Polizisten und „stach" ihn schließlich mit einem dritten Messer, das er ebenfalls versteckt hatte, nieder. Man könnte jetzt einwenden, der Lehrer habe ja gemogelt. Doch im Grunde hat er auf brillante Weise demonstriert, wie man den Geist seines Gegners so lange beschäftigt, bis man ihn schließlich attackieren – oder auch türmen – kann.

Das Gehirn stellt im Prinzip einen ziemlich langsamen Computer dar. Jedes Mal, wenn sich die Umgebungssituation verändert oder die Ereignisse den Erwartungen zuwider laufen, braucht das Gehirn eine gewisse Zeit, um sich wieder zu orientieren und die Umstände neu zu bewerten. Wenn es zudem gilt, Entscheidungen zu treffen, unbekannte Faktoren mit ins Spiel kommen, das Gehirn Stress ausgesetzt oder seine Funktionsfähigkeit in irgendeiner Weise beeinträchtigt ist, erhöht sich die für die Verarbeitung der neuen Informationen benötigte Zeit sogar noch. Lassen Sie mich die Größenordnungen, von denen wir hier sprechen, mit einigen Zahlen und Beispielen erläutern. Wenn man einen Menschen in eine Testumgebung setzt und ihn bittet, einen bestimmten Knopf zu drücken, sobald eine vom Versuchsleiter bediente Lampe aufleuchtet (wobei also keine Entscheidungen zu treffen und keine Bewertungen vorzunehmen sind – es geht einzig und allein um die unmittelbare Reaktion), ergibt sich eine Reaktionszeit, die bei etwa 200 Millisekunden (0,2 Sekunden) liegt. Modifiziert man die Aufgabe in der Weise, dass der Versuchsteilnehmer den Reiz zunächst interpretieren und sich für eine bestimmte Reaktion entscheiden muss, kann die benötigte Zeit leicht auf das Doppelte anwachsen (Kosinski, 2013). Im Rahmen eines hochinteressanten Experiments, das Teil einer Studie zur Untersuchung von Reaktionszeiten war (Blair, Pollock, Montague, Nichols, Curnutt und Burns, 2011), händigten die Forscher den Versuchsteilnehmern, die aus Polizeibeamten und Täter-Darstellern bestanden, mit Wachspatronen präparierte Handfeuerwaffen aus. Die „Täter" hielten den Arm locker seitlich am Körper, so dass der Lauf der Pistole auf den Boden zeigte. Die Polizisten waren instruiert worden, sich dem „Täter" zu nähern, ihre Waffe zu ziehen, ihr Gegenüber anzuvisieren und es aufzufordern, die Waffe niederzulegen. Zuvor hatten die Versuchsleiter allerdings einige der „Täter" heimlich angewiesen, sich nicht wie die anderen zu fügen, sondern die Waffe blitzschnell auf den Beamten zu richten und abzudrücken. Wie sich herausstellte, brauchten die Täter dafür im Mittel etwa 380 Millisekunden – während die Polizisten durchschnittlich 390 Millisekunden benötigten, um die Situation zu erfassen, eine Entscheidung zu treffen und den Abzug zu betätigen.

Im sechsten Kapitel hatten wir untersucht, wie viele Schläge wir pro Sekunde in der Lage sind auszuführen. Durch Invertierung der dabei erhaltenen Frequenzen ergeben sich für die Zeit, die man benötigt, um einen einzelnen Hieb auszuführen, folgende Werte: Für einen Kettenfauststoß (der „nur aus dem Arm heraus" ausgeführt wird – Sie erinnern sich?) brauchten wir im Mittel 139 Millisekunden; ein von den Schultern ausgehender „Raufbold-Hieb" dauert etwa 250 Millisekunden. Für die Jab-Cross-Kombination benötigten wir sogar volle 349 Millisekunden – doch selbst dieser Wert liegt noch unter der Zeit, die wir brauchen, um einen Reiz zu interpretieren und uns für eine Reaktion zu entscheiden. Wie können wir es also in einer regulären Sparringsituation schaffen, die Schläge des Gegners zu blocken – oder ihnen auszuweichen –, wenn doch seine Faust schneller unseren Körper erreicht, als wir reagieren können? Die einzig sinnvolle Antwort auf diese Frage lautet: Antizipation. Beobachten Sie Ihren Kontrahenten genau. Folgen Sie seinen Augen, um zu erfassen, welches Ziel er anvisiert. Achten Sie auf kleinste Distanzänderungen und beobachten Sie, ob im Halsbereich oder in den Schultern Ihres Gegners subtile Anzeichen einer sich anbahnenden Bewegung erkennbar werden. Machen Sie sich mit dem Rhythmus Ihres Widersachers vertraut. Hierin liegt einer der Gründe, warum viele Profifighter ihrem Widersacher zu Beginn eines Kampfes erst einmal „auf den Zahn fühlen". Wir verstehen nun auch, warum sich ein Kampf völlig anders anfühlt, wenn wir die Abläufe zu Trainingszwecken verlangsamen. Das Prinzip der Finte, bei der man den Gegner glauben lässt, man wolle einen bestimmten Schlag ausführen, um dann im letzten Moment doch zu einer gänzlich anderen Technik zu wechseln, stützt sich ebenfalls auf die Erwartungshaltung des Gegners. Daher ist die Finte auch umso effektiver, je schneller sie ausgeführt wird. Ein Kontrahent, der nicht nur schnell ist, sondern dazu auch noch ein eiskaltes Pokerface aufzusetzen vermag, kann sehr frustrierend sein – denn er versteht es, die Vorzeichen seiner nächsten Aktionen weitgehend zu verbergen. Die Vorausahnung der gegnerischen Bewegungen ist deshalb so wichtig, weil der Mensch von Natur aus nicht nur zu langsam ist, einer Kugel auszuweichen, sondern selbst auf einen unerwarteten Faustschlag nicht schnell genug reagieren kann. Dagegen ist es in der Regel sehr wohl möglich, die Absichten des Gegners zu erkennen und selbst frühzeitig die Initiative zu ergreifen, so dass der Widersacher aus dem Konzept gebracht wird und sich neu orientieren muss.

Einer der Gründe, warum der Trick meines Eskrima-Lehrers so hervorragend funktioniert hat – neben der Tatsache, dass er den Polizisten angelogen hatte und ihn dann nötigte, seine Situation binnen kürzester Zeit mehrmals neu zu bewerten –, besteht darin, dass das Gehirn sehr viel Zeit für die Beurteilung einer Flugbahn benötigt. Selbst wenn ein Objekt mit relativ moderater Geschwindigkeit auf einer parabelförmigen Bahn auf uns zufliegt, muss unser Gehirn eine Menge Rechenarbeit leisten, um zu bestimmen, ob es uns treffen wird. Soweit ich weiß, hat noch niemand den Versuch unternommen, diesen Effekt im Rahmen einer wissenschaftlichen Studie zu quantifizieren. Wenn Sie in Ihrer Jugend Baseball gespielt oder irgendeine andere Sportart ausgeübt haben, bei der

Bälle geworfen werden, können Sie diese Tatsache sicherlich bestätigen und vielleicht sogar einige Anekdoten dazu beisteuern. Es muss sich bei dem geworfenen Gegenstand nicht um ein Messer oder ein anderes gefährliches Objekt handeln. Um das Gehirn Ihres Gegners auf Trab zu halten, können Sie auch Schuhe, Münzen, Steine, Gläser, Telefone oder Ihre Autoschlüssel nach ihm werfen – die Liste potenzieller Hilfsmittel zur Abwehr Ihres Widersachers ist schier endlos.

Natürlich bleibt die Möglichkeit, den Geist des anderen fortwährend zu beschäftigen, ohne ihm eine Atempause zur Neuorientierung zu gönnen, nicht nur den „Guten" vorbehalten. Wenn Sie gerade überfallen oder ausgeraubt worden sind oder Sie jemand bedroht, muss Ihr Gehirn wahrscheinlich erst einmal die Lage sondieren, bevor Sie überhaupt über Widerstand nachdenken oder Ihrerseits versuchen können, den Geist des Angreifers zu beschäftigen. Zudem wird Ihre Situation durch Ihre Emotionen und den psychischen Stress, den Sie erfahren, noch erschwert. Wenn der Täter diesen Vorteil obendrein noch bewusst ausnutzt und effektiv einzusetzen weiß, werden Sie nicht viel Gelegenheit dazu haben, sich zu sammeln. Dem lässt sich allerdings begegnen, indem man derartige Szenarien trainiert und sich mit den Prozessen vertraut macht, die in einer solchen Situation im Kopf ablaufen. So geübt, können Sie sich im Ernstfall leichter fassen und schneller wieder die Initiative ergreifen.

## Gewehre und Messer haben eingebaute Hebel, die bei der Entwaffnung helfen

Es macht oft großen Spaß, dem Helden auf der Leinwand dabei zuzuschauen, wie er den Bösewicht geschickt entwaffnet und ihm ein Messer oder eine Pistole entwendet. In realen Stresssituationen sollte man sich allerdings besser auf das Wesentliche konzentrieren. Der erste Schritt, den Gegner zu entwaffnen – ob er nun ein Messer schwingt oder eine Schusswaffe trägt –, besteht darin, in irgendeiner Weise Kontrolle über seine Hand zu erlangen. Unter idealen Bedingungen wird man versuchen, sein Handgelenk zu fassen zu bekommen; realistischer Weise sollte man jedoch froh sein, wenn es einem überhaupt gelingt, den Arm des Angreifers irgendwie zu packen oder zu fixieren. Jede geringfügige Lageverbesserung muss als Erfolg betrachtet werden – reale Situationen dieser Art sind kaum dazu geeignet, wählerisch zu sein. Falls Sie die Gelegenheit dazu bekommen, sollten Sie die Hand Ihres Kontrahenten erfassen und am Handgelenk nach unten beugen (oder, wenn dies nicht möglich ist, nach hinten). Damit können Sie nämlich deren Greifkraft deutlich verringern, so dass es leichter wird, die Waffe zu entwenden. Der Effekt ist am stärksten, wenn man die Hand nach unten drückt (also zum Unterarm hin); biegt man sie nach hinten, stellt sich die gewünschte Wirkung nur bedingt ein. Sie können diesen Trick ganz einfach bei sich selbst ausprobieren: Umfassen Sie einmal mit der rechten Hand Ihren linken Zeigefinger. Der Griff Ihrer rechten Faust wird wahrscheinlich so fest sein, dass Sie den Finger nicht herausziehen können. Wenn Sie nun aber die rechte Hand – während sie weiterhin den linken Zeigefinger umschließt – am Handgelenk so weit es nur geht nach unten beugen, wird Ihr Finger mühelos heraus gleiten. In der Realität wird sich freilich nicht in jedem Falle die Gelegenheit zur Anwendung dieses Kniffes ergeben; bedenken Sie auch stets, dass Sie keine Zeit verlieren dürfen.

Eine Schusswaffe bietet dem Bedrohten den Vorteil, dass sie durch den Lauf, der am Griff ansetzt und starr mit ihm verbunden ist, gleich einen Hebel bereitstellt. Sie müssen jedoch, um von dieser Hebelwirkung wirklich profitieren zu können, dafür sorgen, dass sich der Drehpunkt des Hebels innerhalb der Hand Ihres Gegners befindet. Andernfalls haben Sie es nämlich nicht nur mit seiner Fingerkraft zu tun, sondern müssen gegen seinen ganzen Arm ankommen. Um dies zu erreichen, achten Sie darauf, dass Sie – sobald Sie die Waffe am Lauf gepackt haben – mit Ihrer Hand nur eine enge Kreisbahn beschreiben, deren Mittelpunkt im Bereich der Daumen- und Zeigefingerbasis der gegnerischen Hand liegt. Die Richtung der Drehbewegung spielt dabei keine Rolle. Liegt der Mittelpunkt der von Ihnen ausgeübten Kreisbewegung nicht irgendwo in der Nähe des Daumens, hat Ihr Gegner deutlich mehr Kraft als nur seine Greifkraft zur Verfügung, um sie Ihnen entgegenzusetzen. Befindet sich der Angelpunkt des Hebels beispielsweise im Handgelenk Ihres Kontrahenten, kann dieser mit der ganzen Hand Widerstand leisten. Hat die Kreisbahn ihren Drehpunkt gar im Ellbogen, hat Ihr Gegner durch seinen Unterarm einen größeren Hebel zur

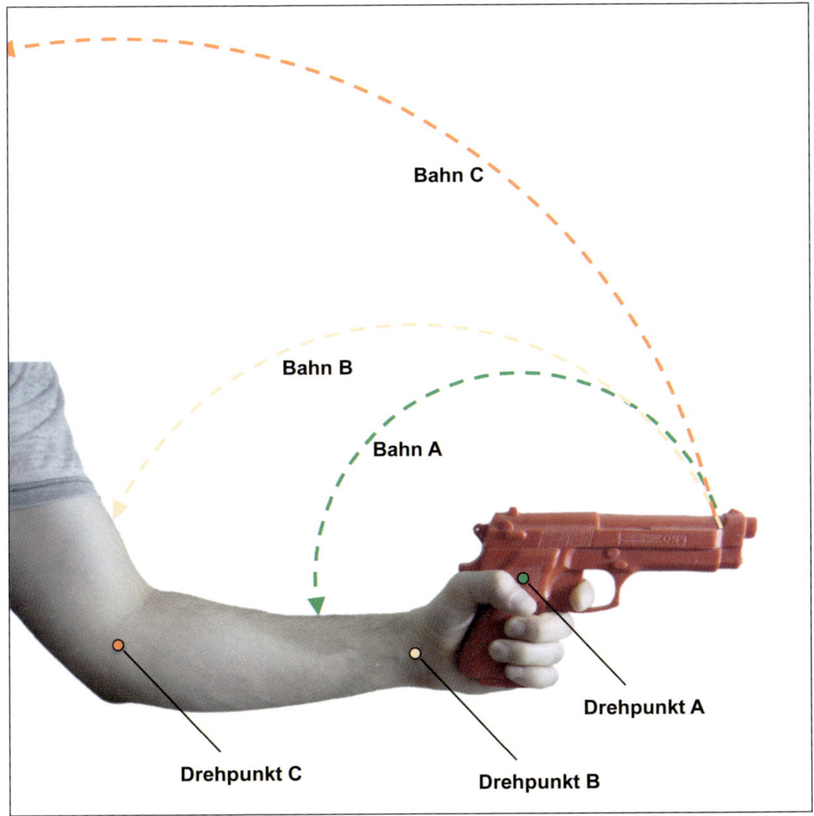


**Abb. 8-2.** Diese Grafik veranschaulicht drei bei einem Entwaffnungsversuch mögliche Hebel mit ihren zugehörigen Drehpunkten und Kreisbahnen. Während hier alle Bahnen in einer vertikalen Ebene dargestellt sind, gelten die Beziehungen natürlich in gleicher Weise auch in der Horizontalen. **Drehpunkt A:** Die ideale Entwaffnungstechnik. Sie profitieren von einem großen Hebel und Ihr Gegner kann Ihnen nur die Kraft seiner Finger entgegensetzen. **Drehpunkt B:** Diese Methode ist schon weniger optimal, liegt aber immer noch im Bereich des Machbaren. Der Gegner hat die Kraft seines Handgelenks und seine Greifkraft zur Verfügung, um Ihnen Widerstand zu leisten. **Drehpunkt C:** So werden Sie niemals die Kontrolle über die Waffe erlangen.

Verfügung, als Ihnen der Waffenlauf bietet. Den Täter unter diesen Umständen zu entwaffnen, dürfte sich mehr als schwierig gestalten.

Etwas komplizierter liegen die Dinge, wenn der Angreifer nicht mit einer Schusswaffe, sondern mit einem Messer bewaffnet ist. Im Gegensatz zum Lauf eines Gewehres oder einer Pistole kann man eine Messerklinge nicht einfach packen, ohne sich die Hand aufzuschneiden oder wieder abzurutschen und die Kontrolle über die Situation zu verlieren. Sie müssen daher mit Ihrer Kraft an einer der stumpfen Stellen in der Nähe des Griffs ansetzen. Zum anderen spielt die Kontrolle des Handgelenks bei der Entwaffnung von Angreifern mit Messern eine viel größere Rolle als bei solchen, die Schusswaffen tragen. Es gibt einige Spezialisten, die einen Angreifer, der eine Pistole trägt, mit nur einer Hand entwaffnen können, ohne auch nur einen Augenblick lang die Kontrolle über sein Handgelenk gehabt zu haben. Wie im Falle der Pistole konzentrieren wir uns auch bei der Entwendung des Messers auf den Drehpunkt, der sich an der Basis von Daumen und Zeigefinger befindet. Es spielt dabei keine Rolle, ob die Klinge nach oben zeigt (so, wie man beispielsweise einen Degen oder ein Schwert hält) oder nach unten (beim so genannten „Eispickel-Griff“). Sie haben beim Messer etwas weniger Hebelkraft zur Verfügung als bei einer Schusswaffe. Dafür gibt es verschiedene Tricks, mit denen Sie ein bisschen mehr Kraft herausholen können. Ziehen oder schieben Sie mit beiden Händen, führen Sie blitzschnelle Schläge gegen seine Hand aus, biegen Sie seine Hand am Handgelenk herunter oder schlängeln Sie Ihren eigenen Arm um den Arm Ihres Gegners, um seinen Unterarm als verlängerten Hebel zu benutzen.

Wenn Sie sich daran machen, Techniken zur Entwaffnung Ihres Gegners zu erlernen – ob er nun ein Messer oder eine Schusswaffe trägt –, wird es von Vorteil sein, mit den Drehpunkten und den Kreisbahnen, die dabei zur Anwendung kommen, vertraut zu sein. Ohne ausreichende Übung werden Ihnen die Techniken allerdings nicht viel nützen. Die Bewegungen fühlen sich nämlich anfangs recht fremdartig an; außerdem werden Sie ohne Training nicht in der Lage sein, die Techniken schnell genug auszuführen, wodurch ihr Effekt beeinträchtigt wird. Bitten Sie einen Freund um Hilfe und wiederholen Sie die Methoden ein paar Mal. Verwenden Sie dabei eine Spielzeugpistole, einen Stock oder einen Stift. Die Techniken können Ihnen übrigens unter Umständen auch in Alltagssituationen gute Dienste leisten. Selbst wenn Sie niemals in die Verlegenheit kommen, einen mit einem Messer bewaffneten Angreifer entwaffnen zu müssen, kann es sich als nützlich erweisen, wenn Ihnen die Bewegungen in Fleisch und Blut übergehen. Einmal habe ich einem Kleinkind in einer vollendeten Bewegung den Löffel entwendet, nur Sekundenbruchteile bevor es sich und den Fußboden mit Apfelkompott überzogen hätte. Es mag wie eine Geschichte aus einem Hollywoodfilm übelster Sorte klingen, wenn jemand die hohe Schule der Kampfkunst dazu benutzt, ein unartiges Kind in Schach zu halten. Situationen wie diese werden jedoch aller Wahrscheinlichkeit nach öfter in Ihr Leben treten als tatsächliche Angriffe mit einem Messer oder einer Knarre.

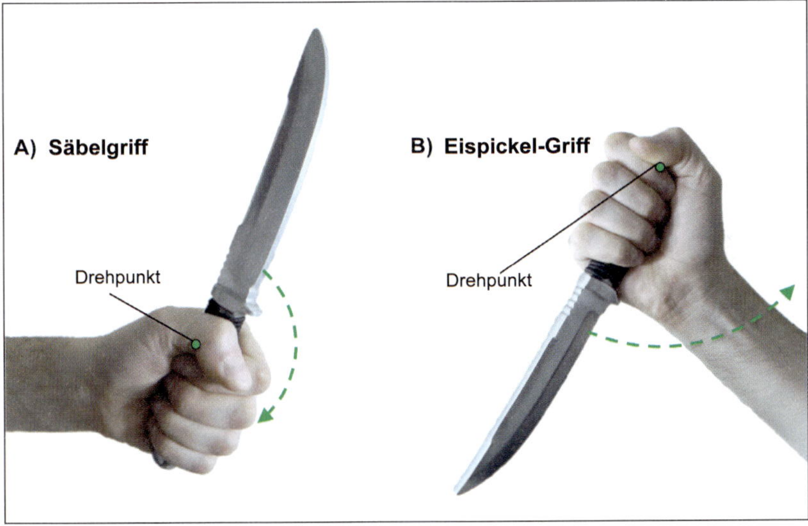


**Abb. 8-3.** Drehpunkte und Kreisbahnen zum Entwenden eines Messers. **A) Säbelgriff:** Die Kraft setzt sehr dicht beim Angelpunkt an und folgt einer engen Kreisbahn. **B) Eispickel-Griff:** Die Kraft greift in etwas größerer Entfernung vom Drehpunkt an und beschreibt einen geringfügig größeren Kreis. Aus Gründen der Anschaulichkeit ist in dieser Grafik eine Bahn in Richtung des gegnerischen Körpers eingezeichnet; effektiver wäre jedoch die Verdrehung nach links bzw. rechts, da die Bahn des Hebels in diesem Fall weniger mit der natürlichen Bewegungsrichtung des Handgelenks korreliert.

KAPITEL 9

# Qi und andere pseudowissenschaftliche Lehren in der Kampfkunst

In den traditionellen Kampfkünsten, insbesondere in den ostasiatischen Stilen, spielt das Konzept des Qi (bzw. Ch'i oder Ki) eine herausragende Rolle. Manche Kampfkünstler sehen darin einen Kraftquell, den man bei der Ausführung von Schlag- und Unterwerfungstechniken anzapfen könne. Der Begriff Qi wird üblicherweise mit „Lebensenergie" übersetzt; im Gegensatz zur wissenschaftlichen Definition von „Energie" wird darunter allerdings nicht einfach eine skalare physikalische Größe verstanden. Das Konzept des Qi ist eng mit einer ganzen Reihe mystischer Vorstellungen verwoben, ohne deren Kenntnis eine adäquate Begriffsbestimmung kaum möglich ist. Der Überlieferung zufolge entspringt das Qi im „Dantian", einer besonderen Energiequelle, die sich unweit des Schwerpunktes des menschlichen Körpers befinden soll. Auf bestimmten, als „Meridianen" bezeichneten Kanälen strömt das Qi, ausgehend vom Dantian, in alle Bereiche des Körpers. Der Energiefluss in den Meridianen lässt sich angeblich beeinflussen – entweder zum Zwecke der Heilung oder auch zum Schaden des Betroffenen –, indem man an bestimmten Punkten Druck ausübt, Nadeln einsticht oder dagegenschlägt. Diese kurze Beschreibung stellt natürlich eine grobe Vereinfachung eines an sich hochkomplexen und äußerst detailreichen Systems der Medizin und der Kampfkunst dar, dessen Ursprünge Jahrtausende zurückreichen (Yang, 1997). Für unsere Zwecke soll dieser kurze Umriss jedoch als Ausgangspunkt genügen. Wir werden uns zunächst einige der haarsträubendsten Behauptungen über die angeblichen Nutzungsmöglichkeiten des Qi näher anschauen, bevor wir uns mit etwas diffizileren Fragestellungen auseinandersetzen. Behalten wir dabei jedoch folgenden Grundgedanken im Hinterkopf: Wenn die Wirkungen des Qi so subtil sind, dass man Schwierigkeiten hat, es überhaupt wahrzunehmen – können wir dann statt der üblichen Streitfrage, ob es Qi wirklich gibt, nicht auch argumentieren: „Was kümmert es mich eigentlich, ob es existiert?" Denn selbst wenn Qi real ist, scheint seine Beherrschung dem Kampfkünstler keinen nennenswerten Vorteil zu verschaffen.

Interessanterweise geht die Zahl der Kampfkunstlehrer, die das Konzept des Qi im Rahmen ihres Unterrichts vermitteln, offenbar zurück. Dabei geben selbst jene Lehrer, die nicht an die Existenz einer Lebensenergie glauben, ihren Schülern einige grundlegende Informationen über diese Idee, um ihnen die Ursprünge der Kampfkunst – die eng mit dieser Vorstellung verwoben sind – nahezubringen. Wir haben es zu einem großen Teil der wachsenden Beliebtheit der Mixed Martial Arts und insbesondere der UFC-Turniere zu verdanken, dass das mystische Element innerhalb der Kampfkunst seit etwa zwei Jahrzehnten zunehmend an Reiz verliert. Die Gesamtzahl der Knockouts, die jemals im Oktagon durch „konzentriertes Qi" herbeigeführt wurden, betrug zum Zeitpunkt der Abfassung dieses Buches genau null. Darüber hinaus ist die fortschreitende Abkehr vom Mystischen auch der allgegenwärtigen Präsenz des Internets und der unproblematischen Verfügbarkeit von Videokameras – in Gestalt unserer Mobiltelefone – geschuldet. Würde heute jemand unverhofft Zeuge eines Zweikampfes werden, bei dem einer der Beteiligten von einer mysteriösen Kraft Gebrauch macht, um seinen widerspenstigen Kontrahenten zu bezwingen, bräuchte der Dritte nur sein Telefon zu zücken, um den erstaunlichen Vorgang zu dokumentieren. Angesichts der minimalen Hürden, die es heutzutage zu überwinden gälte, um die Realität des Übernatürlichen schlussendlich zu beweisen – ganz zu schweigen von dem Ruhm und möglicherweise gar dem Geldsegen, den die Veröffentlichung einer derartigen Filmaufnahme mit sich bringen könnte –, wiegt das Fehlen eines solchen Beleges mit jedem Jahr, das verstreicht, schwerer.

## Das „K.o. ohne Berührung" funktioniert nur bei den eigenen Schülern

Als die Zeitschrift National Geographic im Jahre 2005 im Rahmen ihrer Dokumentationsreihe „Is It Real?" den berühmten amerikanischen Kampfkünstler George Dillman aufsuchte, bahnte sich das bislang wohl größte Debakel für die Anhänger des mystischen Elements in der Kampfkunst an. Dillman hatte behauptet, er wäre imstande, einen beliebigen Gegner durch die Kontrolle des Qi-Flusses K.o. gehen zu lassen, ohne ihn überhaupt zu berühren. Tatsächlich konnte er seine Methode mehrere Male erfolgreich an einigen seiner Schüler demonstrieren, die allesamt umstandslos zu Boden gingen. Dann bestimmte er einen Praktizierenden namens Leon Jay dazu, die Technik des „K.o. durch Qi" einmal an Luigi Garlaschelli – einem der anwesenden Kritiker – auszuprobieren. Nach mehreren erfolglosen Versuchen vor laufender Kamera begann Dillman, das Versagen seines Schützlings damit zu erklären, Garlaschelli würde ja nicht an Qi „glauben", und fügte hinzu, dass die Technik auch durch eine bestimmte Positionierung der Zunge oder durch das gleichzeitige Anheben beider großer Zehen „zunichte gemacht" werden könne.

Auch Tom Cameron, ein weiterer Protegé Dillmans (Spitzname: der „menschliche Elektroschocker"), gab ein ähnlich peinliches Bild ab, als ihm die für Fox News in Chicago tätige Reporterin Danielle Serino einen Besuch abstattete – mit einer Handvoll Praktizierender des Brasilianischen Jiu Jitsu im Schlepptau. Genau wie Jay führte er seine Qi-basierten Knockouts zunächst meisterhaft an einigen seiner eigenen Schüler vor, versagte dann jedoch kläglich, als er die Jiu-Jitsu-Studenten auf die Matte legen sollte. Auf die Frage, warum er bei den Gästen rein gar nichts ausrichten konnte, flüchtete sich Cameron in den Hinweis, dass nur etwa 40 Prozent aller Menschen auf seine Methode ansprächen und „urwüchsige Athleten" nun einmal die widerstandsfähigsten Kandidaten seien.

In Japan gibt es einen Kiai-Künstler namens Yanagi Ryuken, der dafür bekannt ist, seine Fähigkeiten nicht nur an einzelnen Personen, sondern an einer großen Zahl seiner Schüler gleichzeitig unter Beweis stellen zu können. Ryuken erklärte sich bereit, seine berührungslose Knockout-Technik vor Publikum in einem bezahlten Kampf gegen einen MMA-Fighter zu demonstrieren. Mindestens zwei Zuschauer hielten die Szene auf Video fest. Anfangs verhielt sich der MMA-Kämpfer abwartend, während Ryuken mit seinen Händen in der Luft herumfuchtelte. Dann marschierte der Fighter schnurstracks auf den alten Mann zu und verpasste ihm einen Hieb mitten ins Gesicht. Ryuken ging sofort zu Boden und landete auf seinem Allerwertesten. Fassungslos und sichtlich geschockt griff er sich an den Mund, um zu schauen, ob er bluten würde. Auch der MMA-Kämpfer schien etwas besorgt zu sein, doch Ryuken rappelte sich schnell wieder auf, so dass der Schiedsrichter den Kampf von Neuem eröffnete. Wieder lief der MMA-Fighter, von der imaginären Abwehr des Japaners gänzlich unbeeindruckt, einfach zu ihm hin, packte ihn am Ärmel und verpasste ihm einen Schwall von Fausthieben. Ryuken duckte sich, so gut er konnte, und ging schließlich erneut zu Boden.

Allen drei vorstehend genannten Protagonisten des Knockouts ohne Berührung ist eines gemeinsam: Ihre eigenen Schüler – oder andere gläubige Versuchsteilnehmer – vermochten sie tatsächlich auf die Matte zu befördern; doch sobald ein einziger Kandidat auftauchte, der Widerstand leistete, löste sich ihre Fähigkeit in Luft auf. Unabhängig davon, ob die gefügigen Teilnehmer nun tatsächlich durch die Wirkung des Qi oder einfach durch hypnotische Suggestion K.o. gingen, lässt sich doch eines in jedem Fall festhalten: Ein unwilliger Gegenspieler lässt sich durch eine berührungsfreie Knockouttechnik nicht bezwingen. Damit ist das Konzept aber weder im sportlichen Wettkampf noch zur Selbstverteidigung zu gebrauchen. Man könnte sogar mit einigem Recht behaupten, dass jemand, der sich – wie im Falle von Yanagi Ryuken – durch die Beherrschung einer derartigen Technik in einem falschen Gefühl der Sicherheit wiegt, in einer echten Gefahrensituation noch stärker gefährdet wäre als jemand, der mit der fraglichen Methode nie Berührung hatte.

## Bei Qi-Demonstrationen handelt es sich in der Regel schlicht um physikalische Tricks

Etwas weniger unverfroren als die Behauptung, einen Angreifer durch die Lenkung von Qi ausknocken zu können, erscheinen die wundersamen Vorführungen, bei denen Kampfkünstler (oder auch Mönche) beispielsweise Schlackensteine zerschlagen, über glühende Kohlen laufen oder sich auf Nagelbetten legen. Auch hier wird die „Meisterung des Qi" bemüht, um die bei derartigen Darbietungen zur Schau gestellte, scheinbar übermenschliche Kraft bzw. Unempfindlichkeit zu erklären. Die Teilnehmer an solchen Demonstrationen – Ausführende wie Zuschauer – mögen dieser Darstellung auch tatsächlich folgen. Allerdings können wir sämtliche Kunststücke dieser Art auch allein unter Zuhilfenahme der Physik erklären. Für unsere Zwecke werde ich mich im Folgenden auf solche Präsentationen beschränken, die von den Protagonisten in aller Ernsthaftigkeit vorgeführt worden sind, während ich die klassischen Zaubertricks – die erklärtermaßen mit der Kunst der Täuschung arbeiten – außen vor lasse. Seien Sie sich aber der Tatsache bewusst, dass die Übergänge zwischen diesen beiden Bereichen nicht immer klar auszumachen sind.

Als ich zum ersten Mal mit eigenen Augen sah, wie sich jemand auf ein Nagelbett legte, ging ich noch zur Schule. Damals besuchte eine Gruppe von Motivationsrednern unsere Schule, um uns davon zu überzeugen, dass Drogen schlecht seien. Die Bodybuilder, aus denen sich das Team zusammensetzte, hatten farbenprächtige Elastananzüge angelegt und präsentierten nun reihum ihre „Muskelmann"-Tricks, während ihre Kompagnons zur Unterstützung ihre Muskeln spielen ließen und Sätze wie „Noch nie zuvor hat er dieses Gewicht zu heben versucht! Wird er es schaffen? Vielleicht werden wir heute Zeugen eines neuen Weltrekordes! Oooooooh mein Gott! ER HAT ES GESCHAFFT!" ins Mikrofon riefen. Obwohl ich zu jenem Zeitpunkt noch ein Kind war, begriff ich doch, dass diese Jungs, die offensichtlich davon träumten, eines Tages in Hulk Hogans Fußstapfen zu treten, es kaum jemals weiter bringen würden, als ihre Tricks vor Mittelstufenschülern aufzuführen. Zunächst zerschlugen sie Ziegelsteine und Bretter und verbogen Eisenstangen; schließlich legte sich einer von ihnen zwischen zwei Nagelbetten – einem Sandwich gleich –, während einer seiner Kollegen einen aus Schlacke gepressten Formstein, der sich obenauf befand, mit einem Vorschlaghammer zertrümmerte. Zu all diesen Kunststücken seien sie nur deshalb in der Lage, so erklärten sie uns, weil sie der Versuchung, Drogen zu nehmen, stets konsequent widerstanden hätten.

Während meines ersten Jahres am College begab es sich, dass unser Physiklehrer – ein spindeldürrer Bursche mit grauen Haaren – für ein bestimmtes Experiment einen Freiwilligen suchte. Die Versuchsperson sollte sich zwischen zwei Nagelbetten legen, woraufhin der Professor mit einem Vorschlaghammer einen Schlackenstein zertrümmerte, der sich ganz oben auf dem „Sandwich" befand. Es handelte sich um genau denselben Trick, dessen Zeuge ich an der Middle School geworden war! Nur gab es diesmal weder Bodybuilder noch Elastananzüge – und der freiwillige Versuchsteilnehmer hatte mit ziemlicher Sicherheit auch schon die eine oder andere Erfahrung mit Drogen gemacht. Einige Jahre später, nachdem ich mein Grundstudium abgeschlossen hatte, gab der Chef unseres Physik-Institutes eine Vorführung, in deren Verlauf er unter anderem über glühende Kohlen lief. Als ich schließlich begann, Laborunterricht zu geben, führte ich sogar selbst ein paar von diesen Tricks vor. Meine bevorzugte Masche bestand darin, meine bloße

Hand in flüssigen Stickstoff zu tauchen – der eine Temperatur von minus 196 Grad Celsius aufwies. Wie sich herausstellt, beruhen all diese Kunststücke letztlich nicht auf spirituellen Kräften, sondern können auf einfache physikalische Zusammenhänge zurückgeführt werden. Viele davon sind im Laufe der Zeit aufgrund ihres Unterhaltungswertes überall in Amerika in das Standardprogramm des Physikunterrichts eingeflossen.

Für den Fall, dass Sie einmal jemandem begegnen, der die Realität mystischer Vorstellungen mit Vorführungen zu beweisen versucht, die sich durch simple physikalische Zusammenhänge erklären lassen, möchte ich Ihnen im Folgenden einen kleinen Ratgeber an die Hand geben. Ich werde mir einige der am häufigsten gezeigten Tricks vornehmen, jeden von ihnen erklären und jeweils einen Weg aufzeigen, wie Sie den Effekt auf einfache Weise zunichte machen können. Nach dem Studium der nachfolgenden Betrachtungen werden Sie natürlich prinzipiell auch in der Lage sein, jedes der besprochenen Kunststücke selbst durchzuführen – ganz ohne dass Sie sich dabei der mystischen Lebensenergie bedienen müssten. Aus einem einfachen Grund möchte ich Ihnen davon jedoch dringend abraten: Beim Einüben derartiger Tricks geschieht es nämlich leicht, dass dem Neuling ein – ganz und gar unmystischer – Fehler unterläuft und er sich verdammt weh tut.

## *Auf einem Nagelbett liegen*

**Der Trick:** Der Vorführende stellt seine Unverwundbarkeit unter Beweis, indem er sich auf eine mit Nägeln bestückte Unterlage legt.

**Die Physik:** Der Grund, warum es schmerzt, wenn Sie sich auf einen einzelnen Nagel setzen, liegt in seiner sehr geringen Oberfläche. Die gesamte angreifende Kraft (Ihr Körpergewicht) konzentriert sich an der Spitze des Nagels. Setzen Sie sich hingegen auf einhundert Nägel gleichzeitig, verteilt sich die Gesamtkraft gleichmäßig, so dass auf jeden Nagel nur noch ein Prozent Ihres Körpergewichts entfällt. Jeder kann diesen Trick ausführen – ohne jedes Training.

**Wie man den Trick zunichte macht:** Fordern Sie den Vorführenden auf, sich auf einen einzelnen, frei stehenden Nagel zu setzen.

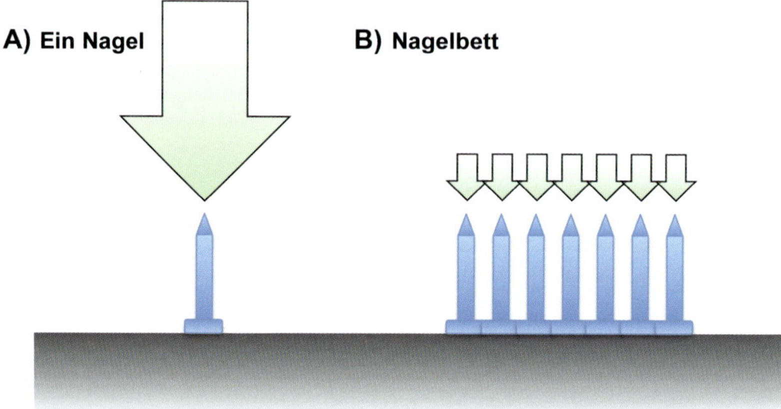


**Abb. 9-1. A) Ein Nagel**: Die gesamte aufgewendete Kraft (im Bild als Pfeil dargestellt) greift an der Spitze des Nagels an, weshalb diese Variante gefährlich und schmerzhaft ist. **B) Ein ganzes Bett aus Nägeln**: Dieselbe Gesamtkraft wird nun gleichmäßig über alle Nägel verteilt, so dass die pro Nagel wirksame Kraft viel geringer ist.

## *Auf Schwertern liegen*

**Der Trick:** Der Vorführende stellt seine Unverwundbarkeit unter Beweis, indem er sich auf die Schneiden mehrerer scharfer Schwerter legt.

**Die Physik:** Zum einen kommt hier dasselbe Prinzip zur Anwendung wie beim Trick mit dem Nagelbett. Legt man sich auf drei Klingen statt nur auf eine, verdreifacht sich auch die verfügbare Fläche. Hinzu kommt jedoch ein weiterer Faktor, der nur beim Schneiden fester, aber komprimierbarer Oberflächen – wie etwa einer Tomate, eines Stückes Gelatine oder eines menschlichen Körpers – zum Tragen kommt. Derartige Materialien lassen sich nämlich, wie sich zeigt, selbst bei Verwendung scharfer Klingen kaum durch reine Druckausübung zerschneiden. Dieses Phänomen rührt daher, dass das Material durch den angreifenden Druck zusammengepresst (und nicht geschnitten) wird (Reyssat, Tallinen, Le Merrer und Mahadevan, 2012). Will man einen komprimierbaren Gegenstand zerschneiden, muss man entweder Schnittbewegungen ausführen, um mit den Unebenheiten der Klinge über die Oberfläche zu schaben; oder aber man setzt die Klinge schräg an (so, wie auch die Schneide der Guillotine stets angeschrägt ist), so dass der erste Einschnitt mit einer deutlich verringerten Kontaktfläche erfolgt. Ein wunderbares Beispiel für diesen Effekt, das jeder von uns aus dem häuslichen Alltag kennt, ist das Schneiden von Brot: Es gestaltet sich ziemlich schwierig, mit dem Messer einfach ein Stück von einem Brot abzuhacken. Setzt man dasselbe Messer jedoch schräg an und vollführt Schnittbewegungen, geht es ganz leicht.

**Wie man den Trick zunichte macht:** Fordern Sie den Vorführenden auf, sich auf ein einzelnes Schwert zu legen oder die Schwerter anzuwinkeln, statt sie waagerecht anzuordnen.

## *Bretter oder Ziegelsteine zerbrechen*

**Der Trick:** Der Vorführende zerschlägt Bretter oder Ziegelsteine mit der bloßen Hand, wobei er vorgibt, die dafür benötigte enorme Kraft aus dem Qi zu beziehen.

**Die Physik:** Wir neigen dazu, uns Ziegelsteine und Bretter als sehr stabile Objekte vorzustellen; in Wirklichkeit beschränkt sich ihre Stabilität jedoch auf Druckbelastungen. Diese Eigenschaft, die sie für den Einsatz bei der Unterstützung schwerer Strukturen prädestiniert, ist auch der Grund, warum man sie in solch einem Umfang im Bauwesen verwendet. Wenn der Ausführende diesen Trick zeigt, ist es aber gar nicht die Druckfestigkeit des Objektes, die er auf die Probe stellt. Vielmehr versucht er, eine winzig kleine Verkrümmung in dem jeweiligen Ziegel bzw. Brett hervorzurufen. Wenn Sie einen nachgiebigen Halm zur Hand nehmen und verbiegen, werden Sie feststellen, dass das Material auf der Innenseite der Verkrümmung gestaucht, auf der Außenseite aber gestreckt wird. Schlackensteine oder trockene Kiefernholzbretter können bei einer Biegebelastung zwar recht gut der Komprimierung auf der Innenseite widerstehen, doch die Dehnung auf der gegenüberliegenden Seite verkraften sie nicht annähernd so gut. Da das spröde Material nicht in der Lage ist, sich an die Verkrümmung anzupassen, genügt schon eine minimale Biegekraft, um das Brett bzw. den Formstein in zwei Hälften zerbrechen zu lassen (Feld, McNair und Wilk, 1979). So erklärt sich auch, warum die Protagonisten solcher Vorführungen immer dann, wenn sie mehrere Bretter bzw. Ziegel auf einmal zerschlagen wollen, Zwischenräume zwischen den einzelnen Objekten lassen. Auf diese Weise ist für das Zertrümmern mehrerer Bretter bzw. Schlackensteine kaum mehr Kraft erforderlich als bei nur einem Exemplar. Im Prinzip entspricht das Zerschlagen zweier Bretter, zwischen denen sich ein Luftzwischenraum befindet, der Zertrümmerung zweier einzelner Bretter. Im Grunde wäre nahezu jeder Mensch nach einer kurzen Anleitung, für die man keine fünf Minuten bräuchte, in der Lage, einfache Ziegel- oder Brettzertrümmerungen selbst vorzuführen. Einige Vertreter dieses Fachs haben ihre Fertigkeiten freilich zu solchen Extremen übersteigert, dass die Resultate durchaus beeindrucken. Um Verletzungen der Hand zu vermeiden, bedarf es einerseits einer einwandfreien Schlagtechnik. Durch entsprechendes

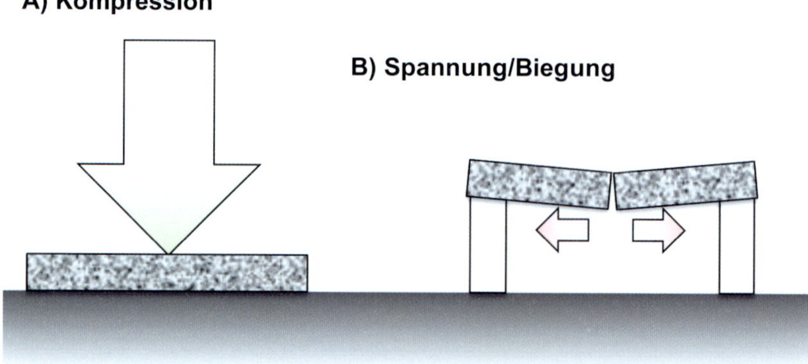


**Abb. 9-2. A) Kompression**: Holz, Schlackensteine und Ziegelsteine sind sehr widerstandsfähig gegenüber Stauchkräften. **B) Spannung und Durchbiegung**: Schon durch eine winzige Krümmung beginnt das Material auf der entfernten Seite zu zerreißen. Kräften dieser Art haben spröde Materialien nicht viel entgegenzusetzen.

Training – beispielsweise mit dem Makiwara oder mit Leinenboxsäcken, die mit Reis gefüllt sind – ist es zudem auch möglich, mit der Zeit eine deutliche Zunahme der Knochendichte in der Hand zu erreichen. Dadurch wird die Hand generell weniger anfällig für Verletzungen (Chen, Liu, You und Simmons, 2010). Wissenschaftler erforschen derzeit sogar die Möglichkeit, die Beschaffenheit der menschlichen Knochen durch Vibrationen zu verändern, um auf dieser Grundlage eine neue Behandlungsmethode für Osteoporose zu entwickeln (Verschueren u. a., 2011).

**Wie man den Trick zunichte macht:** Fordern Sie den Vorführenden auf, statt zehn übereinander getürmter, durch Luftzwischenräume getrennter Ziegel einen einzigen, flach auf dem Boden liegenden Ziegelstein zu zertrümmern. Oder schlagen Sie vor, die Abstandhalter bzw. Auflagen näher zusammen (und näher zum Auftreffpunkt hin) zu rücken.

## *Eine lange Holzlatte auf einem „eisernen Körper" zerschlagen*

**Der Trick:** Nachdem einer der Vorführenden seinen Oberkörper entblößt hat, ergreift ein zweiter eine lange hölzerne Stange, holt damit weit aus und zertrümmert sie auf dem Bauch oder dem Rücken seines Partners, der dabei unverletzt bleibt.

**Die Physik:** Dieses Kunststück ähnelt in gewisser Weise dem Zertrümmern eines Holzbrettes, da auch hier die Sprödheit des Holzes ausgenutzt wird und man den Körper durch entsprechendes Training über einen längeren Zeitraum hinweg sehr gut für diesen Trick konditionieren kann. Doch es spielen noch einige andere Faktoren eine Rolle, beispielsweise die Länge der Stange. Je länger ein Stab ist, desto stärker kann er sich verbiegen, bevor er den Punkt des Durchbrechens erreicht. Gleichzeitig wird aber aufgrund des längeren Hebelarmes auch weniger Kraft benötigt, um die Latte zu zerbrechen. Zweitens macht es einen Unterschied, an welcher Stelle die Stange Kontakt mit dem Körper hat. Der Mittelpunkt der Stange befindet sich in der Mitte derselben. Der Kompagnon des Hauptdarstellers schlägt aber in einer Weise zu, dass die Stange nicht an deren Schwerpunkt auf den Körper trifft, sondern ein Stück weiter unten, irgendwo zwischen dem Schwerpunkt und den Händen des Kompagnons, mit denen dieser die Stange hält. Diese Situation erinnert daran, wie man als Kampfsportler einem Roundhouse-Kick oder einem Schwinger begegnen kann, indem man den Abstand zum Gegner verkürzt und damit auch die Stärke der Schmerzen beim Aufprall reduziert. Wenn man an den Kontrahenten nahe genug herankommt, fühlt sich der Treffer eher wie ein kurzer Stoß und nicht wie ein mächtiger Hieb an. Hinzu kommt, dass sich der größte Teil der Masse der Stange aufgrund der Tatsache, dass ihr Schwerpunkt hinter dem Kontaktpunkt mit dem Körper des Hauptdarstellers liegt, nach dem Aufprall auf einer Kreisbahn weiter bewegt. Sie beginnt sich daher um den Oberkörper herum zu biegen, statt auf ihn weiter unmittelbar einzuwirken. Hält der Kompagnon die Stange zudem sehr fest, wird sie zerbrechen. Auch für die Rolle des halbnackten Helden gilt, dass sie fast jeder spielen könnte. Weh tun würde es zwar schon, aber wie gesagt – Übung kann hier viel bewirken.

**Wie man den Trick zunichte macht:** Der Kompagnon soll so zuschlagen, dass er seinen Partner mit dem langen Ende des Stockes trifft, oder einen kurzen Stock benutzen.

## *Einen Speer oder eine Metallstange verbiegen*

**Der Trick:** Der Vorführende setzt sich die Spitze eines Speeres oder einer langen Metallstange an den Hals oder den Bauch und schiebt dann langsam seinen Körper vorwärts, wobei sich die Stange allmählich verbiegt, statt den Vorführenden aufzuspießen.

**Die Physik:** Lange, dünne Objekte wie Speere, Spieße oder Metallstäbe sind zwar unheimlich widerstandsfähig gegenüber Kräften, die in Längsrichtung angreifen, doch einer Kraft, die quer dazu angreift, haben sie deutlich weniger entgegenzusetzen. Der Protagonist schiebt bei diesem Trick – auch wenn das schwer zu erkennen sein mag – mit seinem Hals gar nicht direkt in Richtung des Speerschaftes, sondern übt Druck nach oben aus – in einem rechten Winkel zum Speer –, womit er ihn ganz allmählich verbiegt.

**Wie man den Trick zunichte macht:** Schmieren Sie die Speerspitze bzw. das zum Hals zeigende Ende der Metallstange mit Fett ein. Durch die auf diese Weise deutlich reduzierte Reibung ist der Vorführende kaum noch in der Lage, die Richtung der von ihm aufgewendeten Kraft zu kontrollieren.

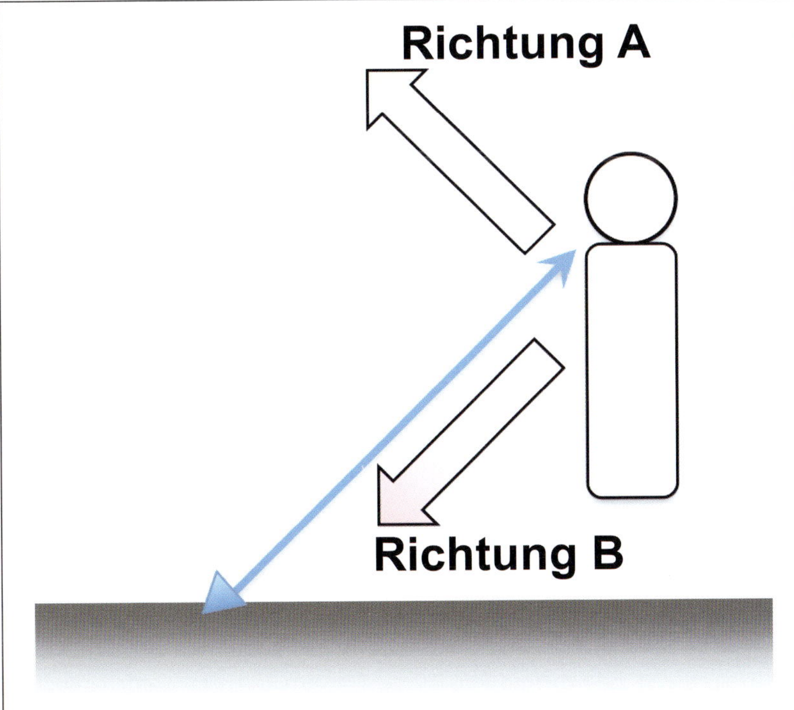


**Abb. 9-3.** Während das hintere Ende des Speers am Boden fixiert ist, setzt der Vorführende die Speerspitze an seinen Hals. **Richtung A:** Wenn die aufgewandte Kraft in diese Richtung weist, wird der Speer gekrümmt, ohne dass der Vorführende verletzt wird. **Richtung B:** Kraftausübung in dieser Richtung würde den Vorführenden umbringen.

## *An einer glühenden Schaufel lecken / die Hand in flüssiges Blei tauchen / die Hand in flüssigen Stickstoff tauchen*

**Der Trick:** Der Vorführende leckt an einer glühend heißen Metallschaufel oder taucht seine Hand kurz in Wasser und anschließend in flüssiges Blei, ohne Verbrennungen davon zu tragen. Wissenschaftler zeigen auch gerne einen ähnlichen Trick mit superkaltem flüssigem Stickstoff.

**Die Physik:** All diese Tricks beruhen auf einem interessanten Phänomen, das als Leidenfrost-Effekt bekannt ist (J. Walker, 2010). Er tritt immer dann in Erscheinung, wenn eine Flüssigkeit mit einer Substanz in Kontakt kommt, deren Temperatur weit über dem Siedepunkt der Flüssigkeit liegt. Wenn Sie Ihre Hand einen Moment lang in ein Gefäß mit Wasser und sofort anschließend in heißes, flüssiges Blei tauchen, verwandelt sich der dünne Wasserfilm um Ihre Hand augenblicklich in Wasserdampf. Der vom Wasserdampf ausgehende Druck hält das geschmolzene Blei auf Abstand und schützt dadurch Ihre Hand. Auf die gleiche Weise erklärt sich auch, warum es möglich ist, an einer heiß glühenden Schaufel zu lecken: Hier ist es das Wasser in Ihrem Speichel, das augenblicklich verdampft wird. Da der Dampf einen Film bildet, der sich zwischen Ihrer Zunge und der glühenden Schaufel befindet, kommt letztere gar nicht wirklich mit Ihrem Körper in Kontakt. Bei Tricks mit flüssigem Stickstoff ist es wichtig, dass die Hand vollkommen trocken ist. Die Temperatur ist hier nämlich – im Gegensatz zum flüssigen Blei oder zur glühenden Schaufel – nicht außergewöhnlich hoch, sondern mit minus 196 Grad Celsius extrem niedrig. Schon Ihre Körperwärme genügt, um den flüssigen Stickstoff zum Verdampfen zu bringen. Um Ihre Hand bildet sich eine dünne Hülle, durch die sie von der eiskalten Flüssigkeit isoliert wird. Dieser Effekt währt allerdings nur einige Augenblicke. Nichtsdestotrotz vermag er immer wieder aufs Neue zu beeindrucken – selbst dann, wenn man schon weiß, was dabei eigentlich vor sich geht.

**Wie man den Trick zunichte macht:** Fordern Sie den Vorführenden auf, sich (bei dem Versuch mit dem Blei) vorher die Hand abzutrocknen, bzw. einmal mit einer trockenen Zunge an der glühenden Schaufel zu lecken.

## *Auf glühenden Kohlen laufen*

**Der Trick:** Der Vorführende stellt, indem er über glühend heiße Kohlen läuft, unter Beweis, dass ihm große Hitze nichts anhaben kann und er keine Verbrennungen davonträgt.

**Die Physik:** Dieser Trick nimmt sich aufgrund der rot glühenden Kohlen immer wieder imposant aus. Dabei sind Kohlen eigentlich ziemlich schlechte Wärmeleiter. Die Täuschung ist hier also gar nicht so groß, wie man meinen würde. Zudem kühlt sich bei jedem Schritt einer der beiden Füße kurzzeitig in der Luft ab. Das ist auch der Grund, weshalb die Vorführenden bei diesem Kunststück gerne einen zügigen Gang an den Tag legen. Möglicherweise spielt hier auch der Leidenfrost-Effekt eine Rolle. Nasse oder schwitzende Füße scheinen derartige Vorführungen jedenfalls zu begünstigen. Dies könnte sich jedoch auch aus der Tatsache erklären, dass Wasser zunächst eine Menge Wärme absorbieren muss, bevor es seinerseits heiß wird (J. Walker, 2010; Willey, 2010).

**Wie man den Trick zunichte macht:** Fordern Sie den Vorführenden auf, einmal eine Weile an ein und derselben Stelle des Kohlenteppichs stehen zu bleiben.

Diese kleine Sammlung von Beispielen, wie sich physikalische Tricks dazu benutzen lassen, den Glauben in mystische Kräfte zu bestärken, stellt bei Weitem keine erschöpfende Liste dar. Sie möge aber hoffentlich genügen, um Sie für alle Zukunft gegen die Schaueffekte derartiger Täuschungen zu impfen. Wenn wir bedenken, dass einige dieser Kunststücke schon aufgeführt wurden, als die Menschen die ihnen zugrunde liegenden wissenschaftlichen Effekte noch gar nicht verstanden, dürfen wir annehmen, dass die Ausführenden ursprünglich tatsächlich glaubten, sie hätten es mit mystischen Erscheinungen zu tun. Doch in der heutigen Zeit, da wir all diese Effekte – und noch vieles mehr – wissenschaftlich erklären können, ist es nicht mehr zu entschuldigen, wenn jemand vorgibt, solche Leistungen würden auf der Nutzbarmachung von Qi (oder dem Verzicht auf Drogen) beruhen.

## Das Qi hat auf Ihre Gesundheit keinen messbaren Einfluss

Die bisher betrachteten Behauptungen über angebliche Wunderwirkungen, die dem Qi zuzuschreiben seien, stellen geradezu hanebüchene Beispiele pseudowissenschaftlicher Argumentationen dar, die jeden sinnvollen Bezug zur wirklichen, physikalischen Welt vermissen lassen. Nicht ganz so einfach liegen die Dinge, wenn behauptet wird, man könne durch die Nutzbarmachung von Qi die Gesundheit verbessern. Eine derartige Behauptung überprüfen zu wollen, stellt eine äußerst schwierige Herausforderung dar. Glücklicherweise liegt uns mittlerweile eine große Anzahl medizinischer Untersuchungen vor, die Wissenschaftler und Ärzte eigens zu diesem Zweck durchgeführt haben. Während bei manchen Versuchsreihen eine erschreckende Vielzahl von Problemen aufgetreten ist, ergibt die Sichtung einer großen Zahl derartiger Studien in ihrer Gesamtheit – unter Berücksichtigung möglicher Voreingenommenheiten seitens der Autoren und bei Ausschluss solcher Testreihen, die den Qualitätsanforderungen nicht genügten – doch ein klares Bild: Keine der mystischen Therapieformen hat das Potenzial, Ihre Gesundheit in einem nennenswerten oder auch nur nachweisbaren Maße zu verbessern.

In den 1970er Jahren ersannen die Krankenschwester Dolores Krieger und die mystische Autorin Dora Kunz eine angebliche Energieheilungsmethode, die seither unter der Bezeichnung „Therapeutic Touch“ (oder kurz „TT“) bekannt ist. Der Therapeut hält dabei seine Hände an den Körper des Patienten, ohne ihn jedoch zu berühren. Auf diese Weise werde Energie auf den Patienten übertragen und sein „menschliches Energiefeld“ geheilt. In den folgenden zwei Jahrzehnten erfreute sich Therapeutic Touch unter Krankenschwestern zunehmender Beliebtheit – bis gegen Ende der 1990er Jahre ein kleines Mädchen namens Emily Rosa auf den Plan trat. Die Viertklässlerin hatte beschlossen, für ein Wissenschaftsprojekt an ihrer Schule eines der zentralen Elemente der Therapeutic-Touch-Methode auf die Probe zu stellen. So kam es, dass sich Emily einen Versuchsaufbau überlegte und über einen Zeitraum von zwei Jahren – von 1996 bis 1997 – TT-Praktizierende aller Stufen einlud, an ihrem Experiment teilzunehmen. Die Probanden nahmen vor einem Sichtschirm Platz, der zwei Öffnungen besaß, durch die sie ihre Hände stecken konnten; was sich hinter dem Schirm befand, konnten die Probanden nicht einsehen. Emily saß auf der anderen Seite des Schirms und wählte nun bei jedem Durchgang zufällig eine der beiden Hände der Testperson aus und hielt ihre eigene Hand darüber, ohne sie zu berühren. Die Aufgabe der Versuchsteilnehmer bestand darin, zu erraten, über welcher Hand sich die Hand des Mädchens befand. Wenn die Therapeuten tatsächlich in der Lage wären, das menschliche Energiefeld wahrzunehmen, hätten sie mit ihren Antworten mit statistisch signifikanter Häufigkeit richtig liegen müssen. Wie sich jedoch herausstellte, stimmten ihre Angaben im Mittel nur zu 44 Prozent – ein klarer Hinweis darauf, dass sie die Fähigkeit, das Energiefeld eines Menschen zu erspüren, nicht besitzen. Mit der Unterstützung einiger erwachsener Forscher, zu denen auch Emilys Eltern zählten, präsentierte das Mädchen seine Ergebnisse im *Journal of the American Medical Association* und wurde damit die jüngste Koautorin, die je an einem von der Fachzeitschrift veröffentlichten wissenschaftlichen Aufsatz mitgewirkt hat (Rosa, Rosa, Sarner und Barrett, 1998). Mit der daraufhin einsetzenden Berichterstattung in den Medien begann der Stern des Therapeutic Touch bald zu sinken.

Eine ähnliche Methodik verbirgt sich auch hinter dem aus Japan stammenden Reiki. Der geschulte Heiler legt seine Hände auf den Körper des Patienten oder hält sie dicht darüber und überträgt ihm – angeblich – Qi, womit wiederum Heilung bewirkt werden soll. Ungeachtet der Geschehnisse um Therapeutic Touch erfreute sich Reiki weiterhin einer gewissen Beliebtheit. Im Laufe der Zeit machten sich immer mehr Forscher daran, den gesundheitsfördernden Effekt von Reiki im Rahmen medizinischer Studien näher zu untersuchen. Schließlich begannen einige Wissenschaftler damit, all diese aus ganz verschiedenen Quellen stammenden Veröffentlichungen zu sichten und systematisch zu erfassen. Im Ergebnis dieser Meta-Analyse wurde nicht nur deutlich, dass Reiki-Behandlungen keine messbare gesundheitliche Verbesserung bewirken; sie zeigte auch auf, dass viele dieser Untersuchungen deutliche Zeichen einer Parteinahme oder andere grobe Mängel hinsichtlich der Gestaltung oder der Ausführung der Versuche aufwiesen (Lee, Pittler und Ernst, „Effects of Reiki in clinical practice: A systematic review of randomised clinical trials", 2008; van der Vaart, Gijsen, de Wildt und Koren, 2009).

Zu den wichtigsten Elementen der Traditionellen Chinesischen Medizin gehören die Behandlung mit Akupunktur und Heilkräutern sowie das Qi Gong. Bei der Akupunktur sticht der Therapeut an bestimmten Punkten entlang der Meridiane Nadeln in das unter der Haut befindliche Gewebe, um auf diese Weise fördernd auf das Qi des Patienten einzuwirken. Auch die Einnahme bestimmter Kräuter soll aufgrund der darin enthaltenen Substanzen einen positiven Effekt auf den Qi-Haushalt haben. Unter dem Begriff Qi Gong wird eine Vielzahl innerer und äußerer Übungen zusammengefasst, die allesamt der Verbesserung der Gesundheit dienen sollen und sich ebenfalls auf die Nutzbarmachung des Qi berufen. Die Untersuchungen der Forscher, die es sich auf die Fahnen geschrieben hatten, die Wirksamkeit dieser Methoden zu ergründen, leiden hinsichtlich ihrer Qualität und der Einstellung ihrer Verfasser an denselben Problemen, die auch bei den Studien zu Reiki und anderen „alternativen" Methoden zu beobachten sind. Die dadurch hervorgerufenen Verzerrungen machen es nahezu unmöglich, sich auf die Ergebnisse einer einzelnen Arbeit zu stützen (Cao, Liu und Lewith, 2010; Wang, Li, Liu, Luo, Ma und Alraek, 2014). Selbst die systematischen Zusammenstellungen weisen oft noch ein hohes Maß an Voreingenommenheit und anderen Problemen auf (Ma, 2011).

Es ist grundsätzlich durchaus verständlich, warum wir bei experimentellen Untersuchungen derartiger Themen häufig einer gewissen Befangenheit auf Seiten der Autoren begegnen. Damit solche Testreihen in die Praxis umgesetzt werden können, muss es schließlich stets jemanden geben, dem die Feststellung der Wirksamkeit der betrachteten Methode persönlich am Herzen liegt. Doch wenn man sich anschaut, welche Arten von Problemen bei den Versuchsreihen wie auch bei deren Revision auftreten, kann man zudem einen weiteren subtilen, aber bedeutsamen Trend erkennen. In sehr vielen Fällen haben die Versuchsleiter nämlich eine ungenügende Stichprobengröße gewählt – das heißt, sie haben zu wenige Patienten einbezogen, um den Unterschied zwischen der zu testenden Gruppe und der Kontrollgruppe überhaupt bestimmen zu können. Dass ein solches Problem in einer derartigen Häufung auftritt, ist absurd. Jeder, der in statistischen Berechnungen ein wenig Übung hat, kann die Anzahl der in einem gegebenen Szenario minimal erforderlichen Stichproben mühelos ermitteln. Im schlimmsten Fall ließe sich die Frage durch ein kurzes Telefonat klären. Wenn es also nur eines fünfminütigen Telefongespräches bedarf, um sicherzustellen, dass man die Zeit und das Geld, die in die Durchführung einer Studie investiert werden, nicht sinnlos verpulvert (weil die Resultate statistisch nicht beweiskräftig sind) – wieso trifft man dann ausgerechnet bei der Untersuchung mystischer Behauptungen immer wieder auf diesen Mangel? Ich persönlich glaube nicht, dass wir es hier mit einer Epidemie von Inkompetenz, vorsätzlichem Betrug oder schlechter Planung zu tun haben. Was tatsächlich dahinter steckt, ist wohl vielmehr ein Übermaß an Begeisterung. Bei der Berechnung der für eine Testreihe minimal erforderlichen Stichprobengröße fließt unter anderem ein Wert mit ein, der beschreibt, wie stark der bei der Testgruppe erwartete Effekt ist (im Vergleich zur Kontrollgruppe). Wenn Sie beispielsweise eine Versuchsanordnung entwerfen würden, mit der Sie beweisen wollen, wie großartig Ihre Wundertherapie wirkt, müssten Sie die Frage beantworten: „Welcher Prozentsatz aller behandelten Patienten wird erwartungsgemäß durch meine Therapie geheilt werden?" Eine enthusiastische Antwort – etwa „Mein Wundermittel wird 75 Prozent aller Patienten heilen" – würde eine sehr geringe minimale Stichprobengröße ergeben. Möglicherweise würden Sie nicht einmal 20 Versuchsteilnehmer brauchen, um Ihren Effekt nachzuweisen. Vermag Ihre Methode hingegen nicht einmal ein Prozent Ihrer Patienten zu heilen, bräuchten Sie vermutlich über 20.000 Probanden, um die Wirksamkeit der Therapie statistisch zu untermauern. Hinzu käme die Notwendigkeit, dem Placeboeffekt Rechnung zu tragen. In der Tat stellt die mangelhafte Behandlung des Placeboeffektes ein weiteres typisches Versäumnis bei Studien zu mystischen Therapieformen dar. Zieht man all dies in Betracht, kann man wohl mit einiger Sicherheit schlussfolgern, dass der signifikante Qualitätsmangel bei Forschungsarbeiten zur Traditionellen chinesischen Medizin und anderen mysteriösen Behandlungsformen zumindest teilweise auf die fortwährende Überschwänglichkeit der beteiligten Forscher zurückzuführen ist.

Unter all den Methoden, die man zur TCM zählt, steht in den Vereinigten Staaten vor allem die Akupunktur hoch im Kurs. Es überrascht daher nicht, dass diese Technik auch von wissenschaftlicher Seite am ausgiebigsten untersucht worden ist. Die systematische Auswertung der Studien zur Akupunktur ergibt – von der auch bei diesen Arbeiten hohen Zahl von Qualitätsproblemen einmal ganz abgesehen –, dass entweder zu wenige Daten erhoben worden sind und man die Zahl der Stichproben zu niedrig angesetzt hat, oder kein Unterschied zwischen der Test- und der Kontrollgruppe festgestellt werden konnte (Vickers u. a., 2012; Madsen, Gøtzsche und Hróbjartsson, 2009). Um den Placeboeffekt zu umschiffen, haben die Forscher sogar eine Reihe besonders ausgefuchster Methoden erdacht, die zusammenfassend als „Scheinakupunktur" bezeichnet werden (Park, White, Stevinson, Ernst und James, 2002; Moffet, 2009). Dabei glaubt der Patient, er habe gerade eine Akupunkturbehandlung erhalten, obwohl dies gar nicht der Fall ist. Die Bezeichnung „Scheinakupunktur" entbehrt natürlich nicht einer gewissen Ironie – unterscheidet sie sich doch in ihrer Wirksamkeit nicht von der „echten" Akupunktur, nur dass sie ohne die Vorspiegelung eines angeblichen Qi-Flusses auskommt (Colquhoun und Novella, 2013; Singh und Ernst, 2008).

Ähnliche Befangenheitsprobleme und Qualitätsmängel wie bei den Studien zur Akupunktur findet man auch bei den Untersuchungen zur Wirksamkeit von Kräuterbehandlungen. Wiederum stoßen wir entweder auf Resultate, die aufgrund einer zu geringen Stichprobenzahl keine eindeutige Aussage zulassen, oder es konnte kein messbarer Effekt festgestellt werden (Shang, Huwiler, Nartey, Jüni und Egger, 2007; Liu, Zhang, He, Li und Kang, 2006). Einige Kräuter finden zwar tatsächlich Anwendung in der Medizin; so wird etwa die im Einjährigen Beifuß enthaltene Substanz Artemisinin beim Kampf gegen Malaria eingesetzt (van Agtmael, Eggelte und van Boxtel, 1999). Doch diese Art der Verwendung hat nichts mit den Beschwerden zu tun, zu deren Behandlung das Kraut traditionell verschrieben wird. Die Tatsache, dass ein einzelnes Kraut in spezifischer Weise medizinisch genutzt wird, lässt sich auch kaum als Bestätigung der grundsätzlichen Idee der Gesunderhaltung durch die Lenkung des Qi interpretieren. Viele chinesische Kräuter zeigen keine nachweisbare Wirkung; einige von ihnen sind sogar giftig – etwa wenn sie Aristolochiasäuren enthalten, die als Verursacher einer als Chinesische-Kräuter-Nephropathie bezeichneten Nierenerkrankung identifiziert werden konnten (Cosyns, 2003).

Qi Gong ist, obwohl es in einem besonders hohen Maße auf der Vorstellung vom Qi fußt, unter allen Methoden innerhalb der TCM wohl das am schwersten überprüfbare Element. Das liegt einfach daran, dass das mystische Element bei dieser Technik eng mit einer ganzen Reihe gänzlich mystikfreier Methoden verwoben ist, die für ihre gesundheitsfördernde Wirkung bekannt sind, wie beispielsweise Dehnungs- und Entspannungsübungen, Zwerchfellatmung und sanfte sportliche Betätigung. Einmal mehr weisen die Studien (und die zusammenfassenden Betrachtungen derselben) auch bei den Forschungen zum Qi Gong zahlreiche Mängel auf, Voreingenommenheit der Durchführenden und zu geringe Stichprobenzahlen inbegriffen (Lee, Oh und Ernst, „Qigong for healthcare: An overview of systematic reviews“, 2011). Auch die Ergebnisse fallen hier nicht anders aus als bei den Untersuchungen zu den anderen Spielarten der angeblichen Qi-Nutzung: Entweder hätten mehr Stichproben genommen werden müssen oder es konnte kein messbarer Effekt festgestellt werden (Lee, Pittler und Ernst, „Internal qigong for pain conditions: A systematic review", 2009; Park u. a., 2013).

Wenn die Wirkungen des Qi nun so minimal sind, dass sie sich – wenn überhaupt – nur mit einer gewaltigen Zahl an Studienteilnehmern statistisch nachweisen ließen, möchte ich behaupten, dass es angesichts der Nutzlosigkeit des Qi letztlich einerlei ist, ob es nun tatsächlich existiert oder nicht. Es vermag einem keine Superkräfte zu verleihen, wie etwa die Fähigkeit, einen Gegner K.o. zu setzen; es kann nicht für Schaueffekte wie das Zerbrechen von Ziegelsteinen verantwortlich gemacht werden; ja, es hat nicht einmal das Potenzial, die Gesundheit wenigstens in einem geringen Maße nachweislich zu verbessern. Sogar das Gegenteil ist der Fall: Wenn man bedenkt, dass kranke Menschen oftmals eine angemessene medizinische Behandlung zugunsten einer auf Qi basierenden Methode ablehnen, muss man der Idee der Lebensenergie zumindest in diesem Sinne negative Auswirkungen bescheinigen. Wie häufig Patienten dem Mystizismus den Vorzug vor der Medizin geben, ist schwer zu ermitteln. Doch einen prominenten Fall aus dieser traurigen Kategorie haben wir unlängst erlebt. Als Steve Jobs, Gründer und Chef der Firma Apple, im Jahre 2003 erfuhr, dass er einen kleinen Tumor in der Bauchspeicheldrüse hatte, entschied er sich – ungeachtet der Empfehlungen seiner Ärzte, Angehörigen und Freunde – gegen eine Operation. Stattdessen ließ er sich neun Monate lang mit einer Kombination aus Akupunktur und einer Kräutertherapie behandeln. Als er schließlich doch in die Operation einwilligte, mussten die Ärzte feststellen, dass der Krebs mittlerweile auch seine Leber befallen hatte (Isaacson, 2011). Im Jahre 2011 verstarb Jobs im Alter von 56 Jahren an den Folgen seiner Erkrankung. Wir wissen nicht, wie seine Krankheit verlaufen wäre, wenn er eine andere Behandlungsmethode gewählt hätte. Es ist auch unmöglich festzustellen, wie verbreitet das Problem der Behandlungssubstitution eigentlich ist. Doch zumindest macht uns Jobs' Schicksal deutlich, dass der Glaube an mysteriöse Heilmethoden alles andere als eine harmlose Angelegenheit ist.

## Unter all dem Müll liegt ein Schatz begraben

Doch selbst wenn die vermeintliche Magie, die dem Qi Gong oder dem Taiji zugrunde liegen soll, eine Fiktion ist, halten diese Systeme doch eine Vielzahl vergnüglicher, entspannender und schonender Übungen bereit, die der Gesundheit sehr förderlich sein können. Zwar müssen Sie darauf verzichten, durch die Nutzbarmachung des Qi besondere Kräfte zu entwickeln; doch indem Sie beispielsweise im Moment des Zuschlagens einen kräftigen Schrei ausstoßen, können Sie auf einfache Art und Weise eine augenblickliche Anspannung Ihrer Bauchmuskeln erreichen und nebenbei auch noch Ihren Gegner einschüchtern oder ablenken. Die Tatsache, dass das traditionelle Erklärungsmodell Quatsch ist, bedeutet nicht unbedingt, dass eine Technik wirkungslos sein muss. Manche Methoden haben sich bereits zu einer Zeit herausgebildet, als die Wissenschaft noch nicht einmal in ihren Kinderschuhen steckte. Erst Jahrtausende später sollten wir über die nötigen wissenschaftlichen Werkzeuge verfügen, um die Wirkungsweise bestimmter Phänomene erklären zu können. Nun bringen wir Menschen jedoch Sätze wie „ich habe keine Ahnung, wie das funktioniert" bekanntermaßen nicht so leicht über die Lippen – es ist daher nur naheliegend, dass wir in dieser Situation Zuflucht zum Mystizismus nahmen. Wenn man den Mystizismus dann systematisch zu betreiben beginnt, schafft man damit natürlich auch einen idealen Nährboden für jede Art von unbrauchbarem Müll. Im Hinblick auf die Kampfkünste bin ich jedoch der Überzeugung, dass unter all dem Unrat auch einige echte Perlen verborgen sind.

Ein hervorragendes Beispiel dafür finden wir in den Druckpunkten. Die Versuche, ihre Funktionsweise zu erklären, stützen sich üblicherweise in hohem Maße auf die Konzepte vom Qi und den Meridianen. Die Wirksamkeit der Druckpunkte habe ich (unfreiwillig) am eigenen Leib zu spüren bekommen. Als ein Trainingspartner einmal seinen Daumen gegen einen bestimmten Punkt in meinem Ellbogen presste, ging ich sofort auf die Knie. Offenbar steckt in den Druckpunkten das Potenzial für eine sehr mächtige

Technik; doch wir werden sie erst dann korrekt spezifizieren können, wenn es uns gelingt, die Spreu vom Weizen zu trennen und aus dem mystischen Nebel die wissenschaftlichen Tatsachen herauszukristallisieren. Welche Druckpunkte ermöglichen es, einen widerspenstigen Gegner unter Kontrolle zu bringen? Warum tut es überhaupt so furchtbar weh, wenn jemand mit dem Daumen auf eine Stelle auf der Innenseite des Ellbogens drückt? Werden dabei die Sehnen in die Länge gezogen oder gar durchtrennt? Tut es einfach nur weh (etwa so, als würde man an den Haaren gezogen werden) oder handelt es sich um jene Art von Schmerz, die uns (wie beispielsweise beim Armhebel) warnen soll, dass wir im Begriff sind, eine ernste Verletzung zu erleiden? Um derartige Techniken wissenschaftlich zu ergründen, wird noch eine Menge Forschungsarbeit zu leisten sein. Bis dahin sollten wir diese Aspekte der Kampfkünste nicht einfach pauschal in Bausch und Bogen verdammen, nur weil sie historisch bedingt eng mit dem Mystizismus verflochten sind.

ZUM AUSKLANG

# Das war erst der Anfang!

*„Ich denke, ich kann gefahrlos behaupten, dass niemand die Quantenmechanik versteht."*
*– Richard Feynman*

## Dieses Buch ist nur ein Teil des Puzzles

Ich habe dieses Buch zwar in der Absicht geschrieben, Ihnen für Ihre Kampfpraxis einen unfairen Vorteil an die Hand zu geben; doch die vorliegende Abhandlung stellt nur eine Seite der Medaille dar. Das Wissen und die Einsichten, die in diesem Buch vermittelt werden, können Sie in der Tat dabei unterstützen, während des Trainings schneller zu lernen, mehr aus Ihrem Training herauszuholen und Trainingsszenarien leichter in realen, stressbehafteten Kampfsituationen anzuwenden. Doch von all diesen Vorteilen werden Sie nur dann profitieren können, wenn Sie auch tatsächlich fleißig trainieren. Es hat einen Grund, warum die ersten Semester eines Physikstudiums neben den theoretischen Vorlesungen fast immer auch Laborpraktika umfassen: Wenn Sie etwas in einem Buch lesen, werden Sie sich später im besten Fall daran erinnern; doch nur wenn Sie das Wissen auch praktisch anwenden, machen Sie es sich wirklich zu eigen.

## Traditionelle Kampfkünste können von der Wissenschaft und vom Sparring profitieren

Hinter einer vermeintlichen Binsenweisheit verbirgt sich mitunter eine profunde Äußerung von großer Wichtigkeit. So mag vielleicht auch die folgende Aussage zunächst trivial erscheinen, doch für den ernsthaften Fighter ergeben sich daraus weit reichende Implikationen. Die wichtigste Lektion, die der Wissenschaftler dem Kampfkünstler erteilen kann, ist nämlich der Hinweis, dass man seine Fähigkeiten stets auch unter realistischen Belastungssituationen erproben muss. Sparringkämpfe gehören bei fast allen Kampfkunstschulen mit zum Programm. Die Philosophie, die dabei verfolgt wird, sieht allerdings in vielen Fällen so aus, dass der Ausbilder als Quell der Weisheit gilt und das Sparring nur dazu dient, die Anweisungen des Lehrers zu validieren. Eine wissenschaftlichere Herangehensweise (wie man sie mitunter bei Kampfstilen antrifft, bei denen für den Wettkampf trainiert wird) würde so aussehen, dass man das Sparring als eigentlichen Ursprung aller Weisheit begreift. Die Aufgabe des Trainers bestünde dann lediglich darin, den Lernenden die Werkzeuge an die Hand zu geben, die sie benötigen, um sich diese Weisheit leichter erschließen und sie besser ausdeuten zu können.

Das Brasilianische Jiu-Jitsu verdankt den ausgezeichneten Ruf, den es in der Welt der Mixed Martial Arts genießt, zum großen Teil seinem wissenschaftlichen Ansatz. Indem bei dieser Kampfkunst nämlich viele der potenziellen Ursachen ernster Verletzungen schon von vornherein per Regelwerk ausgeklammert werden (das heißt, dass insbesondere Schläge und Tritte nicht erlaubt sind), können die Praktizierenden schon im Training mit voller Kraft agieren und somit Erfahrungen auf einem Niveau machen, wie es bei anderen Stilen undenkbar wäre. Im Brasilianischen Jiu-Jitsu ist es üblich, bedingte Szenarien durchzuspielen – etwa in der Art, dass man sagt: „Wenn du seinen Arm unter Kontrolle bringen kannst, wende Technik A an, aber wenn er es nicht zulässt, dass du dir seinen Arm schnappst, gehe zu Technik B über." Man trainiert auch für den Fall, dass man eine Aktion versemmelt und sich in einer unterlegenen Position wiederfindet – beispielsweise wie Sie, wenn Ihr Gegner schon mit seinem ganzen Gewicht auf Ihnen sitzt und er Sie auf dem Boden fixiert hält, dennoch entrinnen können. Eine solche Herangehensweise beim Training entspringt einer Einstellung, die sich der chaotischen Natur realen Kämpfens bewusst ist. Ihr Sinn erschließt sich erst in Verbindung mit der praktischen Anwendung des Gelernten in echten Belastungssituationen. Natürlich ist eine derart drastische Einschränkung der erlaubten Methoden nicht bei jedem Kampfstil möglich. Unabhängig vom ausgeübten Stil gibt es jedoch immer die Option, bei der Aneignung des Wissensschatzes einer Kampfkunst eine pragmatischere Haltung einzunehmen und fortwährend neu zu erkunden, was tatsächlich funktioniert und was alles schief gehen kann.

## Eine positive Einstellung zur Wissenschaft bedeutet nicht, dass man die künstlerische Seite eines Kampfstils vernachlässigt

Es gibt verschiedene Gründe, die einen Menschen dazu veranlassen können, eine Kampfkunst zu erlernen. Manche Martial-Arts-Novizen erfreuen sich einfach an sportlicher Betätigung oder wollen im Zweikampf ihre Kräfte messen. Andere möchten im Falle eines Angriffs gewappnet sein und sich verteidigen können. Auch der Wunsch nach Fitness oder Selbstvervollkommnung, das Streben nach Disziplin oder die Affinität zu einer bestimmten Kultur können ausschlaggebende Faktoren sein. Für viele Praktizierende steht bei der Kampfkunst der Aspekt der „Kunst" im Vordergrund. Sie möchten das damit verbundene Erleben von Schönheit nicht der mitunter etwas schroffen Realität wissenschaftlicher Fakten opfern. Auf der einen Seite ist es natürlich nachvollziehbar, warum sich jemand von der Harmonie, die den Formen und Techniken einer Kampfkunst oftmals innewohnt, angezogen fühlt. Doch ihre eigentliche Legitimation bezieht eine Kampfkunst nicht aus der Anmut ihrer Bewegungen, sondern aus ihrer Wirksamkeit in Selbstverteidigungsszenarien. Dies ist auch der grundlegende Aspekt, durch den sich die Kampfkunst von allen anderen Arten von Darbietungen unterscheidet, und der wahre Grund für die Ehrfurcht und den Respekt, die ihr allerorten zuteil werden.

Wenn man sich einer Kampfkunst mit einer wissenschaftlichen Haltung nähert, wird sie zwar vielleicht tatsächlich von einigen ineffektiven Techniken bereinigt werden, dabei aber niemals ihre Schönheit einbüßen. Indem die Wissenschaft die einfachen Wahrheiten aufdeckt, die uns ermöglichen, unser komplexes Universum zu verstehen, singt sie übrigens selbst eine Hohelied auf die der Natur innewohnende Vollkommenheit und Anmut. Die Freunde der Kampfkunst werden feststellen, dass die natürliche Schönheit ihres jeweiligen Stiles durch die Einbeziehung einer kleinen Prise Wissenschaft nur noch deutlicher zutage tritt. Zudem stellt die Fähigkeit, einen chaotischen Kampf zu meistern – und ein echter Kampf bedeutet immer auch Chaos – ohnehin eine Art von Kunst dar.

## Kampf bedeutet Chaos – sammeln Sie also möglichst viele Daten

Unter einem „Kampf“ kann man eine Menge verschiedener Dinge verstehen. Eine Sparringrunde mit Ihrem Trainingspartner ließe sich genauso als Kampf bezeichnen wie das eigentliche Kräftemessen im Ring oder irgendein anderer Wettkampf. Ein brutaler Angriff auf der Straße läutet einen Kampf ein, aber auch wenn zwei junge Burschen, die über mehr Testosteron als Hirnmasse verfügen, in einer Bar aufeinander einprügeln, um die Frage der Rangordnung zu klären, haben wir es mit einem Kampf zu tun. Je nachdem, wie überraschend ein Szenario ist, braucht das Gehirn eine mehr oder weniger große Zeitspanne, um sich Orientierung zu verschaffen. Möglicherweise setzt das sympathische Nervensystem auch ein Kampf-oder-Flucht-Programm in Gang, indem es ordentlich Cortisol und Epinephrin (Adrenalin) ausschüttet. Wenn beide Prozesse – die Neuorientierung des Gehirns und die „fight or flight"-Entscheidungsfindung – auch noch gleichzeitig ablaufen, kann sich das subjektive Erleben des Betroffenen gewaltig von der gewohnten, behaglichen Sparringrunde mit dem Trainingspartner unterscheiden. Nicht ohne Grund sind viele Profi- und Amateurkämpfer der Meinung, dass der Ringwettkampf und das Sparring zwei völlig verschiedene Angelegenheiten darstellen. Dasselbe hört man auch häufig von Polizeibeamten und Überfallopfern, wenn sie von den Erfahrungen berichten, die sie auf der Straße gemacht haben.

Auch die Begleitumstände und die Rahmenbedingungen, unter denen Kämpfe stattfinden können, entspringen einem breit gefächerten Spektrum. Es gibt verschiedene Regelwerke, das Maß an zulässiger Gewalt unterscheidet sich von Fall zu Fall und auch die möglichen Nachwirkungen eines Kampfes variieren. Kämpfe können zudem an sehr unterschiedlichen Schauplätzen stattfinden, die emotionale Verfassung der Kämpfer variiert – je nachdem, welche äußeren Umstände vorliegen –, und so weiter. Daher ist es sehr schwierig, aus der Analyse eines einzelnen Kampfes Schlussfolgerungen zu ziehen, die sich allgemein auf alle künftigen Kämpfe übertragen ließen. Nur wer bereits ausgiebig Erfahrungen im Ring oder auf der Straße gesammelt hat, wird in der Lage sein, aus einem Kampf sinnvolle Einsichten zu gewinnen – zu zahlreich sind die Unbekannten und zu vielfältig die Möglichkeiten dafür, was alles schiefgehen kann, wenn man erst einmal unter dem Druck der realen Kampfsituation steht.

## Ihr Geist und Ihr Körper sind in der Frage, wie viel Erfahrungen man sammeln muss, unterschiedlicher Meinung

Die größte Herausforderung, vor der jeder Kampfsportler steht, der ein erstklassiger Fighter werden will – und nicht nur ein erstklassiger Praktizierender oder Trainer –, besteht in dem Umstand, dass er die Unversehrtheit seines Körpers (und sein Leben) aufs Spiel setzen muss, um die nötige Erfahrung zu gewinnen. Malcolm Gladwell hat in seinem Buch „Outliers: The Story of Success" das Leben verschiedener Ausnahmepersönlichkeiten unter die Lupe genommen und versucht herauszufinden, worin sie sich von anderen Menschen unterscheiden und welchen Eigenschaften sie ihren Erfolg zu verdanken haben. Einer der Faktoren, dem Gladwell immer wieder begegnete und dem offenbar eine große Bedeutung zukommt, besteht in der Möglichkeit, in einem überdurchschnittlich großen Umfang Erfahrungen sammeln zu können. Um auf einem bestimmten Gebiet eine echte Kapazität zu werden, müsste man es – so Gladwells grobe Schätzung – auf etwa 10.000 Stunden Praxis bringen (Gladwell, 2008). Ein 15-Jähriger, der sich entschließt, fortan jede Woche drei Stunden zum Kampfsporttraining zu gehen (und der den Unterricht auch niemals aussetzt), würde demnach 64 Jahre Training benötigen, um schließlich – im Alter von 79 Jahren – über den Erfahrungsschatz eines Spezialisten zu verfügen. Bei einer Verdopplung der Trainingseinheiten auf sechs Stunden pro Woche wäre das Ziel schon mit 47 (also nach 32 Jahren) erreicht. Die Trainingsumgebung ist nun allerdings nicht mit dem tatsächlichen Kampf im Ring oder auf der Straße zu vergleichen. Wenn wir einmal (großzügig) annehmen, dass ein Kampf im Mittel zehn Minuten dauert (in Wirklichkeit sind viele Kämpfe schon nach weniger als 60 Sekunden entschieden), wären mehr als 60.000 Kämpfe zu absolvieren, um auf insgesamt 10.000 Stunden Erfahrung im Ring bzw. auf der Straße zu kommen. Das ist natürlich eine absurde Zahl. Die meisten Profis treten nur ein paar Mal im Jahr zum Kampf an; nur die wenigsten Fighter bringen es in ihrer gesamten Laufbahn auf mehr als einhundert Kämpfe.

Der Grund, warum sich Sportkämpfer der Marke von 10.000 Stunden Erfahrung niemals auch nur nähern werden, liegt darin, dass sie sich in jeder Minute, die sie im Ring verbringen oder sich einem harten Training unterziehen, einem sehr hohen Verletzungsrisiko aussetzen. Im Thaiboxen ziehen sich viele Champions schon aus dem aktiven Wettkampfgeschehen zurück, bevor sie das Alter von 35 Jahren erreicht haben, und beginnen sich als Trainer zu betätigen. Der Körper (und das Gehirn) eines Kampfkünstlers wäre niemals in der Lage, sich von der Vielzahl kleiner und größerer Verletzungen, die ein Volumen von 10.000 Praxisstunden unweigerlich mit sich bringen würde, wieder vollständig zu erholen.

## Experten fürs Kämpfen oder für die Gewaltproblematik gibt es nicht

Die zitierte Marke von 10.000 benötigten Stunden ist natürlich nicht das Ergebnis einer penibel durchgeführten Berechnung. Wir können die Frage der erforderlichen Kampferfahrung auch einmal statistisch betrachten. Um die Wahrscheinlichkeit einer beliebigen Unbekannten, die im Rahmen eines Kampfes auftreten kann (und derer gibt es Unmengen), abschätzen zu können, brauchen wir jeweils eine ausreichende Anzahl unverfälschter Vorkommen derselben, um einen realistischen Trend erkennen zu können (und nicht von ein oder zwei atypischen Fällen in die Irre geführt zu werden). Nehmen wir zum Beispiel an, wir wollten ermitteln, wie häufig die Kämpfer bei einem Kampf zu Boden gehen. Sie müssten, um diese Frage zu beantworten, alle ihre zurückliegenden Kämpfe durchgehen und jeweils ein Ja oder ein Nein notieren. Wenn Sie bisher nur einen Kampf bestritten haben, würde Ihre Antwort entweder lauten „100 Prozent aller Kämpfe enden auf dem Boden“ oder aber „Null Prozent aller Kämpfe enden auf dem Boden“. Umfasst Ihre Erfahrung zwei Kämpfe, würden sich als mögliche Antworten „null Prozent“, „50 Prozent“ und „100 Prozent“ ergeben. Das ist natürlich immer noch eine unmögliche Situation, aber schon besser als bei einem nur einen einzigen Kampf umfassenden Erfahrungsschatz.

Statistiker empfehlen bei binären Fragestellungen (die also für jedes Auftreten nur zwei Antworten zulassen, nämlich Ja oder Nein) im Allgemeinen mindestens 30 Wiederholungen, bevor der Prozentsatz, den man als Ergebnis erhält, wirklich Sinn zu machen beginnt. Ich persönlich fühle mich allerdings erst ab mindestens 50 Stichproben wohl, wenn ich eine allgemeingültige Aussage abzuleiten versuche. Selbst dann würde ich noch darauf hinweisen, dass das Ergebnis auf einer geringen Zahl von Wiederholungen beruht. Mit anderen Worten – allein um eine fundierte, auf Ihren Erfahrungen basierende Aussage darüber treffen zu können, in wie vielen Fällen die Kämpfer während eines Kampfes mindestens einmal zu Boden gehen, müssten Sie mindestens 50 Kämpfe bestritten haben. Wenn Sie Ereignisse untersuchen wollen, die von vornherein nur sehr selten auftreten – etwa wenn Sie wissen wollen, wie wahrscheinlich es ist, dass Ihr Gegner Pfefferspray dabei hat –, brauchen Sie eine ungleich höhere Zahl an Kampferfahrungen. Wenn nur ein Prozent Ihrer üblichen Gegner Pfefferspray mit sich führt, müssen Sie unter Umständen einhundert Kämpfe bestehen, bevor Sie es zum ersten Mal mit dem Spray zu tun bekommen. Mit jedem weiteren unbekannten Faktor, auf den ein erfahrener Kampfkünstler vorbereitet sein sollte, erhöht sich die Zahl der benötigten Kämpfe weiter. Dies gilt umso mehr für bedingte Ereignisse wie zum Beispiel: „Wenn die Kämpfer zu Boden gehen – mit welcher Wahrscheinlichkeit werden dann in der Folge Freunde oder Zuschauer in den Kampf involviert?“ Führt man sich schließlich noch vor Augen, wie viele unterschiedliche Szenarien eintreten können, wie viele potenzielle Gegner es gibt und wie viele verschiedene Techniken sowohl Ihnen als auch Ihrem Gegner zur Verfügung stehen – ganz zu schweigen von den verschiedenen Möglichkeiten, wie jede einzelne von diesen schiefgehen (oder auch gelingen) kann –, dann wird eines klar: Selbst wenn die Zahl von 60.000 Kämpfen, die nötig wären, um sich eine solide Fachkompetenz anzueignen, zu hoch angesetzt ist, würde die tatsächliche Zahl doch in jedem Fall die Möglichkeiten eines einzelnen Menschenlebens bei Weitem übersteigen.

Sergeant Rory Miller, ein Kampfkünstler und erfahrener Justizvollzugsbeamter, der über ein überdurchschnittliches Maß an persönlichen Erfahrungen mit Gewalt verfügt, beschreibt in seinem Buch „Meditations on Violence: A Comparison of Martial Arts Training & Real World Violence", wie er sich in fünf verschiedenen Situationen eines mit einem Messer bewaffneten Angreifers erwehren musste. Das sind deutlich mehr Messerattacken, als der durchschnittliche Zivilist befürchten muss, in seiner gesamten Lebenszeit zu erleben. Doch um echte Kompetenz in der Abwehr von Messerangriffen zu erlangen, sind auch fünf solcher Kampferfahrungen nicht annähernd ausreichend. Miller geht sogar so weit, dass er alle fünf Erlebnisse als ungewöhnliche Fälle einstuft, von denen sich kein einziger als Musterbeispiel im Rahmen einer Selbstverteidigungsschulung eignen würde. Sollten Sie tatsächlich einmal in eine Situation geraten, in der Sie sich gegen einen messerbewehrten Angreifer zur Wehr setzen müssen, ist es nicht unwahrscheinlich, dass auch dieser Fall einen atypischen Charakter aufweist. Es gibt einfach zu viele Variablen, als dass man schon aus einer Handvoll Erfahrungen fundierte Erkenntnisse ableiten könnte.

Wer versuchen möchte, von den Erfahrungen anderer zu profitieren, kann sich einer Reihe öffentlich zugänglicher Datensammlungen bedienen, wie etwa der Polizeiberichte. Gerade in Bezug auf diese Berichte haben wir allerdings im achten Kapitel gelernt, dass derartige Quellen ein verzerrtes Bild liefern und in die Irre führen können. Die Erfahrungen, die Polizisten und Militärangehörige typischer Weise machen, unterscheiden sich von denen eines Zivilisten. Videoaufnahmen echter Kämpfe, wie man sie im Internet findet, leiden am Syndrom der Effekthascherei, was ebenfalls zu einer unausgewogenen Sichtweise führt. Um bei der Gewaltthematik zu fundierten, statistisch abgesicherten Erkenntnissen zu gelangen, gäbe es nur einen Weg: Es wären groß angelegte Umfragen durchzuführen, die so gestaltet sein müssten, dass sich jede Frage auf einen sehr spezifischen Sachverhalt bezieht. Doch es gibt noch ein anderes Problem. Selbst wenn es gelingt, die Erfahrungen eines großen Personenkreises auf sinnvolle Weise auszuwerten, bleibt es doch eine Tatsache, dass sich das Erscheinungsbild der Gewaltausübung bzw. des Kämpfens fortwährend verändert. Modeerscheinungen gibt es auch im Bereich krimineller Taktiken und Szenarios

– trendige Varianten tauchen unvermittelt auf, andere verschwinden. Hinzu kommt der stete Wandel der Technologie. Der statistische Aufwand, der betrieben werden müsste, um mit all diesen Aspekten Schritt zu halten, ist im Prinzip nicht zu verwirklichen.

## Wenn Sie lernen, wie ein Physiker zu kämpfen, brauchen Sie auch gar kein Experte zu sein

Wie wir inzwischen wissen, hat ein Trainingskampf mit einem echten Kampf im Ring oder auf der Straße nur wenig gemeinsam; auch ist es dem menschlichen Körper nicht möglich, die Tausende von Kämpfen, die eigentlich erforderlich wären, um ein echter Experte für alle Aspekte des Kämpfens zu werden, tatsächlich durchzustehen. Doch dies bedeutet andererseits nicht, dass das Studium der Kampfkünste sinnlos wäre. Es bedeutet nur, dass man mit einem Blick für das Unbekannte trainieren muss. Es gibt einige akademische Disziplinen, wie etwa die Ingenieurswissenschaften, bei denen die Wissensinhalte und die Aufgabenstellungen, mit denen man während des Studiums konfrontiert wird, weitgehend der späteren Berufspraxis entsprechen. Bei Menschen, die eine Laufbahn auf einem dieser Gebiete verfolgen, handelt es sich häufig um effiziente und außerordentlich exakte (und gut bezahlte) Zeitgenossen. Doch wenn es darum geht, unerforschtes Land zu erkunden, sind sie nicht besonders gut für den Job geeignet. Physiker hingegen werden gerade für das Unbekannte ausgebildet. In einer vertrauten Umgebung würden sie zwar schlechter abschneiden als Ingenieure – sie wären tendenziell langsamer und auch nachlässiger; doch wenn es gilt, neue Entdeckungen zu machen, neue Einblicke zu gewinnen und sich kopfüber in ein Themenfeld zu stürzen, das noch kein Mensch zuvor untersucht hat, ist niemand besser gewappnet als der Physiker. Die besten Aussichten, Ihre Trainingserfahrungen sowohl im Ring als auch auf der Straße zur Anwendung bringen zu können, werden Sie daher meiner Meinung nach dann haben, wenn Sie das Studium der Kampfkünste mit derselben Einstellung angehen, die ein Physikstudent bei seinen Studien an den Tag legt.

Wenn man sich die Konzepte anschaut, nach denen in der Physik bzw. in den Ingenieurswissenschaften Wissen vermittelt wird, entdeckt man eine ganze Reihe subtiler Unterschiede. Da nicht unbedingt jeder dieser Ansätze auch wirklich sinnvoll ist, werde ich nicht auf alle Konzepte eingehen; stattdessen werde ich mir vier von ihnen herausgreifen, die nach meinem Verständnis dazu beitragen können, Sie besser auf das Unbekannte vorzubereiten, wenn Sie diese Konzepte in Ihr Training integrieren.

**Bleiben Sie skeptisch.** Begegnen Sie Ihren Lehrern mit Respekt, aber seien Sie sich auch stets der Tatsache bewusst, dass Ihre Ausbilder Experten für die Vermittlung ihrer jeweiligen Kampfkunst sind – nicht aber Experten für das eigentliche Kämpfen. Selbst wenn sie einst erfolgreiche Wettkämpfer waren, können sie doch nicht mehr leisten, als Ihnen im besten Fall eine Idee dessen zu vermitteln, was für sie persönlich gut funktioniert hat. Bleiben Sie immer wachsam, was die mögliche Verbreitung von Unsinn angeht. Wann immer Ihr Trainer beispielsweise anfängt, in Absolutismen zu sprechen („mit dieser Technik schlagen Sie Ihren Gegner garantiert K.o.") oder nicht nachprüfbare Versprechungen zu machen („mit einem Tritt dieser Art brechen Sie sein Knie" oder „ein solcher Schlag kann Ihren Widersacher umbringen"), müssen Ihre Alarmglocken schrillen. Die Wahrheit ist – in aller Regel lässt sich nicht zuverlässig vorhersagen, welche konkreten Ergebnisse Sie durch den Einsatz einer bestimmten Technik erzielen werden. Unerprobte Behauptungen sollten Sie durch Ungewissheit ersetzen und lernen, diese Ungewissheit willkommen zu heißen.

**Fragen Sie nach dem Warum.** Auf der elementarsten Ebene dient die Frage nach dem „Warum" dazu, zu gewährleisten, dass man eine Technik auch wirklich versteht. Stellen Sie Fragen wie: „Warum muss ich bei dieser Technik den Daumen in der Faust verbergen? Warum drehen wir bei diesem Tritt den Fuß?" Je besser Sie das „Warum" hinter einer Vorschrift verstehen, desto leichter können Sie auch einschätzen, wann es in Ordnung ist, diese Regel zu brechen. Steigen Sie dann mit Ihren Fragen allmählich tiefer ein und erkundigen Sie sich insbesondere danach, welche Argumente der Entscheidung für eine bestimmte Option zugrunde liegen: „Warum sollen wir die Hand wie ein Messer formen, wenn wir den Hals des Gegners attackieren, und schlagen nicht einfach mit der Faust zu?“ Bohren Sie schließlich noch tiefer und stellen Sie Fragen bezüglich der Strategie, wie etwa „Warum sollen wir gegen das Bein des Gegners treten?“. Fragen Sie auch nach den eigentlichen Zielen einzelner Aktionen, etwa in der Art von „Was genau versuchen wir mit den Faustschlägen zu erreichen?“. Kein Trainer auf dieser Welt wird all Ihre Fragen korrekt zu beantworten wissen; Sie werden es auch immer wieder erleben, dass verschiedene Lehrer dieselbe Frage unterschiedlich beantworten. Seien Sie also nicht enttäuscht, wenn Sie einmal keine zufrieden stellende Antwort erhalten. Hören Sie jedem Ihrer Trainer zu, aber bewahren Sie sich immer eine kritische Einstellung.

**Machen Sie alles kaputt – im übertragenen wie im wörtlichen Sinne.** Bringen Sie jede Technik, die Sie erlernen, jede Strategie, die Sie einsetzen, jede Waffe, die Sie benutzen, und jede Sicherheitsausrüstung, die Sie anlegen, an ihre Grenzen. Finden Sie auf Ihre eigene Art und Weise heraus, was es braucht, um sie zu brechen. Nehmen Sie sich für diese Erkundungen Zeit – machen Sie dies nicht erst dann, wenn Sie einem Kontrahenten gegenüberstehen, der Ihre volle Aufmerksamkeit erfordert. Haben Sie beispielsweise gerade gelernt, wie man einen Faustschlag blockt, bitten Sie einen Freund, immer härter und härter zuzuschlagen, bis sein Schlag entweder durch Ihren Block durchmarschiert oder Ihr Arm zu schmerzen beginnt. Probieren Sie aus, was passiert, wenn Sie in zu großer Entfernung oder in einem zu geringen Abstand blocken. Funktioniert die Methode auch bei Fußtritten? Testen Sie den Block unter verschiedenen Einfallswinkeln. Fahren Sie eine bestimmte Technik in jeder denkbaren Hinsicht bis an ihre Grenzen und notieren Sie sich im Geiste nicht nur, wann die Grenze überschritten wird, sondern auch, auf welche Weise die Methode dann versagt.

**Machen Sie vorsätzlich Fehler.** Ob bei der Partnerübung oder beim Sparring – machen Sie ab und an absichtlich etwas falsch. Fehler bedeuten die Gelegenheit zu lernen, doch wenn Sie sich im

Unterricht immer mustergültig verhalten, werden sich Ihnen nie genügend viele solcher Gelegenheiten bieten. Schlampen Sie mal ein bisschen bei einer Technik und schauen Sie, was dann passiert. Übertreiben Sie eine Methode, seien Sie nachlässig beim Befolgen der Anweisungen. Lassen Sie Ihre Hände fallen oder stehen Sie eng, wenn Sie breitbeinig stehen sollen. Erlauben Sie Ihren Gedanken absichtlich, während des Kampfes abzuschweifen, oder lassen Sie sich ablenken und beobachten Sie, wie lange Sie brauchen, um sich wieder zu sammeln. Machen Sie es sich zur Gewohnheit, Trainingselemente gelegentlich falsch auszuführen, um dann mit den Auswirkungen dieser Nachlässigkeiten umgehen zu lernen.

Ich habe Ihnen nur einige wenige Möglichkeiten aufgezeigt, doch ich hoffe, Ihnen damit eine nützliche Unterstützung an die Hand gegeben zu haben, mit der Sie nun loslegen können. Von diesem Moment an liegt es ganz bei Ihnen, in welche Richtung Sie sich entwickeln wollen. Jetzt schließen Sie das Buch und gehen Sie trainieren.

# GLOSSAR

*Abbott, David „Tank“*

Ein Mixed-Martial-Arts-Kämpfer im Schwergewicht, der in den Anfangsjahren der UFC-Turniere für seine wilden Auftritte und sein unsportliches Verhalten bekannt war. Um seine Hände zu schützen, trug Abbott fingerlose Handschuhe – zu einer Zeit, als Handschuhe bei den MMA noch nicht vorgeschrieben waren.

*Akupunktur*

Pseudowissenschaftliche Heilungsmethode, bei der an bestimmten Punkten entlang der Meridiane Nadeln in das Gewebe unter der Haut gestochen werden. Auf diese Weise werde der Qi-Fluss des Patienten positiv beeinflusst.

*Axon*

Eine längliche Nervenfaser, die sich von einem Neuron hin zu anderen Neuronen erstreckt und der Übertragung von Informationen dient.

*Boxen*

In der westlichen Welt verbreitete Kampfsportart, die auch bei den Olympischen Spielen vertreten ist. Boxer kämpfen ausschließlich mit der geschlossenen Faust. Klammergriffe, Grappling, Würfe und Tritte sind nicht erlaubt. Heutzutage bandagieren sich die Kämpfer die Hände und tragen große Handschuhe.

*Boxhandschuhe*

Große, gefütterte Handschuhe, bei denen die Finger umhüllt sind. Kampfsportler tragen Boxhandschuhe in Kombination mit Handbandagen.

*Brasilianisches Jiu-Jitsu*

Eine aus Brasilien stammende Kampfkunst, die eine Abwandlung und Weiterentwicklung des Judo darstellt. Im Mittelpunkt stehen bei dieser Sportart Grappling und der Versuch, den Gegner zur Aufgabe zu zwingen („Submission"). Entwickelt und verbreitet wurde dieser Stil von der Familie Gracie.

*Chinesische Kräutertherapien*

Pseudowissenschaftliche Heilmethoden, bei denen der Patient nach traditionellen Regeln Kräuter einnimmt. Auf diese Weise soll der Qi-Fluss des Betroffenen angeregt werden.

*Chi Sao („Klebende Hände")*

Eine Partnerübung, bei der eine Hand oder beide Hände in Kontakt mit den Händen des Gegners bleiben und man geringste Änderungen im gegenseitig ausgeübten Druck zu erspüren versucht. Eine solche Änderung bedeutet entweder die Möglichkeit zum Angriff oder die Notwendigkeit, sich zu verteidigen.

*Chronisch-traumatische Enzephalopathie (CTE)*

Eine neurodegenerative Dysfunktion, die durch wiederholte Schläge gegen den Kopf verursacht wird. Weit verbreitet unter professionellen Kampfsportlern, Footballspielern und Vertretern aller Kontaktsportarten.

*Clinch Fighting*

Kampftechnik, bei der sich die Kontrahenten in unmittelbarer Nähe zueinander befinden, so dass sie einander packen können. Während eines solchen Kampfabschnitts bleiben beide Gegner stehen. (Von engl. „clinch": Nahkampf, Umklammerung)

*Dantian*

Ein Begriff aus der pseudowissenschaftlichen Vorstellungswelt, die sich um das Konzept des Qi rankt. Beim Dantian soll es sich um die Quelle des im Körper zirkulierenden Qi handeln. Er befindet sich in unmittelbarer Nähe des Schwerpunktes des menschlichen Körpers, ein wenig unterhalb des Bauchnabels.

*Dao-Schwert*

Ein chinesischer Säbel, dessen Klinge nur auf einer Seite gebogen und geschliffen ist.

*Diffuse axonale Schädigung*

Eine Art der Hirnverletzung, bei der die überall im Gehirn befindlichen Axone durch die Kräfte, die bei einer schnellen, beschleunigten Rotationsbewegung des Kopfes auftreten, beschädigt werden.

*Dog Brothers*

Eine Gemeinschaft von Stockkämpfern, die für ihre Zusammenkünfte bekannt sind, bei denen die Teilnehmer ihre Fähigkeiten im Vollkontaktkampf erproben. Die Kämpfer tragen dabei nur eine minimale Schutzausrüstung.

*Drehgeschwindigkeit*

Die Geschwindigkeit, in der ein Objekt in eine bestimmte Richtung rotiert. Die Drehgeschwindigkeit ist definiert als Winkeländerung pro Zeitänderung.

*Drehimpuls*

Das auf die Drehbewegung bezogene Äquivalent zum Impuls. Der Drehimpuls ist definiert als das Kreuzprodukt aus Massenträgheitsmoment und Drehgeschwindigkeit.

*Drehpunkt*

Als Dreh- oder auch Angelpunkt wird die Stelle eines Hebels bezeichnet, um die dieser rotiert.

*Durchmesser*

Die Breite eines Kreises. Der Durchmesser kann ermittelt werden, indem man eine gerade Linie durch den Mittelpunkt des Kreises zieht und die Entfernung zwischen den beiden auf diese Weise entstehenden, sich gegenüber liegenden Schnittpunkten mit dem Kreis misst.

*Effektive Masse*

Ein Schätzwert zur Beschreibung der von einer Zielperson bei einem Schlag erfahrenen Kraftwirkung. Das in Wirklichkeit komplexe Zusammenspiel der einzelnen Muskeln und der Technik des Angreifers wird gedanklich in einen prozentualen Anteil seiner Körpermasse umgemünzt, den man sich als die Kraft „hinter" dem Schlag vorstellt.

*Einstein, Albert*

Berühmter deutsch-amerikanischer theoretischer Physiker des 20. Jahrhunderts. Einstein, der die Relativitätstheorie begründet hat, gilt als einer der größten Wissenschaftler aller Zeiten. Für seine Arbeiten zum fotoelektrischen Effekt erhielt er den Nobelpreis.

*Energie*

Skalare physikalische Größe, die beschreibt, wie viel Arbeit durch die Bewegung eines Objektes verrichtet werden kann. Energie kann in verschiedene Formen umgewandelt werden, beispielsweise in Licht, Hitze, Schall, Bewegung oder strukturelle Schäden. Sie kann jedoch weder erzeugt noch zerstört werden.

*Eskrima*

Eine von den Philippinen stammende Kampfkunst, die auch als Arnis oder Kali bezeichnet wird. Im Mittelpunkt stehen dabei Kampftechniken mit Stöcken und Stichwaffen.

*Eskrima-Stock*

Ein Stock, der beim Kampf im Eskrima und in anderen Kampfkünsten Verwendung findet. Der typische Eskrima-Stock besteht aus Rattan und hat etwa die Länge eines Armes.

*Feynman, Richard*

Aus den USA stammender theoretischer Physiker des 20. Jahrhunderts. Im Jahre 1965 erhielt Feynman für seine Beiträge zur Quantenelektrodynamik den Nobelpreis.

*Geschwindigkeit*

Physikalisches Maß, das angibt, wie schnell sich ein Objekt bewegt, und das auch die Information über die Richtung der Bewegung beinhaltet.

*Gi*

Eine Kampfkunstuniform.

*Gracie, Royce*

Brasilianischer Kampfkünstler und Champion des ersten UFC-Turniers. Er ist der Sohn von Helio Gracie, einem der Begründer des Brasilianischen Jiu-Jitsu.

*Grappling*

Beim Grappling (Griffkampf) wird auf engstmöglichem Raum gekämpft. Der Kampf findet auf dem Boden statt, wobei die Kontrahenten in engem Kontakt miteinander sind. Schlagtechniken sind üblicherweise nicht erlaubt.

*Gravitation (Schwerkraft)*

Die Anziehungskraft, die zwischen zwei beliebigen Objekten besteht. Im vorliegenden Buch konzentrieren wir uns auf die Anziehung zwischen der Erde und Körpern, die etwa die Größe eines Menschen aufweisen und sich im Bereich der Erdoberfläche befinden. Unter diesen Bedingungen bewirkt die Schwerkraft eine konstante, abwärts gerichtete Beschleunigung von $9{,}8 \text{ m/s}^2$.

*Großmeister*

Bezeichnet innerhalb eines Kampfkunststils einen hochrangigen Lehrer mit Kenntnissen auf Expertenniveau.

*Hapkido*

Eine aus Korea stammende Kampfkunst, bei der „harte“ Elemente (wie Fausthiebe und Fußtritte) mit „weichen“ Elementen (beispielsweise Wurftechniken und die Manipulation von Druckpunkten oder Gelenken) kombiniert werden.

*Hebel*

Eine einfache Vorrichtung, die aus einem starren Arm besteht, der um einen Drehpunkt rotiert. Der Hebel kann dazu benutzt werden, eine kleine Kraft, die in einem großen Abstand vom Drehpunkt angreift, in eine größere Kraft umzuwandeln, die in einem geringeren Abstand abgegriffen wird (und umgekehrt).

*Impuls*

Eigenschaft eines Objektes, definiert als das Produkt aus Masse und Geschwindigkeit. Impuls kann von einem Körper auf einen anderen übertragen werden. Der Gesamtimpuls eines Systems lässt sich nur durch eine von außen angreifende Kraft verändern.

*Jeet Kune Do*

Eine moderne Kampfkunst, die von Bruce Lee entwickelt wurde und in erster Linie der Selbstverteidigung dient. Zu den verschiedenen Stilen, die in Jeet Kune Do eingeflossen sind, gehören unter anderem Wing Chun, Boxen und Fechten.

*Judo*

Eine japanische Kampfkunst, die hauptsächlich Wurftechniken, Grappling und Unterwerfungen („Submissions") beinhaltet. Als Sportart ist Judo auch bei den Olympischen Spielen vertreten.

*Juji Gatame*

Eine klassischer Grappling-Armhebel, der im Judo, im Brasilianischen Jiu-Jitsu und bei MMA-Wettkämpfen üblicherweise dazu eingesetzt wird, eine Aufgabe („Submission") zu erreichen. Der Arm wird dabei am Ellbogen überstreckt.

*Karate*

Eine aus Japan stammende Kampfkunst, die den Schwerpunkt auf harte, mit Händen und Füßen ausgeführte Schläge legt. Karate wird als Technik zur Selbstverteidigung, aber auch als Sportart gelehrt.

*Keil*

Eine einfache Vorrichtung in der Form eines Dreiecks, das eine kurze und zwei lange Seiten aufweist. Wenn eine äußere Kraft an der Schmalseite des Dreiecks angreift, wird sie in zwei Teilkräfte aufgespalten, die senkrecht zu den Längsseiten wirken.

*Kempō*

Eine amerikanische Kampfkunst, die japanische und chinesische Kampftechniken kombiniert. Beim Kempō, das hauptsächlich zur

Selbstverteidigung eingesetzt wird, kommen vorrangig harte Schläge, Unterwerfungen (Submissions) und Gelenkmanipulationen zum Einsatz.

*Kendō*

Japanischer Kampfsport, bei dem die Kämpfer eine Schutzrüstung tragen und mit aus Bambus gefertigten Übungsschwertern kämpfen.

*Kickboxen*

Kampfsportart, bei der Schläge mit den Händen und Füßen gestattet sind. Die Kämpfer tragen üblicherweise Handbandagen und Boxhandschuhe.

*Kraft*

Eine Wechselwirkung, die den Impuls eines Objektes in Abhängigkeit von der Zeit in gerichteter Weise zu ändern imstande ist. Die wichtigsten Kräfte im Hinblick auf die Kampfkunst sind die Gravitation und die Muskelkraft. Die umgangssprachliche Verwendung der Begriffe „Kraft" bzw. auch „Leistung", wie sie bei der Beschreibung von Schlägen in den Martial Arts üblich ist, unterscheidet sich von den entsprechenden physikalischen Definitionen.

*Kraftspitze (peak force)*

Der höchste Augenblickswert, der von einem Kraftmesser während eines Aufpralls (beispielsweise durch einen Faustschlag oder einen Fußtritt) gemessen wird. Obwohl es üblich ist, die Maximalkraft anzugeben, ist dieser Wert für die messtechnische Beschreibung von Schlagtechniken unzureichend und wenig zuverlässig.

*Kung Fu*

Sammelbegriff zur Bezeichnung verschiedener chinesischer Kampfkunststile.

*Masse*

Physikalische Eigenschaft eines Objektes, die beschreibt, welche Kraft erforderlich ist, um den Körper in Bewegung zu versetzen und ihm eine bestimmte Geschwindigkeit zu verleihen. Auf der Oberfläche der Erde ist die Masse eines Objektes proportional zu seinem Gewicht.

*Massenträgheitsmoment*

Das auf die Drehbewegung bezogene Äquivalent zur Masse. Es ist definiert als das Produkt aus Masse und dem Quadrat der Entfernung vom Rotationszentrum, aufsummiert über sämtliche Einzelkomponenten eines Objektes.

*Meridian*

Ein Begriff aus der pseudowissenschaftlichen Vorstellungswelt, die sich auf das Konzept vom Qi gründet. Das Qi soll sich nach diesem Glauben im menschlichen Körper entlang mystischer Kanäle bewegen, die Meridiane genannt werden.

*Mixed Martial Arts (MMA)*

Ein moderner Kampfsport, bei dem ein breites Spektrum an Schlag-, Grappling- und Unterwerfungstechniken zugelassen wird.

*MMA-Handschuhe*

Kleine, gefütterte, fingerlose Handschuhe, die bei MMA-Kämpfen in Kombination mit Handbandagen eingesetzt werden.

*Muay Boran*

Traditionelle thailändische Form der Kampfkunst bzw. des Kampfsports, wie sie vor der Entstehung des heutigen Thaiboxens (Muay Thai) praktiziert wurde.

*Muay Thai (Thaiboxen)*

Ein aus Thailand stammender Kampfsport, bei dem Schläge mit den Händen, Füßen, Knien und Ellbogen erlaubt sind. Umfasst neben Schlagtechniken auch Clinch Fighting.

*National Crime Victimization Survey (NCVS)*

Eine zwei Mal jährlich in den USA durchgeführte Umfrage, deren Ziel es ist, ein unverfälschtes Bild der Kriminalitätssituation des Landes zu gewinnen – ohne die für andere Quellen (wie z. B. Polizeiberichte) typischen Verzerrungen. Die Befragungen werden vom Bureau of Justice Statistics, einer Behörde der amerikanischen Bundesregierung, vorgenommen.

*National Operating Committee on Standards for Athletic Equipment (NOCSAE)*

Eine gemeinnützige Organisation, die Sicherheitsstandards für Helme entwirft, die im Football und in anderen Sportarten verwendet werden. Die Kriterien, die das NOCSAE dabei verwendet, schützen die Athleten zwar vor Schädelbrüchen, nicht aber vor Gehirnerschütterungen oder der CTE.

*Nozizeptoren*

Sensorische Rezeptorneuronen, deren Aufgabe es ist, potenziell schädigende Reize zu detektieren und Signale ans Gehirn zu senden. Die Signale können dann vom Gehirn als Schmerz interpretiert werden.

*Physik*

Wissenschaftszweig, dessen Gegenstand nicht eindeutig definiert ist. Die Aufgabe der Physik besteht hauptsächlich in der Offenlegung der natürlichen Strukturen unseres Universums durch mathematische und experimentelle Methoden. Anfängerkurse konzentrieren sich in aller Regel auf die Newtonsche Mechanik sowie auf die Phänomene von Elektrizität und Magnetismus.

*Pi*

Das Verhältnis zwischen dem Umfang eines Kreises und seinem Durchmesser. Der Wert von Pi wird häufig durch die Näherung 3,14 angegeben. Pi ist eine fundamentale Konstante unseres Universums.

*Pseudowissenschaft*

Eine Behauptung oder Glaubensvorstellung, die zwar bei oberflächlicher Betrachtung einen gewissen Anschein von Wissenschaftlichkeit hat, in Wirklichkeit aber nicht wissenschaftlich begründet ist.

*Qi*

Eine pseudowissenschaftliche Idee, die üblicherweise etwa mit „Lebensenergie“ übersetzt wird. Das Konzept vom Qi ist eng mit einer ganzen Reihe weiterer mystischer Vorstellungen verwoben.

*Queensberry-Regeln*

Ein Regelwerk für den Boxsport, das im Jahre 1867 vom Marquess of Queensberry herausgegeben worden ist. Es war das erste Regelwerk, das die Verwendung von Boxhandschuhen zwingend vorschrieb.

*Radius*

Der Abstand zwischen einem beliebigen Punkt eines Kreises und seinem Mittelpunkt.

*Reiki*

Aus Japan stammende pseudowissenschaftliche Energietherapie, ähnlich der Therapeutic-Touch-Methode. Der geschulte Praktizierende legt dabei seine Hände auf den Patienten (oder hält sie in geringem Abstand über ihn), wobei angeblich Qi übertragen und der Patient geheilt wird.

*Ringen*

Olympische Sportart, die sich hauptsächlich auf Grappling und Wurftechniken (Takedowns) stützt. Viele MMA-Champions haben starke Wurzeln im Ringkampf.

*Rotationszentrum*

Der Punkt, um den ein Objekt rotiert. Wenn die Drehbewegung eines Körpers gänzlich ungehindert erfolgt, befindet sich das Rotationszentrum im Massenschwerpunkt.

*Sambo*

Russische Kampfkunst, die Elemente des Judo mit traditionellem Ringen kombiniert.

*Schwerpunkt (Massenschwerpunkt, Massenmittelpunkt)*

Ein Punkt, der als die gewichtete mittlere Position aller Einzelkomponenten eines Objektes definiert ist. Wenn man direkt unterhalb des Schwerpunktes eine Stütze anbringt, befindet sich der Körper in Balance.

*Schwinger*

Eine Schlagtechnik, die hauptsächlich von ungeübten Kämpfern angewendet wird. Der Ellbogen bleibt dabei gestreckt und der Arm rotiert um die Schulter.

*Skepsis*

Eine wissenschaftliche Herangehensweise bei der Aneignung von Wissen, die keine Autorität als unfehlbar betrachtet und eine Information, wann immer es möglich ist, auf Konsistenz überprüft bzw. durch externe Quellen zu bestätigen versucht. Lässt sich eine Behauptung nicht verifizieren, gehört es zur skeptischen Grundhaltung, diese Unbestimmtheit zu akzeptieren.

*Sullivan, John L.*

Amerikanischer Faustkämpfer, der von 1882 bis 1892 den Weltmeistertitel im Bareknuckle-Boxen (Kämpfen mit der bloßen Faust) innehatte. Sullivan war auch unter seinem Spitznamen „der starke Kerl aus Boston“ (Boston Strong Boy) bekannt.

*Taekwondo*

Aus Korea stammende Kampfkunst, die auch bei den Olympischen Spielen vertreten ist. Gestattet den Einsatz von Händen und Füßen, um den Gegner zu attackieren, wobei der Schwerpunkt auf der Verwendung von Fußtritten liegt.

*Taiji*

Eine chinesische Kampfkunst, die oftmals als sanfte Sportart und weniger zur Selbstverteidigung gelehrt wird. Zur Erklärung der Techniken wird traditioneller Weise die Vorstellung vom Qi herangezogen.

*Therapeutic Touch (TT)*

Pseudowissenschaftliche Energieheilungsmethode, die in den 1970er Jahren von einer Krankenschwester und einer Autorin mystischer Werke entwickelt worden ist. In den 1990er-Jahren wurde TT als Scheinlehre entlarvt, nachdem zahlreiche Praktizierende dieser Methode in einem wissenschaftlichen Experiment nicht in der Lage waren, die Anwesenheit bzw. Abwesenheit einer menschlichen Hand zu erfühlen.

*Ultimate Fighting Championship (UFC)*

Das derzeit beliebteste Turnier im Bereich der Mixed Martial Arts. Ursprünglich nur als einmalige Veranstaltung gedacht, bot sie führenden Vertretern verschiedener Kampfstile eine Plattform, gegeneinander anzutreten.

*Umfang*

Die Länge der Begrenzungslinie eines Kreises.

*Vale Tudo*

Ein traditionelles brasilianisches Wettkampfkonzept, bei dem nur ein absolutes Minimum an Regeln zur Anwendung kommt.

*Wing Chun*

Chinesische Kampfkunst, bei der man in der Grundstellung parallel zum Gegner steht. Im Vordergrund steht die Selbstverteidigung durch schnelle Schläge aus kurzer Distanz.

*Wushu*

Eine moderne Show-Sportart, der Elemente traditioneller chinesischer Kampfkünste mit und ohne Waffen zugrunde liegen. Wushu wird oft für Kampfchoreographien, wie sie in Spielfilmen und im Fernsehen zu sehen sind, verwendet.

# LITERATUR

Baker, A.: „A Hail of Bullets, a Heap of Uncertainty" in *The New York Times*, 9. Dezember 2007

Bartsch, A., Benzel, E., Miele, V. und Prakash, V.: „Impact Test Comparisons of 20th and 21st Century American Football Helmets: Laboratory Investigation" in *Journal of Neurosurgery*, 2012, 116 (1):222-233

Beaman, V., Annest, J. L., Mercy, J. A., Kresnow, M. J. und Pollock, D. A.: „Lethality of Firearm-Related Injuries in the United States Population" in *Annals of Emergency Medicine*, 2000, 35 (3):258-266

Blair, J. P., Pollock, J., Montague, D., Nichols, T., Curnutt, J. und Burns, D.: „Reasonableness and Reaction Time" in *Police Quarterly*, 2011, 14 (4):323-343

Block, R.: „Victim-Offender Dynamics in Violent Crime" in Journal of Criminal Law and Criminology, 1981, S. 743-761

Boatman, R. H.: Living With the 1911: A Fresh Look at the Fighting Gun. (Boulder, Colorado: Paladin Press, 2005)

Cao, H., Liu, J. und Lewith, G. T.: „Traditional Chinese Medicine for Treatment of Fibromyalgia: A Systematic Review of Randomized Controlled Trials" in *The Journal of Alternative and Complementary Medicine*, 2010, 16 (4):397-409

Chen, J. H., Liu, C., You, L. und Simmons, C. A.: „Boning Up on Wolff's Law: Mechanical Regulation of the Cells That Make and Maintain Bone" in *Journal of Biomechanics*, 2010, 43 (1):108-118

Colquhoun, D. und Novella, S. P.: „Acupuncture Is Theatrical Placebo" in *Anesthesia & Analgesia*, 2013, 116 (6):1360-1363

Cosyns, J. P.: „Aristolochic Acid and ‚Chinese Herbs Nephropathy': A Review of the Evidence to Date" in *Drug Safety*, 2003, 26 (1):33-48

Crandall, M., Sharp, D., Unger, E., Straus, D., Brasel, K., Hsia, R. et. al.: „Trauma Deserts: Distance From a Trauma Center, Transport Times, and Mortality from Gunshot Wounds in Chicago" in *American Journal of Public Health*, 2013, 103 (6):1103-1109

Eiband, A. M.: Human Tolerance To Rapidly Applied Accelerations: A Summary of the Literature, 1959 (NASA: 19980228043)

Feld, M. S., McNair, R. E. und Wilk, S. R.: „The Physics of Karate" in *Scientific American*, 1979, 240 (4):150-158

Fiedler, M. D., Jones, L. M., Miller, S. F. und Finley, R. K.: „A Correlation of Response Time and Results of Abdominal Gunshot Wounds" in *Archives of Surgery*, 1986, 121 (8):902-904

Gadd, C.: „Use of A Weighted-Impulse Criterion for Estimating Injury Hazard" in *Proceedings, 10th Stapp Car Crash Conf.*, 1966, S. 164-174

Gladwell, M.: Outliers: The Story of Success, 2008

Gotsch, K. E., Annest, J. L., Mercy, J. A. und Ryan, G. W.: „Surveillance for Fatal and Nonfatal Firearm-Related Injuries – United States, 1993-1998" in *MMWR Morbity and Mortality Weekly Report*, 2001, 50:1-32

Gurdjian, E. S., Roberts, V. L. und Thomas, L. M.: „Tolerance Curves of Acceleration and Intracranial Pressure and Protective Index in Experimental Head Injury" in *Journal of Trauma-Injury, Infection, and Critical Care*, 1966, 6 (5):600-604

Gwin, J. T., Chu, J. J., Diamond, S. G., Halstead, P. D., Crisco, J. J. und Greenwald, R. M.: „An Investigation of the NOCSAE Linear Impactor Test Method Based On In Vivo Measures of Head Impact Acceleration in American Football" in *Journal of Biomechanical Engineering*, 2010, 132 (1):011006

Isaacson, W.: Steve Jobs. New York: Simon & Schuster, 2011

Johnson, V. E., Stewart, W. und Smith, D. H.: „Axonal Pathology in Traumatic Brain Injury" in *Experimental Neurology*, 2013, 246: 35-43

King, A. I., Yang, K. H., Zhang, L., Hardy, W. und Viano, D. C.: „Is Head Injury Caused by Linear or Angular Acceleration?" in *IRCOBI Conference*, 2003, 1-12

Kosinski, R. J.: „A Literature Review on Reaction Time" (Clemson University), http://biae.clemson.edu/bpc/bp/lab/110/reaction.htm

Lee, M. S., Oh, B. und Ernst, E.: „Qigong for Healthcare: An Overview of Systematic Reviews" in *JRSM Short Reports*, 2011, 2 (2):7

Lee, M. S., Pittler, M. H. und Ernst, E.: „Effects of Reiki in Clinical Practice: A Systematic Review of Randomised Clinical Trials“ in *International Journal of Clinical Practice*, 2008, 62 (6):947-954

Lee, M. S., Pittler, M. H. und Ernst, E.: „Internal Qigong for Pain Conditions: A Systematic Review“ in *The Journal of Pain*, 2009, 10 (11), 1121-1127

Liu, X., Zhang, M., He, L., Li, Y. P. und Kang, Y. K.: „Chinese Herbs Combined With Western Medicine for Severe Acute Respiratory Syndrome (SARS)“ in *Cochrane Database Syst Rev*, 2006, 1

Ma, B. G.: „Epidemiology, Quality and Reporting Characteristics of Systematic Reviews of Traditional Chinese Medicine Interventions Published in Chinese Journals“ in *PLoS One*, 2011, 6 (5):e20185

Madsen, M. V., Gøtzsche, P. C. und Hróbjartsson, A.: „Acupuncture Treatment for Pain: Systematic Review of Randomised Clinical Trials With Acupuncture, Placebo Acupuncture, and No Acupuncture Groups“ in *BMJ*, 2009, 338

Martland, H. S.: „Punch Drunk“ in *The Journal of the American Medical Association*, 1928, 91:1103-1107

Mayer, A. R., Ling, J., Mannell, M. V., Gasparovic, C., Phillips, J. P., Doezema, D. et. al.: „A Prospective Diffusion Tensor Imaging Study in Mild Traumatic Brain Injury“ in *Neurology*, 2010, 74 (8):643-650

McKee, A. C., Cantu, R. C., Nowinski, C. J., Hedley-Whyte, E. T., Gavett, B. E., Budson, A. E. et. al.: „Chronic Traumatic Encephalopathy in Athletes: Progressive Tauopathy Following Repetitive Head Injury“ in *Journal of Neuropathology and Experimental Neurology*, 2009, 68 (7):709

Meany, D. F., Smith, D. H., Shreiber, D. I., Bain, A. C., Miller, R. T., Ross, D. T. et. al.: „Biomechanical Analysis of Experimental Diffuse Axonal Injury“ in *Journal of Neurotrauma*, 1995, 12 (4):689-694

Millspaugh, J. A.: „Dementia pugilistica“ in *US Naval Med Bull*, 1937, 35:297-303

Moffet, H. H.: „Sham Acupuncture May Be As Efficacious As True Acupuncture: A Systematic Review of Clinical Trials“ in *The Journal of Alternative and Complementary Medicine*, 2009, 15 (3):213-216

New York City Police Department: 2012 Annual Firearms Discharge Report (New York: NYPD, 2013)

O'Driscoll, S. W., Horii, E., Ness, R., Cahalan, T. D., Richards, R. R. und An, K. N.: „The Relationship Between Wrist Position, Grasp Size, and Grip Strength“ in *The Journal of Hand Surgery*, 1992, 17 (1):169-177

Omalu, B. I., DeKosky, S. T., Minster, R. L., Kamboh, M. I., Hamilton, R. L. und Wecht, C. H.: „Chronic Traumatic Encephalopathy in A National Football League Player“ in *Neurosurgery*, 2005, 57 (1):128-134

Park, J. E., Hong, S., Lee, M., Park, T., Kang, K., Jung, H. et. al.: „Randomized, Controlled Trial of Qigong for Treatment of Prehypertension and Mild Essential Hypertension“ in *Alternative Therapies in Health and Medicine*, 2013, 20 (4), 21-30

Perkins, C.: Weapon Use and Violent Crime (US Department of Justice, Office of Justice Programs, Bureau of Justice Statistics, 2003)

Reyssat, E., Tallinen, T., Le Merrer, M. und Mahadevan, L.: „Slicing Softly With Shear“ in *Physical Review Letters*, 2012, 109 (24):244301

Rosa, L., Rosa, E., Sarner, L. und Barrett, S.: „A Close Look At Therapeutic Touch“ in *JAMA*, 1998, 279 (13):1005-1010

Roush, G. C.: Finding Cadaveric Human Head Masses and Center of Gravity: A Comparison of Direct Measurement To 3D Modeling (unveröffentlichte Masterarbeit, Wright State University, Dayton, Ohio, 2010)

Shang, A., Huwiler, K., Nartey, L., Jüni, P. und Egger, M.: „Placebo-Controlled Trials of Chinese Herbal Medicine and Conventional Medicine – Comparative Study“ in *International Journal of Epidemiology*, 2007, 36 (5):1086-1092

Singh, S. und Ernst, E. M.: Trick Or Treatment: The Undeniable Facts About Alternative Medicine (London: WW Norton & Company, 2008)

Small, G. W., Kepe, V., Siddarth, P., Ercoli, L. M., Merrill, D. A., Donoghue, N. et. al.: „PET Scanning of Brain Tau in Retired National Football League Players: Preliminary Findings“ in *The American Journal of Geriatric Psychiatry*, 2013, 21 (2):138-144

Smith, D. H. und Meaney, D. F.: „Axonal Damage in Traumatic Brain Injury“ in *The Neuroscientist*, 2000, 6 (6):483-495

Smith, D. H., Nonaka, M., Miller, R., Leoni, M., Chen, X. H., Alsop, D. et. al.: „Immediate Coma Following Inertial Brain Injury Dependent on Axonal Damage in the Brainstem“ in *Journal of Neurosurgery*, 2000, 93 (2):315-322

Takhounts, E. G., Ridella, S. A., Hasija, V., Tannous, R. E., Campbell, J. Q., Malone, D. et. al.: „Investigation of Traumatic Brain Injuries Using the Next Generation of Simulated Injury Monitor (SIMon) Finite Element Head Model“ in *Stapp Car Crash J*, 2008, 52:1-31

Tark, J. und Kleck, G.: „Resisting Crime: The Effects of Victim Action on the Outcomes of Crimes“ in *Criminology*, 2004, 42 (4):861-910

Thompson, M. P., Simon, T. R., Saltzmann, L. E. und Mercy, J. A.: „Epidemiology of Injuries Among Women After Physical Assaults: The Role of Self-Protective Behaviors“ in *American Journal of Epidemiology*, 1999, 150 (3):235-244

van Agtmael, M. A., Eggelte, T. A. und van Boxtel, C. J.: „Artemisinin Drugs in the Treatment of Malaria: From Medicinal Herb To Registered Medication“ in *Trends in Pharmacological Sciences*, 1999, 20 (5):199-205

van der Vaart, S., Gijsen, V. M., de Wildt, S. N. und Koren, G.: „A Systematic Review of the Therapeutic Effects of Reiki“ in *The Journal of Alternative and Complementary Medicine*, 2009, 15 (11):1157-1169

Versace, J.: „A Review of Severity of Index“ in *Proceedings, 15th Stapp Car Crash Conf.*, SAE Paper Nr. 710881, 1971

Verschueren, S. M., Bogaerts, A., Delecluse, C., Claessens, A. L., Haentjens, P., Vanderschueren, D. et. al.: „The Effects of Whole-Body Vibration Training and Vitamin D Supplementation on Muscle Strength, Muscle Mass, and Bone Density in Institutionalized Elderly Women: A 6-Month Randomized, Controlled Trial“ in *Journal of Bone and Mineral Research*, 2011, 26 (1):42-49

Vickers, A. J., Cronin, A. M., Maschino, A. C., Lewith, G., MacPherson, H., Foster, N. E. et. al.: „Acupuncture for Chronic Pain: Individual Patient Data Meta-Analysis“ in *Archives of Internal Medicine*, 2012, 172 (19):1444-1453

Walker, J.: Boiling and the Leidenfrost Effect, 2010

Walker, L. B., Harris, E. H. und Pontius, U. R.: „Mass, Volume, Center of Mass and Mass Moment of Inertia of Head and Neck of the Human Body“ (Doktorarbeit, Defense Technical Information Center, AD0762581, 1973)

Wang, Y. Y., Li, X. X., Liu, J. P., Luo, H., Ma, L. X. und Alraek, T.: „Traditional Chinese Medicine for Chronic Fatigue Syndrome: A Systematic Review of Randomized Clinical Trials“ in *Complementary Therapies in Medicine*, 2014, 22 (4):826-833

Webb, E. W.: „A Comparison of Fatal With Non-Fatal Knife Injuries in Edinburgh“ in *Forensic Science International*, 1999, 99 (3):179-187

Willey, D.: „Fire-Walking“ in *Physics Education*, 2010, 45 (5):487

Yang, J.-M.: The Root of Chinese Qigong. Wolfeboro, New Hampshire: YMAA Publication Center, 1997

# ÜBER DEN AUTOR

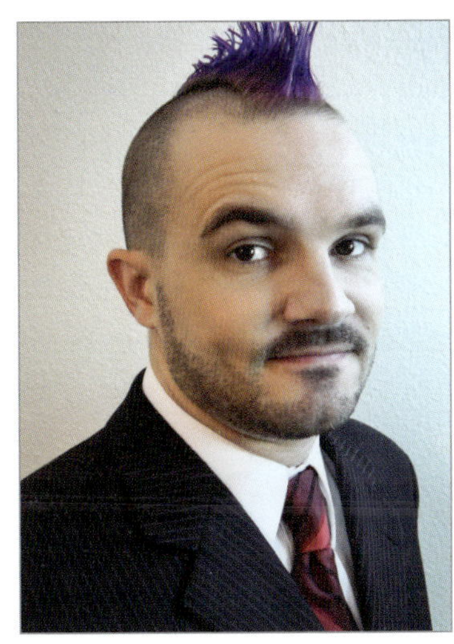

**Jason Thalken** promovierte an der University of Southern California zum Doktor der computergestützten Physik kondensierter Materie; zudem erlangte er an der University of Texas den Grad eines Bachelors in Physik, Mathematik und Philosophie. Jason hat acht Patente im Bereich der Datenwissenschaft und -modellierung für den Finanzdienstleistungssektor angemeldet, dazu ein weiteres für den Schutz vor traumatischen Hirnverletzungen in Sportarten wie Boxen, MMA und Football. Seit 1995 hat Jason zahlreiche Kampfkünste erlernt und viele Wettkämpfe bestritten. Im Hapkido erlangte er bei Großmeister Ho Jin Song den schwarzen Gürtel.

In den Wäldern von Massachusetts aufgewachsen, entwickelte Jason schon frühzeitig eine Liebe zur natürlichen Welt und wusste bereits im Alter von sieben Jahren, dass er eines Tages Wissenschaftler werden würde. Nach seinem Umzug in einen Vorort von Dallas begann er Taekwondo-Unterricht zu nehmen und verliebte sich bei seinem allerersten Wettkampf, in dessen Verlauf er sich seinen Fuß brach, in den chaotischen und komplexen Charakter realer Kämpfe.

Einmal, während seines Grundstudiums an der University of Texas, wollte Jason mit dem dortigen Judoteam zum Wettkampf antreten. Doch beim offiziellen Wiegen brachte er ein halbes Pfund zu viel auf die Waage. Man sagte ihm, er solle es in einer Stunde noch einmal versuchen. Daraufhin zogen sich sämtliche Mitglieder des Judoteams der UT bis auf ihre Unterwäsche aus und gaben ihre Sachen Jason, der sie allesamt überzog. Von seinen Teamkollegen angefeuert, lief er endlose Runden um einen Parkplatz und machte unzählige Wiederholungen des Hampelmanns. In einem dicken Kokon aus T-Shirts und Trainingshosen steckend, dass ihm der Schweiß lief und er sich nur mit Mühe bewegen konnte, spuckte er zudem, durch Kaugummikauen befördert, unaufhörlich aus. Nachdem auf diese Weise eine Stunde verstrichen war, hatte Jason – dank der Unterstützung seiner halbnackten Freunde – ein halbes Pfund Körpergewicht in Form von Schweiß und Spucke verloren.

Die letzten anderthalb Jahrzehnte hat Jason in Austin, Los Angeles und New York verbracht. Derzeit lebt er mit seiner Familie in Seattle im Bundesstaat Washington.